贵州省非物质文化遗产田野调查丛书

安顺市卷

燕平 著

徐静 杨军昌 主编

丛书由知识产权出版社出版基金资助出版
本卷获得贵州省教育厅人文社科基地项目资助
——贵州省高等学校人文社会科学研究基地
贵州大学人口·社会·法制研究中心
贵州省文化厅／贵州省非物质文化遗产保护中心

知识产权出版社
全国百佳图书出版单位

图书在版编目(CIP)数据

贵州省非物质文化遗产田野调查丛书.安顺市卷/徐静,杨军昌主编;吕燕平编著. — 北京:知识产权出版社,2018.9
ISBN 978-7-5130-5758-5

Ⅰ.①贵… Ⅱ.①徐… ②杨… ③吕… Ⅲ.①非物质文化遗产—介绍—安顺 Ⅳ.①G127.73

中国版本图书馆 CIP 数据核字(2018)第 187182 号

内容摘要

本书对黔中安顺市的非物质文化遗产保护项目进行了较为全面、系统的介绍,体现了安顺非遗形式多样、种类较丰、分布广泛、地域性突出、相互影响等特点,也反映了近年来安顺市开展多种活动,将旅游与非遗保护相结合,使非遗项目活态地存在于人们的日常生活之中的状况,是安顺非遗保护具有良好群众基础和较好经济社会效益的文化市情展示。

责任编辑:王 辉　　　　　　责任印制:孙婷婷

贵州省非物质文化遗产田野调查丛书

徐静　杨军昌　主编

安顺市卷
ANSHUN SHI JUAN

吕燕平　编著

出版发行:知识产权出版社有限责任公司		网　址:http://www.ipph.cn		
电　话:010-82004826			http://www.laichushu.com	
社　址:北京市海淀区气象路 50 号院		邮　编:100081		
责编电话:010-82000860 转 8381		责编邮箱:wanghui@cnipr.com		
发行电话:010-82000860 转 8101		发行传真:010-82000893		
印　刷:北京建宏印刷有限公司		经　销:新华书店及相关销售网点		
开　本:720 mm×1000 mm 1/16		印　张:14.5		
版　次:2018 年 9 月第 1 版		印　次:2018 年 9 月第 1 次印刷		
字　数:275 千字		定　价:62.00 元		

ISBN 978-7-5130-5758-5

出版权专有　侵权必究
如有印装质量问题,本社负责调换。

《贵州省非物质文化遗产田野调查丛书》编委会和编辑部人员名单

编委会主任：慕德贵

副主任：何 力

编 委：徐 静 黎盛翔 赵廷昌 杨 未 杨军昌
　　　　丁凤鸣 龙佑铭

主 编：徐 静 杨军昌

副主编：黎盛翔 徐则平 王世佐

编委会下设编辑部

主 任：丁凤鸣

副主任：张诗莲 龙佑铭

成 员：申茂平 张应华 李小毛 周 梅 吕燕平
　　　　谢 芝 毕 琪 陆勇昌 李 岚 王炳忠
　　　　黄克亚 王砂砂 王先凯 张 彬 刘 颖
　　　　周友武 刘 莹 邓 敏 郑远文 陈 波
　　　　粟周榕 黄家富 卢延庆 沈起安 宋 耀

传承非遗　助力脱贫

——贵州省非物质文化遗产田野调查丛书

序

党的十九大报告中指出：文化是一个国家、一个民族的灵魂，文化兴国运兴、文化强民族强。没有高度的文化自信，没有文化的繁荣兴盛，就没有中华民族的伟大复兴。2017年1月，中共中央办公厅、国务院办公厅印发了《关于实施中华优秀传统文化传承发展工程的意见》，明确提出要保护传承文化遗产，实施非物质文化遗产传承发展工程。贵州是非物质文化遗产资源大省，更是脱贫攻坚主战场，如何保护、传承好非物质文化遗产，利用好、发挥好非物质文化遗产在脱贫攻坚中的积极作用，一直是我们在理论和实践层面思考的重要课题，而《贵州省非物质文化遗产田野调查丛书》就是这一课题研究的重要成果之一。

非物质文化遗产是文化遗产的重要组成部分。非物质文化遗产是人类创造力、想象力、智慧和劳动的结晶，是人类文化多样性的生动展示，也是一个国家、一个民族兴旺发达的文明标志与精神支柱。早在2003年10月联合国教科文组织发布《保护非物质文化遗产公约》起，世界范围内的非物质文化遗产调查、整理、传承、保护、利用等工作得以迅速展开。我国也随即在2005年3月26日出台了《关于加强我国非物质文化遗产保护工作的意见》。相继全国各地按照《国家级非物质文化遗产保护名录》的类别划分，在民间文学、传统音乐、传统舞蹈、传统戏剧、曲艺、传统体育、游艺与杂技、传统美术、传统技艺、传统医药、民俗10个大类上，开展了一系列非物质文化遗产保护工作。

贵州是非物质文化遗产资源的富矿区，各民族在历史发展的长河中，创造了多姿多彩、独具特色的多元民族非物质文化遗产。截至2018年5月，列入人类非物质文化遗产代表作名录2项，国家级名录85项140处，省级名录561项708处，市、州级名录1134项,县级名录4000多项。国家级文化生态保护实验区1项,省级3项;国家级非物质文化遗产生产性保护示范基地3处,省级59处;国家级非物质文化遗产代表性传承人96人,省级402人。这些非物质文化遗产内容丰富,各具特色,是贵州各民族发展历史的真实写照,是各民族传统文化的重要载体,更是中华民族文化遗产的重要组成部分,充分体现了贵州省各民族人民的聪明才智和生存智慧,蕴含着丰富的历史价值、艺术价值、科学价值、文化价值等。保护和利用好非物质文化遗产,有利于继承和发扬民族优秀文化传统和民族精神,传递贵州文化声音,展示贵州文化风貌。如果以此为资源、资本,在生产性保护的基础上,发展文化特色产业,还可以增强乡村旅游魅力,拓宽农民脱贫致富路子,增强可持续发展能力。近年来,贵州省及时出台了《贵州省非物质文化遗产保护发展规划》等指导性文件,开展了非遗传承脱贫"十""百""千""万"培训工程,建成了国家级民族文化生态保护实验区1个,省级民族文化生态保护区2个;国家级非遗生产性保护示范基地3个,省级非遗生产性保护示范基地28个,带动了数万贫困户脱贫致富奔小康。

为了更好地保护和传承贵州省非物质文化遗产,使非物质文化遗产传承脱贫工程更有基础、更有素材、更有针对性,在中共贵州省委宣传部的指导下,在贵州大学、贵州省文化厅的支持下,贵州大学人口·社会·法制研究中心与贵州省非物质文化遗产保护中心共同实施了知识产权出版社出版资助项目、贵州省教育厅人文社科研究基地项目《贵州省非物质文化遗产田野调查丛书》,在各州市有关部门及广大非遗工作者的积极参与下,经过各卷调查与撰写专家、学者多年来的艰辛努力,终于圆满完成了项目任务并付梓出版。这是贵州省非物质文化遗产资源第一次系统而详细的收集、整理与集中展示,是外界了解贵州省悠久历史和多姿多彩民族文化的重要窗口,是贵州学者助推文化精准扶贫的辛勤耕耘的成果,必将在增强文化自觉、坚定文化自信、助推脱贫攻坚方面产生积极的现实意义。

是为序!

2018年5月

概　述

　　安顺市,位于贵州省中西部。2017年,全市下辖西秀区、平坝区、安顺开发区、黄果树旅游区、普定县、镇宁布依族苗族自治县、关岭布依族苗族自治县、紫云苗族布依族自治县4区4县、250个乡(镇、办事处)。境内自然与人文资源丰富,生态环境保护良好,居住着汉、布依、苗、回、彝、白、仡佬、蒙古等30多个民族。2016年末总人口282.26万,其中少数民族占总人口的39%。境内各民族交错杂居,协作互助,在长期的生产生活实践中,创造了璀璨的民族民间文化,形成了丰富多彩、灿烂多姿的非物质文化遗产(以下简称"非遗")。

　　安顺历史悠久、文化底蕴深厚。距今约16000年的旧石器时代晚期人类生活遗址——普定穿洞,出土石器、骨器、动物化石和人类化石2000多件,为研究中国西南原始社会提供了丰富的实物资料,被誉为"亚洲文明之灯"。距今约13000年的旧石器时代至新石器时代晚期文化遗址——平坝飞虎山,出土文物3480多件,包括新、旧石器时代的人类使用过的生活用具等。汉代的安顺,属夜郎国辖区。年代为西汉末至东汉初的宁谷汉遗址,由160余座汉墓、8个汉窑、1个汉民居遗址构成,发掘大量汉代文物,如乳钉、几何纹方砖,秦半两、汉五铢、大泉五十等圆形方孔小钱,金器、铜器、铁器、陶器、木器等生产、生活、军事用器数百件,其中"长乐未央"瓦当与铁镜、龟灯,极具考古价值。元代的安顺,渐成为西南边陲与东、中部沟通的要道。明初朱元璋"调北征南"及其后推行的卫所屯田制度,为明代贵州建省和清代贵州的发展奠定基础,在安顺留下了体现"明代古风,江淮余韵"的屯堡文化。

一、安顺市非物质文化遗产基本概况

　　文化是民族的血脉,是人民的精神家园。非遗是民族文化中的精髓,是民族认同、维系、凝聚和绵延的基本因素。各民族不同类型的非遗是各民族人民劳动和智慧的结晶，是各民族精神的重要代表者和体现者，是维系各民族生存发展的动力和源泉，同时也是珍贵的、具有重要价值的文化资源。

贵州省是我国非遗的富矿区，境内各少数民族因不同的历史背景、不同的居住环境，以及不同的生活习俗，既创造了形态各具、种类万千的维系民族自身生存繁衍与发展的物质文化，又生成了各自具有鲜明特色的包括民族节日、民俗、音乐、舞蹈、曲艺、戏剧、体育、美术等在内的非物质文化，这些文化是各民族生存智慧、生活情调，以及淳朴民风的体现，是各民族宝贵的精神财富。

从全省层面看，自2005年开展非遗普查及申报工作以来，贵州省在"保护为主、抢救第一、合理利用、传承发展"的工作方针指导下，贵州省上下进行了细致翔实的田野调查，建立了省、市（州）、县（市、区）级非遗代表作名录体系。目前，收录有世界级人类非物质文化遗产代表作名录——"侗族大歌"1项。国家级项目名录68项81处，拓展项目36项53处（第一批国家级项目30项34处；第二批23项30处，扩展项目16项31处；第三批8项10处，扩展项目12项14处；第四批7项7处，扩展项目8项8处）。省级项目名录561项（第一批91项；第二批202项；第三批147项220处，包括新增项目108项145处。第一、二批省级扩展项目39项75处；第四批121项140处，包括新增项目75项77处，扩展项目46项63处）。市（地、州）级名录882项。贵州省共有国家级项目代表性传承人57人、省级项目代表性传承人301人，建有国家级文化生态保护实验区1个、省级生产性保护示范基地28个，以非遗为主要内容的"多彩贵州"逐步成为代表贵州的文化品牌。

截至2017年，安顺市有国家级非遗代表性项目名录9项：分别是西秀区"安顺地戏""安顺蜡染""苗族跳花节"、屯堡"抬亭子"，镇宁县"铜鼓十二调""布依族勒尤""苗族芦笙舞"，关岭县和西秀区"苗族服饰"，紫云县"亚鲁王"；省级非遗保护项目45项，46处；市级非遗保护项目95项，166处。各级项目代表性传承人76人，其中国家级项目代表性传承人3人，省级项目代表性传承人26人，市级传承人47人。安顺市非遗是贵州省乃至中华民族非遗中的重要组成部分，也是不可或缺的、精彩纷呈的一部分。安顺市各县区政府结合地方实际，深入开展非遗的各项保护工作，举行多种活动，将旅游与非遗保护相结合，使非遗项目活态地存在于人们的日常生活之中，同时也获得了非遗保护良好的群众基础和较好的经济社会效益。

二、安顺市非物质文化遗产的主要特点

非物质文化遗产，是指各族人民世代相传并视为其文化遗产组成部分的各种传统文化表现形式,以及与传统文化表现形式相关的实物和场所,包括传统口头文学,以及作为其载体的语言;传统美术、书法、音乐、舞蹈、戏剧、曲艺和杂技;传统技艺、医药和历法;传统礼仪、节庆等民俗;传统体育和游艺,以及其他非遗。安顺非遗是黔中地区的文化资源宝库,具有形式多样、种类丰富;相互影响、美美与共等特点。

1. 形式多样,种类丰富

安顺市非遗保存较为完整,多样性发展特征突出。就现已公布的第一到第四批贵州省省级非物质文化遗产名录中,结合潜在的非遗资源看,安顺市涉及一般市州所普遍具有非遗项目,另外,在其他非物质文化遗产方面,安顺市所具有的"文化空间"(屯堡文化)是一般市州较为少有的。

即便是在属于同类的非遗方面,安顺市非遗项目的特色仍然个性鲜明。安顺市各民族心灵手巧,提刀为笔、飞针走线,制作的非遗产品早已蜚声中外。安顺的苗族服饰虽然不及黔东南苗族的华美,但也具有地方特色,十分鲜明。安顺屯堡妇女服饰作为"老汉人"汉族妇女的穿着,更是安顺独有。

2. 分布广泛,地域性突出

"任何一种非物质文化事项,其创生与传承都与特定的环境息息相关:因环境而生,因环境而传,因环境而变,因环境而衰。""作为既有物质生产体现,也有精神生产体现的传统手工艺品,承载着中国博大精深的传统文化,蕴含着人与人之间感情的传递。"它是民族地区因为生计需要,在特定环境,特殊生产方式下应运而生的带有明显地方色彩的传统民族文化。

安顺市非遗分布广泛,地域特征明显。安顺地处长江水系乌江流域和珠江水系北盘江流域的分水岭地带,喀斯特地貌典型、集中,平均海拔高度为1100~1694米,其具有典型的高原型湿润亚热带季风气候,年平均降雨量1360毫米,年平均气温14摄氏度,年平均相对湿度80%,年平均风速2.4米/秒。冬无严寒,夏无酷暑,雨量充沛,气候温和,宜居、宜游。

非遗项目在安顺市各个区县均有分布,其中西秀区最多,拥有国家级4项、省级7项、市级38项,非遗传承人国家级1人、省级7人、市级16人;普定县非遗项目国家级4项、省级6项、市级10项,非遗传承人省级4人;镇宁县非遗项目国家级5项、省级3项、市级14项;关岭县非遗保护项目国家级3项、省级4项、市级14项;紫云县非遗项目国家级3项、省级3项、市级12项;安顺经济开发区非遗项目国家级2项、市级5项;黄果树旅游区非遗项目市级5项。

安顺的非遗与安顺的历史发展和地域环境息息相关。其中屯堡文化背景下的非遗类型多样、数量较多、地域性突出。明代在今安顺市境设置的普定卫、平坝卫、安庄卫,主要位于西秀区、平坝区、镇宁县、普定县境。来源于江淮地区的屯田军户及其后裔,长期的亦军亦农身份约束,亦成亦耕职责担当,历经世事发展变迁,经过长期耕耘、沉淀,形成安顺独有的汉民族特殊族群——屯堡人,以及融合军旅文化、移民文化、屯耕文化、江淮文化为一体的屯堡文化,内容丰富、意蕴深厚,其中有不少具有非遗价值,如安顺地戏(安顺市)、屯堡山歌(安顺市)、安顺唱书(安顺市)、屯堡石头建筑技艺(平坝县、西秀区)、屯堡服饰(平坝县)、屯堡"抬亭子"(西秀区)等。此外,在屯堡丰富的文化资源中,还有多种具有非遗价值的项目,如"庆五显""抬关公"等。

3.相互影响,美美与共

一方水土养一方人。不同的地域特征、生态环境、人文环境、历史因素,以及社会经济发展状况,使得各个地域和民族的文化具有各自特色和独特内涵。但是,民族间的融合与交往,又使得民族文化在一定程度上呈现出一脉相承、相辅相成的特征。安顺是贵州省历史上开发较早的地区,也是汉、苗、布依、白、仡佬等多民族共同生活的地区,在长期的民族融合与交往中,各民族和睦相处,相互吸收借鉴文化,一方面保留了自身民族文化的特点,另一方面又呈现出对其他民族文化借鉴、涵化的特征。

就地戏而言,关岭凡化地戏与安顺地戏并无根本差别,但由于凡化地戏地处安顺地戏分布圈的西部边缘,在长期的发展中形成其特有的风格:一是面具佩戴上,全部罩住面部且略为斜抑向上,表演者的眼睛通过面具的鼻孔看外面,追求一种英姿飒爽、气宇轩昂的审美效果;二是跳动中揉进了花灯的舞步动作,边伴唱边手舞足蹈,在惨烈的战争格斗中增添了壮美;三是击乐伴奏上不仅增添了大钹,使铿锵声更为壮大外,还与表演上的动作(如兵器相交、抬腿踢脚、刀起头落等)用重音紧密结合,突出了动作刚劲、发力相应的节律美。

三、安顺市非物质文化遗产的价值

安顺市是典型的岩溶山区,地处黔中丘原地带,境内山峦起伏,河流纵横,是古夜郎文明和牂牁文化的繁衍之地。分水岭地形和喀斯特地貌发育的地理环境和厚重的历史人文背景,造就了安顺市丰富多彩、绚丽多姿、璀璨闪耀的非物质文化遗产,体现安顺文化的多样性,具有各方面的意义与价值。

首先,安顺市非遗具有传承历史、促进认同的价值。在安顺非遗中,紫云县的"亚鲁王"叙述了苗族人民迁徙的苦难历史,展示了苗族大迁徙的壮观场面,并在表演过程中表现出追根怀祖的民族文化意识,以及苗族后代对苗族战争和迁徙过程中苗族英雄的怀念,是民族精神、民族情感、民族历史、民族个性、民族气质、民族凝聚力和向心力的有机组成和重要表征。在历经岁月沧桑后,曾经的苦难历史浓缩在苗族人民的日常活动中,以舞记史。通过舞蹈,他们仿佛看到了祖先的身影,了解了他们的生活状态,感受到了祖先的情感和智慧。

其次,安顺市非遗具有重要的教育、文化价值。以屯堡"抬亭子"非遗为例,实则是为了纪念"汪公"——隋末唐初徽州人汪华于乱世保境、安民、治世,维护国家一统。安顺屯堡人作为明以来的江南移民,扎根其心底的爱国、民本、尚德崇礼、家国同一、追求和谐、自我约束的人生价值观,是对徽州文化儒学核心理念的顽强承续,体现了数百年来屯堡人"在野"状态中念念不忘的"在朝"心态,"边缘"处境中努力强化的"中心"意识。屯堡人保持"抬亭子"(抬汪公)民俗蕴含汪华信仰,用丰富多彩的民间"非遗"活态文化,强化民间"汪王神"的记忆和祭典程式的记忆,其坚守的是民族血脉的根魂,坚守的是不忘本来、敬宗崇祖、感恩报本、慎终追远的中华传统,坚守的是汪华一意靖民、忠心爱国的精神。当下社会主义核心价值观的培育,和抬汪公民俗非遗所蕴含的内质精义颇多契合,此其教育、文化价值所在。

最后,安顺市非遗具有重要的经济、社会价值。安顺的历史悠久,民族民间文化资源丰厚。安顺旅游,在贵州省具有重要的地位。而发展文化旅游,开发文化旅游商品,成为安顺旅游的重要组成。安顺市的非遗历史久远,内容广泛,形式多样,具有发展文化旅游业的基础。以安顺蜡染制品、安顺地戏面具雕刻为代表的旅游商品,20世纪80年代以来,逐渐成为安顺旅游收入的主要项目。随着2000年来屯堡旅游的勃兴,观看地戏演出成为不可或缺的旅游项目。

认识非遗的经济、社会价值,对其进行合理开发利用,有利于发掘地方资源特色、发展区域特色经济、促进地方经济发展、提高人民生活水平和丰富人民文化生活。

四、安顺市非物质文化遗产的传承保护

第一,法制建设,形成重要非遗制度保障。2011年5月,《贵州省安顺屯堡文化遗产保护条例》经贵州省人大批准,同年8月施行。2016年,安顺市人大常委会将《亚鲁王非物质文化遗产保护条例》列入2016年度立法计划,2017年4—5月,《安顺市亚鲁王非物质文化遗产保护条例》在安顺市人民政府网站上广泛征求社会各界意见。

2016年1月,《紫云苗族布依族自治县非物质文化遗产保护条例》,经紫云苗族布依族自治县第十五届人民代表大会第五次会议通过,2016年3月经贵州省第十二届人民代表大会常务委员会第21次会议批准,2016年6月起施行。

第二,政府主导,积极开展非遗传承保护。加强非遗的挖掘和普查,扩大传承人队伍,加强传承人管理和培训教育。一是开展市级非遗代表性传承人评选推荐工作。按照法定程序组织专家进行推荐和评选,全市共有市级非遗传承人90人、省级传承人29人、国家级传承人2人。二是加强传承人管理和培训教育。促进全市非遗管理人员和各级传承人"强基础、增学养、拓眼界"。选派2人参加省非遗高级管理师资培训班。选派近30名传承人参加非遗传承人研修研习培训,到北京服装学院、苏州工艺美术学院、东华大学、贵州师范大学等进行学习,增强传承人保护、传承和开发、利用民族民间文化的能力和水平。

推进非遗代表性项目数字化建设。根据贵州省文化厅关于开展国家级、省级非遗代表性项目数字化建设的要求,结合安顺市实际,认真实施"蜡染技艺""安顺地戏""苗族跳花节""苗族服饰""苗族芦笙舞"等国家级非遗项目和省级非遗项目的数字化建设。目前国家级、省级非遗项目正在按步骤推进中,已收集了大量的文字、图像、音频资料。

开展非遗生产性保护工作。一是积极做好省级非遗生产性保护示范基地的申报工作,开发区福远蜡染艺术有限公司、西秀区大明屯堡正坤雕刻有限公司、安顺市屯堡雕刻艺术有限公司、关岭蒙固祯民族服装厂4家企业被省文化厅命名为省级非遗生产性保护示范基地。开展市级非遗传承基地申报命名工作,命名市级非遗传承基地22个。二是2017年10月,安顺市委办、市政府办印发了《安顺市关于推进非物质文化遗产合理开发利用实施意见》。对推进生产性保护基地设施建设、推进非遗题材文艺产品创作生产、大力发展传统非遗手工艺品、推出一批非遗文创产品、培育合格非遗文化市场主体、提升非遗企业市场化运作水平、举办非遗旅游节庆活动、完善非遗产品营销体系、强化知识产权保护和运用、加强品牌保护和建设等做出了安排部署,提出了明确的要求。

第三,进校园、进课堂、进教材,活态传承非遗文化。2007年,西秀区刘官中学承担"民族民间美术进课堂"子课题探究实验,依托刘官乡周官屯村作为地戏面具雕刻发展成"木雕专业村"的优势,将"屯堡木雕"引入教育教学实践,建设木雕工作间,聘请专业技师进行雕刻指导,同时举办专题讲座,介绍屯堡文化相关知识。2015年5月,在青岛举办的国际教育信息化展览活动上,刘官中学师生雕刻的屯堡地戏面具参展,得到联合国教科文组织总干事伊琳娜·博科娃和时任国务院副总理刘延东的高度评价。2016年3月,安顺市第二高级中学正式成立地戏社团,推动地戏的传承。2017年,西秀区高中组织编写的屯堡文化教材,开始试用,取得较好效果。

第四,长期的展演、比赛及节庆活动,扩大非遗宣传影响。多年来,安顺市各级政府和民间,多次举行非遗的展演、展示和节庆活动,推动非遗的传承和保护。

2006年8月22日,由贵州省文化厅、中国民间文艺家协会、安顺市人民政府主办,普定县承办的贵州省首届花灯大赛,有来自9个地、州、市的15个各具特色的花灯歌舞节目、13个不同题材、风格各异的花灯小戏和320名民间花灯艺人在普定这个舞台上尽显风采。

2009年安顺首届屯堡山歌"移动杯"大赛、2010年"永峰杯"安顺地戏大赛在西秀区举行,2011年"穿洞杯"安顺地戏大赛在普定县举办,2013年安顺"陶官杯"地戏大赛在安顺市开发区幺铺镇陶官村举办。2015年举办的安顺花灯山歌大赛,采取海选、复赛、决赛的形式进行,花灯比赛分为传统花灯和现代花灯两类,山歌分为屯堡山歌和民族民间山歌两类。从复赛中选出屯堡山歌12人(6对),民族民间山歌3支、传统花灯3支、现代花灯12支优秀队伍参加决赛。2017年9月,"首届贵州安顺地戏文化展演"在苗岭屯堡古镇举行,100多支地戏队参加,包括安顺市辖县区和贵阳花溪、贵安新区、六枝、长顺等地的地戏队,通过地戏展演、脸谱、戏谱、雕刻展示等活动,推动地戏的传承、保护。

第五,文化旅游深度融合,依托旅游载体推动非遗传承发展。旅游发展重点注入文化。讲好文化故事、情感故事,为游客打造"心向往之"的旅游目的地。景区加强对安顺特色的非遗文化的挖掘,在景观中适当加入传统文化故事、元素,丰富游览内涵。2015年,第十届贵州省旅游发展大会主会场设在安顺云峰屯堡景区,成为安顺屯堡文化及非遗的重要宣传、推介机会。2016年成立的黄果树旅游区,整合黄果树风景区管理处、龙宫风景区管理处、屯堡风景区管理处,有助于黄果树景区、龙宫景区、屯堡景区(天龙、云峰)形成优势互补,整体营销,共同发展,也有利于充分挖掘特色文化、打造旅游演艺、开发旅游商品,将非遗文化与旅游开发紧密结合,积极构建"全景式打造、全季节体验、全方位服务、全产业发展、全社会参与、全区域管理"的安顺全域旅游新格局,带给游客非凡的旅游体验。

  建设文化旅游产业综合体。精心打造的普定县白岩镇阿宝塘村、镇宁自治县环翠街道办事处高荡村、开发区三合苗寨,是传承民族手工技艺与乡村旅游融合发展的美丽乡村休闲旅游示范点,逐步显现"文化+旅游"效应。通过广搭赛会平台,如举办旅游发展大会、手工制品大赛、展销会等,宣传、推介安顺妇女特色手工制品,提高安顺非遗文化产品的知名度,营造良好的舆论宣传氛围,有力推动了当地旅游文化产业的长足发展。

  第六,政府、社会、科研机构联动,协同推动非遗保护传承。安顺市妇联开展"锦绣计划",鼓励抱团发展、创新发展思路、注重品牌打造,把安顺地戏、蜡染、木雕、刺绣等传统工艺、非遗传承与文化创意相结合,打造安顺"黔绣""黔艺""黔织"等品牌,较好地促进了非遗的传承、保护。

  第七,与市场紧密结合,增加非遗传承发展活力。安顺蜡染和地戏面具雕刻的产业化发展较早,涉及面较宽,20世纪80年代以来,即已成为具有安顺特色的旅游商品,产生积极的效益,较好地促进了非遗的传承、保护和发展。而乡土花灯艺术走上产业之路虽晚,发展前景却可观。

  随着时代的发展,社会的变迁,现代文化对传统文化的冲击和挤压,以及欠发达地区经济、社会、文化发展加快的影响,传统文化赖以生存的土壤正在受到侵蚀,非遗的保护传承面临着严峻考验和巨大挑战,许多非遗处于濒危的状态,对非遗进行及时有效的保护显得刻不容缓、尤为重要。我们相信,随着非遗调查登记、整理研究、传承保护等工作的不断推进,安顺市的非遗传承与保护将会取得更加辉煌的业绩。

目录 CONTENTS

卷一 民间文学

国家级非物质文化遗产 ································ 3
 亚鲁王 ······································· 3
省级非物质文化遗产 ································ 9
 苗族《古歌》 ··································· 9
 布依族《摩经》 ································· 14

卷二 传统音乐

国家级非物质文化遗产 ································ 21
 铜鼓十二调 ··································· 21
 布依族勒尤 ··································· 28
省级非物质文化遗产 ································ 34
 盘江小调 ····································· 34
 苗族阿江 ····································· 37
 屯堡山歌 ····································· 42
 花山布依古歌 ··································· 46

卷三 传统舞蹈

国家级非物质文化遗产 ································ 51
 苗族芦笙舞 ··································· 51
省级非物质文化遗产 ································ 55
 布依族铜鼓舞 ··································· 55

— 1 —

卷四　传统戏剧

国家级非物质文化遗产	61
安顺地戏	61
省级非物质文化遗产	70
地戏	70

卷五　曲　艺

省级非物质文化遗产	77
花灯戏	77
安顺唱书	82

卷六　传统体育、游艺与杂技

省级非物质文化遗产	91
苗族射弩	91

卷七　传统技艺

国家级非物质文化遗产	99
蜡染技艺	99
省级非物质文化遗产	102
屯堡石头建筑技艺	102
布依族土布制作技艺	109
苗族蜡染(平坝县)	118

卷八　民　俗

国家级非物质文化遗产	123
苗族服饰	123
苗族跳花节	132

屯堡"抬亭子" ……………………………………………… 139
省级非物质文化遗产 …………………………………………… 145
　　大狗场吃新节 …………………………………………… 145
　　屯堡服饰 ………………………………………………… 151
　　布依族"六月六" ………………………………………… 160
　　竹王崇拜 ………………………………………………… 164
　　铁水冲龙 ………………………………………………… 172
　　安顺屯堡文化 …………………………………………… 176

附　录

附录一　贵州省国家级非物质文化遗产名录 ……………… 191
附录二　贵州省省级非物质文化遗产名录 ………………… 196

参考文献 ………………………………………………………… 212
后　　记 ………………………………………………………… 213

卷一 民间文学

国家级非物质文化遗产

亚鲁王

《亚鲁王》被誉为"有史以来第一部苗族长篇英雄史诗",一般在苗族送灵仪式上唱诵,靠口头流传,没有文字记录。《亚鲁王》传唱的是西部苗族人创世与迁徙征战的历史,其主角苗族人首领亚鲁王是被苗族世代颂扬的英雄。2009年,《亚鲁王》在紫云苗族布依族自治县(以下简称"紫云县")被发现,被文化部列为2009年中国文化的重大发现之一,随后被纳入中国非物质文化遗产名录。

一、历史渊源

《亚鲁王》主要流传于紫云县,分散流传于邻近的罗甸县、望谟县、平塘县,另外贵阳花溪、清镇、镇宁、关岭等西部苗族地区也有少量流传。

作为有史以来第一部苗族长篇英雄史诗,《亚鲁王》创作年代与《诗经》处于同一个时代。早在夏王朝时期的古三苗国,麻山苗族史诗就有了雏形。秦汉时期,苗族定居麻山后,史诗充实、丰富了亚鲁王的故事,并以亚鲁王的故事为主要传唱内容,亚鲁王的若干王族后代故事完善定型于清朝末年。

《亚鲁王》数千年来一直在民间流传,没有进行过系统的整理。《亚鲁王》一般在苗族祭祀仪式上由东郎唱诵,它的流传主要靠口口相传,而且大多是在送灵仪式上唱诵,并与仪式的程序紧密结合,唱诵贯穿仪式活动的始终。其传习过程中显示出诸多特有的规则和禁忌,例如,学唱只能在正月和七月进行,颇具神秘色彩。

二、生存环境

《亚鲁王》流传的麻山地区位于贵州省黔南布依族苗族自治州的惠水县、长顺县、罗甸县,安顺地区的紫云县和黔西南布依族苗族自治州的望谟县五县交界处,总面积2730.81平方千米,共涉及20个乡镇、29万余人。

麻山的得名,是因为居住在这里的苗族早在明代以前迁来时就带来了大量的苎麻种籽,并经过长期的耕耘培育,把这片石山区变成了盛产苎麻、皮麻的山区。

清代关于麻山山脉的传说,其地势大致为"头饮红河水(望谟县南部),身卧和宏州(紫云县宗地乡、罗甸县木引乡一带),尾落大塘地(平塘县大塘镇和新塘乡一带)"。麻山地区为典型的喀斯特峰丛洼地环境,坡地多,平地少,石漠化现象突出,也孕育了风景别致的格凸河风景区。

麻山地区的苗族为当地最早的居民,在汉文典籍中,有关当地苗族的最早记载,见于《元史》元初时权臣斡罗思通过壮族和布依族土司控制了桑州(今望谟县桑郎),以桑州为基地诏谕散居在麻山地区的苗族,《元史》中将这部分苗族通称为"桑州生苗"。麻山一带早年只有苗族而没有其他民族,这从该地区的地名中便可以得到旁证。当地苗族分布区内的地名全部出自苗语的音译或意译,其中有不少地名的读音还可以追溯到早期苗语的读音方式。

麻山地区自然环境(梁勇　摄)

三、表现形式

1.故事背景

"亚鲁王"之"亚鲁"与"杨鲁""牙鲁"是同一个人,"亚""杨""牙"并非姓氏,而是祖先的意思。《亚鲁王》英雄史诗有26000行,是极为完整的传唱。在《亚鲁王》中,描述到苗族部落在2000多年前的先秦时期曾经生活在东方,在部族战争中,亚鲁王带领苗族人进行了悲壮惨烈的征战,失败后又艰难迁徙到贵州高原。史诗对亚鲁王之前的17代王,每一代都做了简略的、约300行的描述,史诗着力描述的是两次大的战役。

2.人物介绍

苗族有悠久的历史,上古时期生活在中原的蚩尤是九黎部落的首领,蚩尤是苗族的人文始祖。亚鲁王是蚩尤之后2000多年苗族部落的一位王族后裔。

作为该支苗族的第十八代王,亚鲁王是一个具有神性的苗族人首领。他从小以商人身份被派到其他部落去接受一个苗王所应当具备的各种技艺、文化,逐渐成长为一个精通巫术及其所蕴含的天文地理、冶炼等知识的奇人。他有7个妻子和几十个儿子。其中14个儿子继承了他的骁勇并与他一样毕生征战。这种描述,是历史上没有文字的苗族人对自己历史最忠实的记录。史诗涉及400余个古苗语地名,20余个古战场,成为活在苗族人心中的珍贵历史,其中保留了大量的在如今苗语中已经消失的古词古语。

像亚鲁王这样具有王族血统、气质与才干的英雄,在与部族、异族的血战中,以超人的勇敢和智慧,创造了许多神话般的胜利。但亚鲁王未能摆脱其先辈"开创—战争—失败—迁徙"的悲壮命运。他们初到贵州时,曾经聚居在自然条件相对较好的安顺等地,但战败后只有率领属下迁往贵州麻山这样耕地极为稀少、水源缺乏的石山区,这是一个漫长而艰苦卓绝的过程。

3.《亚鲁王》内容梗概(第一部)

创世纪。在这部分里,"人"就已经生活在了宇宙空间的另一个平面之上。史诗委婉描述了古代苗族人的宇宙观念,他们认为宇宙是由若干平面组成,祖奶奶就生活在最高的平面上。先祖们历经了若干代人的创业、发展,造了12生肖,造了12个太阳,造了12个月亮,环绕在祖奶奶所生活的平面,并缔造了万物。后来,这个平面气候发生了变化,耕田的产出不够吃,水不够喝。祖奶奶又派遣若干后代人到生存平面的下方的宇宙空间去寻找生存发展之地。历经了几代人的探索,终于发现了下方的某一空间宽阔浩瀚,于是,决定在这里造一块地和一片天。为了造这个天和地,历经若干代先祖的反复思考与反复实践,最后才造成了如今的天与地。天地造好之后,模仿祖奶奶居住的地方的太阳和月亮,又在这个天与地里造了12个太阳和月亮。由于这个新造的天与地很矮,12个太阳和12个月亮的光和热太强,于是射掉了11个太阳和11个月亮,只留下了一个太阳和一个月亮。这时候的天地才适宜人类居住。祖奶奶之后规定,生存在这个新的空间里的人不能再像上一层空间那样永恒。这个空间必须有生有死,有生长有结束,饭才够吃,水才够喝。但在这空间里生存的新生人类,历经九次人类大毁灭,直至最后一次洪水滔天,世人灭绝。整个空间仅剩被雷公赐予葫芦的兄妹二人存活了下来,繁衍了后代人类。

紧接着,史诗又长篇幅描述了亚鲁王12岁之前,其亲生父王带领大王子和二王子离开了疆域,远征他乡去定都立国。亚鲁王的父王把王国留给了亚鲁王之后,由亚鲁王的母亲博布嫩荡赛鸽代理王位。她把亚鲁王带到了一个名叫梭纳经容贝京的地方安置王室,授王位给了亚鲁王。亚鲁王12岁之前就以商人身份到其他部落里去接受其他民族的文化教育。亚鲁王一生博学多艺,精通天文地理和巫术,熟知冶炼铁的技术,会制造多种兵器——是位多才多艺的经济家、政治家、军事家和预测学家。史诗讲述了亚鲁王的士兵在江北岸种植一望无际的水稻。他的王国粮食很丰盛,士兵吃的是白花花的稻米,战马吃的是金黄黄的稻穗。亚鲁王拥有无数个盐井,因为拥有先进的制盐技术,亚鲁王获得了财富。

之后,史诗叙述了亚鲁王在12岁之后征战立国的场景,通过多场艰苦卓绝的残酷战争,亚鲁王带领着他的将士们,收复许多父王离国之后被占去的领土。

在收复纳经❶城战役中,亚鲁王的王妃波尼桑,被占据纳经的卢呙王乱箭射死。亚鲁王痛失了一位美丽的爱妃。为了悼念死去的爱妃波尼桑,亚鲁王带领着他的将士们一鼓作气,攻下了纳经城,接着又下令攻打占据贝京城堡的伊莱王。之后亚鲁王的部队长途奔袭坂经❷城,出其不意地攻下了坂经,杀掉了占据在那里的谷吉王,收回了坂经城堡,王国百姓欢呼雀跃庆祝胜利。

最后一战即彤经❸和衙经❹之战,此战事惊心动魄!因为驻守在彤经的弘炅王和衙经的罕帛王是亲家,他们人多势众,收复难度很大,亚鲁王用计收降了弘炅王,最后才去攻打罕帛王。这次收复王国领土的战役以亚鲁王最终胜利而结束。

在返回纳经的行军途中,亚鲁王在大江边遇到了女孩波丽莎和波丽露,她们貌美胜过仙女,在晚霞余晖下洗澡的美姿,被亚鲁王无意中窥见,挑起了亚鲁王追求异性的火热情怀。两位美女最后被亚鲁王那王者的霸气所征服,双双成为亚鲁王今后得力的助手。

史诗唱诵,亚鲁王的飞龙马飞越天际腾空长啸,杀戮中叫声切切,尸体遍布了旷野,血流成河。亚鲁王果敢而英勇的征战让苗族人的后代深感自豪。亚鲁王同时也是一位有情有义、人情味浓郁的首领。他携带王妃和儿女,在婴儿的啼哭声中上路。哭奶的啼声撕心裂肺。一句"可怜我的娃儿,别哭啦,7000追兵紧紧随着哭声而来。歇歇吧,我们煮午饭吃了再走……"深深饱含了一位父亲、丈夫与王者的伟大情怀。

亚鲁王转战沙场,戎马一生,但从他的履历中,却很难搜寻到主战、好战的因子。他得到宝物"龙心"之后,曾打算带领族群安居乐业建设家园。但天意不由人,亲哥哥赛阳和赛霸率领7000士兵,浩浩荡荡地向亚鲁王的领地攻进。这时,亚鲁王的态度显得特别弱势:"你们是哥哥,我是弟弟,你们在自己的地方已建立领地,我已在自己的村庄建立了疆域。我不去抢你们的井水,不去你们的森林砍柴。你们为何率兵来到我的边界?"赛阳和赛霸则强势得不容置辩:"我们是来要你的珍宝!给不给我们都要拿,舍不舍我们都要抢!"之后,亚鲁王因拥有宝物"龙心"而得胜。但赛阳和赛霸反复施计,终于夺去了宝物,在多场拉锯式的浴血奋战中,亚鲁王的将士们因为波丽莎的失策而阵亡过半。

---

❶ 纳经为地名。
❷ 坂经为地名。
❸ 彤经为地名。
❹ 衙经为地名。

为了留下部族的根,亚鲁王选择了战略转移,带领王妃、儿女、部族与将士们离开了破碎的家园,长途迁徙,刀耕火种,从头做起。然而,嫉恨这剂毒药在兄长赛阳和赛霸的心里持续发酵,战争的阴霾笼罩在亚鲁王的头顶。亚鲁王率领族群昼夜迁徙,越过宽广的平地,逃往狭窄陡峭的穷山恶水,可是他们依然无法躲避追杀。亚鲁王用雄鸡来占卜地域,为疆土命名,各种动植物跟随而来。亚鲁王及其族群不希望战争,甚至退避战争,但当族群饱受欺凌、忍无可忍的时候,他们便一往直前,奋勇杀敌保卫疆土。他们一次次建起家园,又一次次迁徙、征战,从富饶宜居之地,一步步退到了生存环境特别恶劣的南方山区。

史诗的最后,详述了亚鲁王的部队远离了故国鱼米之乡数年后,进入了南方的石山区。这地方名叫梭号蓉雀丈钠巴,是荷布垛的疆域。亚鲁王有着过人的聪明。当他被迫迁徙到荷布垛的领地时,貌似真诚地与荷布垛结拜了兄弟,并以手艺人的身份居留下来,可谓能伸能屈。亚鲁王以帮荷布垛冶炼铁和制造兵器的条件,获得了荷布垛的信任和收留。苗族先民得到了暂时的栖息。几年后,亚鲁王夺下了荷布垛的疆域。由于疆域太小,且地势不利防守,灾难不断涌起。又过了几年,亚鲁王决定带着自己的部落继续迁徙。亚鲁王的部落以各家族编制团队,沿若干条线路分散进入麻山地区。

四、文化价值

《亚鲁王》讲述西部苗族的先祖亚鲁王的故事。亚鲁王是一个真实但被神化的人物。传说他造出了日、月、山、地,让自己的部族在平原地区过上了富足的生活。但是,他拥有的宝物"龙心"引来两个亲哥哥的嫉妒,并导致了战争的爆发。亚鲁王不得不带着王妃、儿女和族人长途迁徙,退居到难以生存的山地,刀耕火种,重新开始生活。但他的哥哥们仍然紧追不放。最终,亚鲁王奋起反抗,保卫家园。

《亚鲁王》的表现形式灵活多样,或用叙事的形式朗诵、吟唱,或用道白的形式问答,采用形容、比喻、拟人、描述的表现手法,词以散文诗的叙述为主,歌唱的曲调变化丰富,不讲究押韵,只讲押调。

《亚鲁王》涉及古代人物上万个,几百个古苗语地名,十几个古战场,包括开天辟地、万物起源、宗教习俗等历史与神话传说,是展现苗族古代社会的百科全书,具有文学、历史学、人类学、宗教学、神话学、艺术学、美学、语言学等价值。

五、保护传承

1.发掘

2009年3月,贵州省文化厅启动了贵州省第三批国家级非物质文化遗产的普查。紫云县文广局立即将发掘和抢救紫云地域特色文化列为工作的重心。这项工作受到紫云县委领导的重视。2009年5月,学者余未人等应邀来到紫云县,肯定了《亚鲁王》是一部长篇苗族英雄史诗。余未人将紫云县申报的非物质文化遗产项目"苗族史诗《亚鲁王》"向中国民间文艺家协会汇报并争取支持,得到了中国民间文艺家协会主席冯骥才的高度重视。中国民间文艺家协会破例给紫云县文广局拨付了工作经费,支援苗族史诗《亚鲁王》的搜集整理工作,同时贵州省文化厅也划拨了项目经费。

2. 整理

《亚鲁王》于2009年成为中国民间文化遗产抢救工程的重点项目,并被文化部列为2009年中国文化的重大发现之一,随后被纳入中国非物质文化遗产名录。通过杨正江和专家们3年的采集整理,《亚鲁王》2012年2月由中华书局出版,2月21日,由中国民间文艺家协会主办的《亚鲁王》出版成果发布会在北京人民大会堂举行。《亚鲁王》这部传诵在贵州麻山地区的苗族史诗,贯穿送灵仪式始终,在近乎与世隔绝的环境中传承至今。《亚鲁王》的发现和出版,改写了苗族没有长篇英雄史诗的历史,是当代中国口头文学遗产抢救的重大成果。

3. 传承

《亚鲁王》在苗族的口口相传中存在千年,却不是在任何时间、任何地点都能唱诵,更不是人人都能学的,唱它的人需要有天赋,有良好的记忆力,才有可能通过艰苦学习成为歌师。《亚鲁王》主要流传的麻山地区有25个乡镇、18万人口,而会唱《亚鲁王》的歌师,每个村寨都有四五人,根据估算,歌师总数约3000人。《亚鲁王》的唱诵极其庄重。唱诵之前,死者家族、村落,甚至周围的歌师会来举行仪式。歌师身着传统长衫,头戴饰有红色"狮子毛"的"冬帽"。通常,一位歌师的唱诵,就是在接受众歌师检验,唱诵内容如有重大失误,歌师的资格会当场被取消。这种神圣严格的唱诵古规,使得《亚鲁王》的传承历经数代而主干完整,同时也让《亚鲁王》的传承大受限制。《亚鲁王》的唱诵,过去须持续几天几夜,但随着现代丧葬仪式的简化,如今大多只唱一夜了。

4. 抢救与保护

对《亚鲁王》进行抢救保护和存录出版是当务之急。冯骥才认为:"跟民族史诗《格萨尔》《江格尔》《玛纳斯》比起来,《亚鲁王》没有文字记录、没有抄本,纯粹是口头文学。口头文学是谁也没有办法定格的,内容瞬息万变,一个歌师走了,一个版本也就带走了,所以我们要用最快的速度先记录下来,这是我们的责任。"

中国民间文艺家协会还将组织人员对传承《亚鲁王》的歌师的现状进行普查,做出科学的决策。希望能够在三五年内培养一批热爱苗族文化、会用苗文来记录史诗的年轻人才。这样,《亚鲁王》的传承才能持续有效地推进。

2012年7月至9月,贵州省非物质文化遗中心和中国社会科学院民族文学研究所先后在紫云县授牌成立"《亚鲁王》研究基地",积极探索《亚鲁王》史诗抢救性的搜集、发掘、整理、研究和传承保护等工作方式方法。

2012年年底至2013年5月,在《亚鲁王》研究基地成立14个史诗传习所和一个联络站,在全县范围内开展宣传《亚鲁王》文化,积极引导民间自我传承保护《亚鲁王》文化。中心对基地的传习模式采取以"精神鼓励文化保护为主,物质适当补助文化传习为辅"进行指导。在保证不影响、不干预亚鲁王文化的自然传承的基础上,合理运用现代技术记录方式进行民间流动田野录音录像记录数据保存和保护,使得保护工作在民间、传承在民间、奉献在民间,营造民间浓郁的文化传承氛围。

省级非物质文化遗产

苗族《古歌》

在各少数民族聚居区,一般会流行传唱有关民族文化事象的古诗歌。这些古诗歌涉及生产生活的多个方面,如祭祀、节庆、男女情爱、神话传说、历史故事等。由于传承上的后继乏人,民族古歌正濒临着消亡的过程,这将会是中华多元文化的一种巨大损失,因此很多民族的古歌逐渐被列为"非物质文化遗产"并加以保护。在广大苗族聚居区普遍流传着一种以创世为主体内容的诗体神话,俗称"古歌"或"古歌古词"。民间口传文学作品《苗族古歌》,是中国流传下来的唯一非宗教典籍的传世记史诗,也是集苗族历史、伦理、民俗、服饰、建筑、气候等为一体的百科全书。苗族古歌也是中国非物质文化遗产之一。

一、历史渊源

苗族古歌创作具有悠久的历史,但凡有苗族居住的地方都能听到苗民对古歌由心的演唱。在贵州这片土地上生活的苗族的支系繁多,但都有着共同的迁徙经历,涉及这段迁徙历史的古歌传唱在内容上颇为相似,或许这就是苗族认同的一种体现。苗族古歌是苗族古代先民在长期的生产劳动中创造出来的史诗,它的内容包罗万象,从宇宙的诞生、人类及其物种的起源、开天辟地、初民时期的滔天洪水,到苗族的大迁徙、苗族的古代社会制度和日常生产生活等,无所不包,成为苗族古代神话的总汇。目前较为常见的《苗族古歌》主要分为四部分:《开天辟地》《枫木歌》《洪水滔天》和《跋山涉水》。由于苗族历史上没有自己的独立文字,因此,《苗族古歌》的创作与传承只能靠历代人口口相传。

苗族少女演唱古歌

二、存在现状

《苗族古歌》只是一种统称,较为泛化,因此各地具有不同的称呼是很常见的,就安顺来说,有"大歌""硕歌""开路歌""史歌""蚩尤的传说""杨鲁世家"等称呼。

从苗族古歌的生存现状看,并非集中于某处,而是零散地分布在各苗族聚落。具体而言,《苗族大歌》流行于安顺市西秀区、镇宁县、紫云县三地交界苗族中,由序词、说天道地、赐给亡人物件、向亡人献雄鸡、指引亡人回故里、丧歌等8个部分组成,一般在苗族成年男女亡者指路回归时吟唱;《苗族史歌》流传于西部方言麻山次方言苗族中,由创作众神、编天织地、人类产生、万物之主、五谷来历、铸造铜鼓等11个部分组成,以问答对唱的形式,阐述了天地万物和人类的产生、发展及演变过程;《蚩尤的传说》流行于安顺市苗族中,由蚩尤神话、苗族迁徙歌、传说蚩尤、杀牛祭祖的来历等8个部分组成。主要讲述了苗族远祖蚩尤从出生、成长到带领苗族先民进行抵抗外来侵略、迁徙,以及与苗族相关的风俗习惯来历等的神话与传说。

三、典型作品

在安顺一带的苗族古歌中,较为成体系的要算普定《苗族硕歌》。"硕"即"大",由此可看出其内涵的丰富。具体而言,普定《苗族硕歌》结构宏大,气势磅礴,有神话古歌、苗族史歌、硕歌、苗族情歌、故事、传说等。《苗族硕歌》主要流行于普定县猴场乡仙马村,其内容上分为混沌初开、盘古等,讲述了苗族从宇宙的诞生,人类和物种起源,开天辟地,初民时期滔滔的洪水到苗族的迁徙等,通过神话表述的方式集中展示了仙马苗人所具有的世界观、人生观、价值观和民族历史。

生活在仙马的苗族主要分为大花苗和水西苗(俗称"歪梳苗"),《苗族硕歌》大多流行在大花苗中。虽然所涉及内容丰富并多含有神话传说,但在描述苗族的部分历史情节时也体现出详细与客观。其中包含大花苗族迁徙、抗暴、生产和生活的历史。在大花苗中,每当老人向孩子讲述古史传说或唱古歌时,一到伤感处他们总是会涕泪俱下,听者也无不落泪。特别是说到或唱到历史上曾遭遇的饥荒和统治者残酷压迫苗族的内容时,更是令人悲愤难抑。

仙马苗族古歌在记录苗族历史时,除了《迁徙歌》描述苗族先民受自然灾害的侵袭,战争的威胁和破坏,不得不携儿带女迁入他乡外,其他如《格子爷老、爷觉比考元老》《觉力滔元老》《梨由则望,觉比考元老》等古歌,均记述了大花苗族迁徙的原因、经过和栖息处,并把每一个地方的概况、山水、出产,以及当时的生活情景讲解得一清二楚。在《三位老人之歌》中,主要传唱格炎爷老、格池爷老和戛梭卯丙三位老人,他们原住在斗南玉莫江边,同心协力抵抗沙召觉地望等人的侵犯,因无法战胜敌人,才被迫向南迁徙。歌中对三位老人奋力抗敌作了生动描绘:

世界上最出色的弩箭手,
我们的祖先格炎爷老啊!
用脚蹬开千斤弓箭,
抽箭搭在弦上,
嗖飕飕一阵响,
利箭飞进敌阵,
射得敌人排排倒!
敌将沙召觉地望,
中箭也倒在地上。
冲锋陷阵最勇敢的英雄,
我们的祖先格池爷老啊!
大喝一声震山响,
闯入敌阵横冲直撞,
杀得敌人横尸遍野,
杀得敌人鬼哭狼嚎。
……

以上讲述了三位英雄如何英勇杀敌的故事,因此被苗人自豪地历久传唱。而在述说苗族战败的悲壮史诗中,读之也使人有些许伤感。如《觉力滔元老》中有一段这样的描述:

觉力滔元老，
想了又想，
望了又望，
站了又站，
看了又看——
粮食啊，多么香糯，
田地啊，令人陶醉，
棉花啊，铺满田坝，
这居住过的地方啊，
等待我们的归来！

以上主要描写了觉力滔元老被沙召觉地望战败后，迁离自己辛苦建立的家园时其内心的痛苦。《觉力滔元老》这首古歌共500余行，记述了觉力滔元老集众商议，率领子孙们建立格兼城后，沙召觉地望企图掠夺他们的劳动成果，率众侵入格兼城。觉力滔元老被迫迁往另一部族史比居自老处，其后又被赶往力阿那深山，并与史比居自老和戛梭居自老结盟，力抗沙召觉地望的侵扰。

普定《苗族硕歌》如今已由文字的方式记录下来，并有多个版本。在普定仙马还保存有手抄本，用老苗文记录，用汉文意译，并由贵州民族出版社出版了普定县《苗族神话史诗选》等。

四、表现形式

在没有文字记载的岁月里，苗族人对自己的历史、文化等采取了特殊的方式铭记下来，这就是古歌。当然，今天看到行之于书的古歌总是简短的古诗行，但在苗族人那里，这些古歌却是能合乐演唱的。马克思说："音乐是人类的第二语言。"在苗族人看来，他们生活在"酒养身，歌养心"的纯然天地，音乐于苗族人确实承载了太多功能。苗族古歌配乐演唱在铭记历史、传承文化的同时，也陶冶了身心。普定苗族古歌、古词、神话大多在鼓社祭、婚丧活动、亲友聚会和岁时节日等场合演唱。演唱者多为中老年人、巫师等，酒席是演唱古歌的重要场合。传统的古歌演唱主要分客主双方对坐，采用盘歌形式问答，一唱就是几天几夜，甚者十天半月。而如今随着苗族社会的开放，演唱形式越来越多样化，并不局限在客主对唱，如在农闲季节几位年轻妇女聚在一块也会共同合唱等。

在苗族古歌演唱过程中，最值得一提的是仙马村的多声部合唱。仙马多声部合唱在参与人数上少至4人，多至几十上百人，同一首歌曲用四个以上不同但又和谐的调子演唱。演唱有两种风格,一是原生态唱法(即白嗓),二是规定发音部位、方法、口形等仙马人的特殊唱法。演唱无配乐、无伴奏、无指挥,一人起唱即可。多声部合唱主要在婚丧嫁娶过程中进行,演唱涉及苗族人对历史、自然、爱情等古歌内容的观点和认识。随着演唱的广泛,如今也加进了其他现代的内容。仙马多声部演唱已经是闻名遐迩,参加了全国不同层次的演出并获得多项奖励表彰。

五、传承价值

总体来看,苗族古歌大部分是述说历史的,且描写的是一个个苗族先人带领苗族部落艰难繁衍下来的悲壮故事或传说,其间间杂着部分神话构想。苗族古歌篇幅较长,是记录苗族发展繁衍过程的一部史诗,在没有文字记载的情况下唯有靠口耳相传而承袭下来。这让我们想到了古希腊的史诗,设想如果古希腊史诗若没有文字的记载,数年的人类灾变和战争摧毁,后人或许已经欣赏不到这些艺术的瑰宝。因此,反思苗族古歌确实会觉其伟大。

苗族古歌保存着完整的苗族活态文化体系,表现了万物有灵、生命崇拜、众生平等、人与自然共存共荣和谐发展的哲学思想,与广大苗族群众的生产、生活、情感等密切相关。它是一个民族心灵的记忆,是苗族古代社会的百科全书和文化典籍,具有历史学、民族学、哲学、人类学等方面的价值。传承古歌的方式较为严谨,有祖先传授、家庭传授、师徒传授、自学等几种。

在安顺各苗族聚居区,基本都尚存着苗族古歌的活态形式,即使没有形成文字的东西,但仅靠故事传说、歌曲演唱等也能传承至久。如今安顺苗族古歌没有特定的传承人,在苗族古歌的集中保护地——普定县猴场乡仙马村,那里是一个苗族文化的圣地,至今尚能保存苗族古歌的演唱方式和内容,并且还留存诸多苗族传统的文化事项。在调查中发现,仙马的大多数妇女都能哼上几曲古歌调子,晚上爱好歌唱的妇女还能聚在一起演唱,彼此学习,取长补短。虽然如此,但遗憾的是现在的年轻人学习传统古歌的已经不多,因此,在传承接续上也面临着困难。即使在仙马这样有多声部合唱队的村寨,加进现代元素,参加各种现代的节目或赛事,只是作为一种民族的演唱技巧,对古歌的传承并无助益,古歌保护岌岌可危。只有利用好多声部演唱在当下受欢迎的渠道与平台机制,把古歌演唱与多声部合唱有机结合起来,把古歌内容与演唱形式有机结合起来,在展现民族文化的同时也有效地保护与传承民族文化。

2007年,普定县与施秉县、龙里县的《苗族古歌》同时被列入贵州省第二批省级非物质文化遗产名录。

布依族《摩经》

布依族《摩经》是一部宝贵的民族文化资料,是布依族全民信仰的摩教经文。布依族《摩经》作为配合仪式演唱的一种宗教经典,内容十分广泛,有神话史诗、故事等。这些内容有些来自远古时代,有些是布摩(宗教祭师)根据现实的需要临时发挥的。这就使《摩经》成了布依族历史文化的集大成者,为我们研究布依族的历史、哲学、宗教、艺术、礼仪道德等提供了丰富的资料,是布依族社会科学中最有研究价值的一部经典著作。

所谓《摩经》,就是布摩在举行宗教仪式时念诵的经文。布摩来源于布依族对宗教祭司的称呼,又称"摩公""报摩""老摩"等,布摩使用的经文就成了《摩经》。布摩是布依语的译音,"布"和"报"都意为"人"的意思;"摩"有动词和名词两种词性,作动词使用时,意为"做诵经这样的事"。诵经是在一定仪式上进行的,布摩是主持仪式并在仪式上诵经的人,故"摩"是"主持宗教仪式,并作诵经这样的事"。布摩是通过师父带出来的,师徒关系不分民族和家族,徒弟通过一系列的学习程序,能够继承师父衣钵便可出道。

布依族《摩经》以经书的形式出现,大概是明清以后的事。明清之际,随中央封建王朝改土归流,调北征南和调北填南等政策的实施,大批汉族迁入布依族居住地区和汉文化在布依族文化中的渗透,布摩以汉字记音的方式创造了一些方块的布依文字,俗称为"汉体布依字",把世代口耳相传的经文记录下来,就形成了今天的《摩经》。布依语属于汉藏语系壮侗语族壮傣语支,没有方言之分,但有土语之别,贵州的布依语大致分为三个土语区。布依族过去没有自己的民族文字,1956年创立了以拉丁字母为基础的拼音文字——布依文,由于布依文的发音是建立在国际音标的基础上,要系统学习才能掌握,因此,直到现在还未普及开来,现在"布摩"依然沿用"汉体布依字"来发音。

《摩经》是从古至今布依族最为系统完整的口头传承文献,上溯几千年,纵横天地人间,描述了社会、历史、文化、经济、哲学、民俗等内容。分为《读邦》(解灾祈福经)和《殡亡》(超度亡灵经)两大类。《读邦》包括《归郎》《扫寨》《扫屋》《解帮》等22卷。《读邦》里词句对仗押韵、内容丰富、生动形象。《殡亡》包括《摸考》《叩引》《荣且》《恨思》等32卷,共55272字,是摩教的主要经文。

一、历史渊源

摩教是布依族的民族宗教,是以鬼魂观念和冥世观念为信仰思想基础、以解脱疾病痛苦和导引亡灵进入极乐境界为信仰宗旨的宗教。摩教中的神灵、鬼怪很多,分为人鬼系统和自然神灵系统。人鬼系统包括报陆陀、摩陆呷、安王、祖王等。自然神灵系统包括天神、山神、牛王、寨神等。据地方史志记载,过去布依族人在生病后,不去看医生,而是请巫师施法驱邪。由于布依族信仰摩教,对他们的生死观有很大的影响。布依族相信鬼神世界的存在,认为人死了之后能进入另一个世界继续生活,过着同现世一样的生活,因而他们便把今生的不幸寄托于来世的幸福。在这种观念的支配下,布依族不再把死亡看得神秘、恐怖,因为他们已经知道了死亡的必然,生是上天的恩赐,死也是由神灵决定,今生的结束是来世的开始。摩教原型就是谁家死了人,拉出一头牛来由部族首领交代,以这头牛代替死者尸体让其他部落的人拉去杀了吃。交代的话逐渐固定下来,成了《摩经》的原始形态——《扣引》。口授传承交代话的人就是布摩。后来有个叫"报陆陀"的人收集整理了古代布依族整个宗教仪式的说唱内容,创作出口授传承的《摩经》。

二、分类体系

《摩经》按内容可分为两类:一类是用于超度仪式的经典,称《殡亡经》,也称《殡凡经》《古谢经》《殡文经》等;另一类是用于祈福、消灾、驱邪等宗教仪式,称为《解邦经》。其中用于超度仪式的经文可以分为超度正常死亡和非正常死亡两种经文。其中以《古谢经》的篇幅最大,下面以《古谢经》为例详细介绍。

在《古谢经》中,我们可以看到布依族漫长历史的演变和发展。在远古洪荒时代,人与猿同分老人肉吃。早的时候人去吃猿人父母的肉,到人的父母死时,"野人要吃人肉","野人要用刀来剜老人肉",人不忍心拿父母的肉来吃,对猿人说"我不让你吃","我送你吃",悄悄地做棺材埋老人。但是人吃过猿人父母的肉,没有理由不让猿人吃自己父母,于是提出用牛来替代父母的肉,才解决了人猿之间的争执。为了让老人死后能到阴间免遭猿魂纠缠,因此兴起"古谢"时砍牛超度亡灵的风俗,这一风俗流传至今。

《古谢经》的《头经》叙述了"前世未造房,前世未造火,到哪住哪,哪黑哪里睡"无房无火的历史情景,描绘了"主客未分开"的群居生活状况。从《古谢经》的其他卷中,我们还可以看到人们学造房、学种田、学酿酒、学打铁、学经商、兴风俗、兴礼节等生产和习俗的发展过程,为布依族文明开发史保存了翔实珍贵的史料,其真实性、可靠性和稳定性远远高于口语传承的传说和历史。从经文中记载的"矩州"

"广州南路"等词来看,《古谢经》的口头成文至迟在唐宋期间,表明布依族在此时已经关注中央集权势力,是布依族与汉民族交流接触的见证,证明布依族很早就与汉人杂处,常与汉人相接触。

《古谢经》以五言句为主,间有七言、十一言句式。这是布依族民间口头文学的常用句式,一方面固定记载了口头文学形式,另一方面又使口头文学书面化,不仅有利于研究布依族文学表现形式,而且在定型语言结构的同时,还记录了早期的布依语言,为我们研究古布依语词汇和句型提供了丰富可靠的资料。《古谢经》语言鲜明生动,比喻贴切感人,陈述事情简要明了,描写景物逼真可信,抒发感情真实诚挚,叙述场景活灵活现。特别值得提及的是,作为韵文体,其音韵十分和谐,具有音乐美,集中体现了布依族的文学特点。

《古谢经》本身是布依族宗教经典,蕴含了丰富的宗教文化信息,突出反映了布依族灵魂不灭和祖先崇拜的宗教观念。布依族认为人死后不是到天堂坐享清福,而是回归到祖先开创家业的地方,在老人去世的"开路"摩经《死别依依寄箴言》中就反复唱道:"我要去了,要跟祖宗去了,要跟祖宗过望天河,要跟祖宗到晴雨坡。"去与祖宗同甘共苦,由于布摩是宗教文化的保存者和传布者,布依族尊敬布摩及请布摩办事的过程也有详细的描述。同时,与宗教文化相关的社会结构、历史文化、哲学思想等都有体现。

三、神话传说

《摩经》中的神话传说有关大量人类起源的描述。例如,"兄妹结婚",这是《摩经》神话诗史中描述的一个重要内容。据《洪水朝天》中说:"天地开辟后,万物滋润,但雷公懒惰贪睡,久不下雨,致使人间大旱。布杰上天将他捉到人间囚禁,进行惩罚。雷公趁布杰外出,蒙骗布杰幼小的儿女伏哥和羲妹,雷公逃走前送了他们一粒葫芦种,吩咐他们赶快拿去种。说完雷公逃回天上去,发洪水淹没人间。伏哥和羲妹因坐进种出的葫芦瓜里保住了生命,成为洪水劫后的孑遗。神仙劝说他俩成亲,繁衍人类。婚后,羲妹生下一个肉坨坨,他们一气之下把肉坨坨砍成碎块,抛向四面八方。第二天,这些肉块都变成了人,世间上又有了人烟。"这个神话揭示了布依族人也像其他民族一样,经历了"血缘婚"的历史,同时也看出布依族在各种自然灾害中,其生存和发展是何等的艰难。再如"迪进迪颖造人烟",据说古时候,有两兄妹,哥哥叫迪进,妹妹叫迪颖。那时候,普天下的人都很勤劳,天天抬粪壅庄稼,迪进、迪颖两兄妹也很勤快,可是他们只壅一窝葫芦。这窝葫芦,只长了一根藤子,这根藤子也只结了一个葫芦。两兄妹天天抬粪,壅啊壅啊,壅了九九八十一天,葫芦成熟了。两兄妹高兴得不得了,就把葫芦挖空,坐到里面去。嗨,刚好能坐两个人！这时天忽然下起了大雨,连续下了七七四十九天,所有的地方都被淹没了,兄妹俩只好坐到了葫芦里去,游啊,漂啊,看见四面八方汪洋一片,没有山没有房屋,更没有人,就伤心地叹起气来。不知道什么时候,一只耗子钻进葫芦里来,听见两兄妹叹气,耗子就说:"不要伤心了,让我下去把地打几个洞让水消下去,一切都好了。"它钻进水底去打洞,不久,水就消下去了。现在可见大大小小的消水洞,就是那时耗子打的。水消后,天下就只剩下他们两兄妹了。哥哥对妹妹说:"妹妹,现在天下都没有人了,就剩我们两兄妹了,我们要成婚结配,造人烟。"妹妹不肯,说:"我们是兄妹呀,只有金鸡配凤凰,哪有兄妹结夫妻!"哥哥说:"那我们就看天意吧,我们找两扇磨子,你从这边山滚下去,我从那边山滚下去,如果滚下去两扇磨子能合在一起,那就说明上天答应我们结配,如果不能合在一起,就是不答应。"妹妹同意这样做了。哥哥找来一副磨子,拿一扇交给妹妹,一扇自己拿着,两人各在一边山头往下滚。磨子滚下去后,果然合在一起,两兄妹只好结婚了。后来,妹妹生下一个肉团团,没有眼睛,没有鼻子,没有耳朵,也没有嘴巴。两兄妹怄气,就把它砍成一百多块,撒往四面八方。第二天早上,四面八方就冒起了烟子,据说人烟就是这样造出来的。在布依族《摩经》中,像这样的神话史诗,还有《葫西姊妹造人烟》《葫芦救人》《兄妹成亲》等。

四、文化价值

第一,布依族《摩经》具有历史研究价值。布依族《摩经》历史悠久,内容涵盖生活的各个方面,被誉为布依族的"百科全书"。因此,《摩经》是研究布依族文化的重要史料。如,古夜郎至今还是很神秘的文化,人们知之甚少,但《摩经》可以为人们提供一些重要的历史素材和资料。

第二,布依族《摩经》具有文学价值。一方面,《摩经》多为整齐的五言句式或七言句式韵文体,大部分词句对仗整齐、押韵,采用了复沓、排比等多种文学手法,音韵铿锵,节奏感强,是布依族诗歌的典范。另一方面,《摩经》以宗教祭祀为载体,以诗歌、散文、故事传说、歌谣等多种文学式样为表现形式,具有很高的文学价值。

第三,布依族《摩经》具有教育价值。布依族在远古母系氏族时期就已创立了教化人类文明、孝顺的摩教,摩教即为《摩经》的雏形。今天我们看到布依族地区的人们勤劳、俭朴、互助、尊老爱幼都可以从《摩经》中找到根源。

第四,布依族《摩经》反映了布依族悠久的农耕稻作文化。从《摩经》的历史文献来看,在《安王与祖王》《赎谷魂》等经文中均有明显反映。

第五,布依族《摩经》具有旅游开发价值。《摩经》中的诸多仪式是布依族文化现象的重要体现,如布依族丧葬仪式,裁"龙戈"和"赶鬼场"两个环节,可以纳入布依族文化旅游中去,但应注意其原真性的保护。

五、传承保护

目前布依族各地的摩师队伍趋于老龄化,摩教仪式活动的空间越来越小,而崇尚学习《摩经》的年轻人也越来越少,《摩经》已面临失传,亟待抢救保护。

布依族《摩经》的传承困境主要表现在,一方面,在市场经济的影响下,布依族地区的年轻人纷纷外出打工,使得年轻一代对摩文化疏离,不愿学习和继承,造成了后继无人的局面。另一方面,社会进步,人们的思想观念发生了变化。再有,布依族《摩经》都是由白棉纸线装而成的,这种纸的特征是柔软、易发黄、变质,故不宜长久保存,很多古籍已经消失或正在消失,急需用现代的先进技术进行保存。

2007年,关岭县和贞丰县的布依族《摩经》被列入贵州省第二批省级非物质文化遗产保护名录。

卷二 传统音乐

国家级非物质文化遗产

铜鼓十二调

铜鼓十二调是以铜鼓为主奏乐器，加之铓锣、皮鼓、唢呐、镲等乐器一起演奏的布依族传统民间音乐，是布依族先民通过口耳相传、言传身教方式流传下来的打击乐合奏，其曲调丰富，套数完整，具有深厚的文化底蕴。

镇宁铜鼓十二调主要流传在第一土语区的六马乡、沙子乡、良田乡，第二土语区的募役乡、朵卜陇乡、马厂乡，以及第三土语区的扁担山乡、大山乡、城关镇、丁旗镇等布依族聚居区，并辐射到关岭县、普定县、六枝特区、贞丰县等安顺市及周边的布依族人民聚集地，在贵州境内具有广泛的影响力。

一、历史渊源

布依族的族源最早可以追溯到古代的越人。因居住地域及文化等方面差异分为不同的支系，在历史上合称这些支系为百越，而布依族源于百越族系中的骆越人。

布依族先民使用铜鼓的历史久远，据现有史料记载从汉文帝（公元前180—公元前157年）年间就有了相关文献记载。《后汉书·马援列传》写道：马"援好骑，善别名马，于交阯得骆越铜鼓，乃铸为马式，还上之。"

明代《贵州省弘治图新经志》说："仲家……铸铜为鼓。"《黔苗图说》："补笼仲家，贵阳、南笼（今兴义）、安顺三府、定番、广顺二州皆有之。以十二月朔为大节，岁时击铜鼓为欢。"明朝时期，贵州少数民族中只有布依族能制造铜鼓，在贵州史志书籍中也唯有布依族铸造铜鼓的记载。

布依族使用的铜鼓属于麻江型铜鼓，这类铜鼓是所有铜鼓类型中出现较晚的，属于铜鼓发展的式微期。

二、生存环境

铜鼓十二调主要运用于祭祀、丧葬、节庆活动中，在不同的场合铜鼓所体现出的功能也不尽相同,但是不论是用作何种场合,"请"铜鼓是必不可少的一个环节。"请"铜鼓是由族老、寨老或有威望的老人主持,将保管在寨中有威望人家的铜鼓"请"出来,挂在正屋中,用红绸将两耳系上,用米酒、公鸡、纸钱、香等物品举行庄严神秘的动鼓仪式,在这个过程中由主持者与铜鼓交流,并对铜鼓诉说自己的愿望,祈求它能给家族、村寨、国家带来福祉,体现出布依族人民质朴的性格。

1.节庆

布依族的节庆活动主要集中在正月、"三月三""六月六"等时间,春节期间使用铜鼓时间最长,一般是从腊月三十到正月十五,过完了年才将铜鼓收藏起来,这种习俗已经保持了上百年的时间,在《乾隆贵州通志》中就有记载:"仲家……岁时击铜为欢。"在这期间铜鼓会悬挂在当年收藏人的正屋中供全村人民尽情敲击,并围绕在铜鼓周围共同商议家族或村寨大事,决定铜鼓来年保存在谁家。节庆活动中使用铜鼓一般都只在室内使用,仅在庆典活动中作为舞蹈的节奏伴奏可放在室外敲击。

2.祭祀

当布依族先民对世界的认知还处于较为朴素的阶段的时候,在面对不解之惑时就会求助于具有神话色彩的铜鼓。当人们有了灾难、疾病,向神灵祈祷求福、镇邪驱妖等活动时,都要敲击铜鼓。由于在布依族先民的观念中铜鼓是从上天派下来的,具有通天地的本领,因此在祭祀祖先时要先敲击铜鼓,这样祖先就能够从天上下凡与子孙一起欢度节日,保佑子孙平安、六畜兴旺、五谷丰登。铜鼓在布依族人心中的神圣地位充分体现出布依族人纯朴的人文思想和质朴的精神诉求,也充分彰显出铜鼓在布依族人民心目中神灵般不可取代的重要地位。

3.丧葬

在布依族传说中,铜鼓是布依族始祖布杰向天神讨来的,通过铜鼓的声音能够引渡过世的老人上天,铜鼓被赋予了神话般的色彩,将它作为来自"天庭"的神器,具有了通达天上、人间的功能,因此在布依族的丧葬中是不能缺少铜鼓的。布依族人的葬礼要举办隆重的"古谢"仪式,整个过程由布摩按照既定仪式主持,一开始敲击铜鼓三声,以示讣告,向相邻传递噩耗,亲友跟随声音前来吊唁。之后音乐时而节奏缓慢,声音低沉表达出对逝者的悲痛之情;时而速度加快,声音洪大表达出对逝者升天的美好祝福,因此布依族有"亡人升天在击鼓"的习俗,一直保持至今。

三、传承情况

铜鼓十二调由于长期以来只在家族内传承,因此每个地区和家族都有所不同,但总体结构上基本一致。在演奏中以铜鼓为主奏乐器,大多采用单鼓击鼓法,即一人击打一面铜鼓,也有双人共同击鼓,即双人用软槌分别击打鼓面不同位置。铜鼓用红绸系于大树或堂屋中央,或用三根木棍支撑,或用两人架起,悬吊击打,击打时右手持软槌,左手持竹条,侧站或侧坐敲击鼓面、鼓侧和鼓腰。敲击过程中要求击鼓者心口手合一,动作协调连贯,节奏清晰流畅,中间不能间断。

铜鼓演奏(一)(王君 摄)

铜鼓十二调在敲击过程中形成的十二种调子,并以汉字记音的十二个鼓谱,主要使用的汉字有"借、召、左、挂、及"等,不同的汉字代表击打铜鼓不同的位置,如"召"是软槌击打铜鼓的中央,"借"是竹条击打铜鼓的上鼓腰,"左"是击打鼓面的边缘,其中"召"代表重音。敲击鼓面时声音浑厚、低沉,而鼓边声音清脆、明亮,形成两个较为明显的不同音高。鼓面的敲击节奏成为铜鼓十二调的主要骨架,而鼓边的节奏具有丰富音乐表现的功能,两者在音色、音高、节奏上形成对比、补充,在击打过程中还采用轻击和重击、缓击和促击相交给人以视觉、听觉上的变换,以此带来新鲜感,既体现铜鼓音乐的古朴、厚重,又能彰显音乐的丰富变化。

四、艺术特征

铜鼓十二调是由"喜鹊调""散花调""祭鼓调""祭祖调""三六九调""祭祀调""喜庆调"等组成,其中"喜鹊调"包含了"喜临门""喜上眉梢""喜开怀","散花调"包含了"春花开""好花香""花之春"。

在铜鼓十二调中明显的音乐特征是节奏重音的转移,按照正常节拍规律,强拍在前,弱拍在后,而十二调音乐则恰恰相反,如"借借召"中,"借借"均为弱拍,而"召"为强拍,敲击鼓心的重捶与相应的强拍相统一,展现出布依族人民独特的音乐审美观。另外在与其他乐器合奏时,铜鼓节奏稳重,而皮鼓的节奏充满变化,铓锣基本以重音附和鼓的节奏,加之演奏者口中演唱的旋律,一起形成了既有歌又有多声部乐器伴奏的罕见形式,极大地丰富了节奏性乐器合奏的表现形式。音乐中使用了变化重复和重复变化的手法发展音乐,每首结束都以"召成召,召成召"作为结尾,做到前后的呼应。每一调的长度不尽相同,如最短的第三段和最长的第八段相差七倍之多,音乐的进行从开始平稳逐渐采用节奏的紧凑、速度的加快、旋律的细化等手段不断将音乐推向高潮,在乐曲结束时以重复三次的"借、召、借、召、借、召、借、借借借,借借借借挂及左呀召衣召,挂及召衣左呀召,及机左呀召",将音乐推向最高潮结束。这和我国古代相和歌或歌舞大曲的音乐发展手法相似,其调式是保存古代音乐最丰富最完整的重要乐种之一,是包含内容丰富的古代音乐作品和古代音乐信息的宝库。

五、文化价值

铜鼓在布依族人民的生活中扮演着非常重要的角色,拥有很高的文化价值。从铜鼓的构造上来说,主要是由鼓面、鼓胸、鼓腰、鼓足、鼓耳构成的,它的构造赋予了一种人文气息在其中,将乐器看作人,将人的身体构造融入乐器的制造之中,体现出古代布依族人民强调天人合一的精神诉求。直径一般不超过50厘米,重量在10~15千克,鼓面略小于鼓胸,面沿微出于颈外,鼓身胸、腰、足间的曲线柔和,没有明显的分界标志,腰中部突起棱条一道,胸部有扁耳两对(在布依族的习惯中为了避免铜鼓逃跑故意将耳朵打下一只)。鼓面、鼓腰上都有花纹装饰,鼓面中央位置的太阳纹饰是各类铜鼓都具备的基本纹饰之一,这表现出布依族先民对太阳的膜拜,他们将太阳作为主宰世间万物的中心,太阳代表着生命的绵延不断,由此他们联想到部族、部落繁衍不息的生命力。还以中央太阳纹凹陷和突出以区分铜鼓的"公""母",将铜鼓作为人的化身与布依族人民同生共生。鼓面除了太阳纹居于鼓面中心以外,其他纹饰都以圆圈为组分布于鼓面,两圈乳钉纹镶嵌其间,增加了铜鼓的立体性。最常见的纹饰主要有游旗纹、云雷纹、田纹、水波纹,鼓腰和鼓胸多见水波纹、回形纹、云纹、角形纹等,这些纹饰均来自于布依族人民的生活之中,表现出了布依族人民朴素的唯物主义世界观和纯朴的审美情趣。

布依族称铜鼓为"连"或"那连",从最初用作战争中的炊具到后来兼具了乐器的功能,再至后来乐器功能的居上直至今天炊具功能的消失而完全成了民族乐器的一种,而又因为铜鼓自身包含的文化信息,不仅能传递人文信息,也能沟通人与"神"之间的信息,因此又具有了"神器"的功能,这其中的流变经历了上千年,反映了布依族人民生活状态的变化和思想状态的衍化。

(1)作为神器的铜鼓。传说铜鼓是来自"天庭"的神器,具有通达天上、人间的功能,铜鼓被布依族人民赋予了神话般的色彩。铜鼓的功能也超越乐器的实用性

铜鼓演奏（二）（王君　摄）

功能,将其作为神器的功能不断在历史进程中加以强调,广泛地运用到祭祀、葬礼、巫术活动之中。将铜鼓作为沟通人神之间的工具,既服务于布依族人民的宗教祭祀活动,又体现出他们对铜鼓的敬重之意。

(2)作为权利、财富象征的铜鼓。铜鼓在被用作战争中时,军权拥有者利用它发号施令、集合队伍、出征打仗、指挥布阵等,带有了强烈的权利性色彩。军队打了胜仗大多会归功于铜鼓的护佑,久而久之铜鼓成了权利拥有者的特权,再加之使用青铜铸造器具本身也体现了人们身份地位的尊卑,经历衍化,铜鼓就成了人们身份的一种象征。而且在战争中也以缴获对方铜鼓作为胜利的标志。如明代朱国桢在《涌幢小品》中记载:"凡破蛮必称获诸葛铜鼓。"除此之外也有诗云:"僚伶仡僮畏都老,获鼓胜获十万军。"因此在战争之外人们也将铜鼓作为权利的象征,拥有铜鼓即拥有权利,明代朱国桢在《涌幢小品》中记载:"藏二三面者,即得僭号为寨主矣。"铜鼓作为权利的象征不外借、不外传,只传族内子孙,现在在很多布依族地区依然有一个大家族共同持有一面铜鼓的情况。铜鼓在成了权利的代表之后,使富人们也趋之若鹜,"必争重价求购(铜鼓),即百牛不惜也"。《黔苗图说》:"掘地即得铜鼓,武侯南征所遗者,重价争购。"至于铜鼓的价格,明代《明史·刘显传》记载,"鼓声宏者为上,可易千牛,次者七八百",可见铜鼓自身就代表了财富的积累。

(3)铜鼓功能的弱化与外延。铜鼓曾在布依族人民的战争中具有重要的意义。在田野调查和采访中,布依族老人们回忆说,他们的父辈还知道铜鼓在战争中的运用,敲击什么样的节奏代表着进攻,什么样的节奏代表着后退等。由于战争早已经远离布依族人们的生活,铜鼓所具备的战争功能也逐渐消失在历史的长河之中。处于和平年代生活的布依族人几乎没有人能够说出铜鼓是如何在战争中运用的。再者,由于在布依族地区大多实施了"改土归流"政策,后来又废除了封建王朝的统治,土司、贵族、封建统治者地位的衰败,使得铜鼓这一曾经代表着权利和财富象征的物体也随着所附载体的不复存在,作为权利和财富的功能逐渐消失了。以后,随着社会的进步,人们地位平等的实现,铜鼓已经从权利、财富的统治之中彻底走向民间,成了广大布依族民众生活中不可缺少的乐器。

　　随着社会的发展变化,铜鼓的功能也在悄然发生着变化,以往铜鼓在平常的日子是不能随便敲击演奏的,因为布依族人民"闻鼓声毕至",如果谁敲响了铜鼓,村民就认为是出了什么大的事情,可见铜鼓本身所带有的威严,以及人们对它的敬仰,铜鼓所蕴含的文化信息带给布依族人民在行为上的约束性。但是随着布依村寨与外界的交流越来越多,社会各界对非物质文化遗产的关注度越来越高的情况下,布依村寨来了贵客或被邀请外出演出也会"请"铜鼓。而且随着人民娱乐活动的多样化,现在铜鼓有时也被用于布依族文艺表演之中,担任舞蹈的伴奏乐器,这是随着时代发展的铜鼓功能的外延。但是不管在何种场域下使用铜鼓,千年来留下的规矩——"请"铜鼓必不可少,这点在布依族人民的心中依然具有不可改变的约束力,以示铜鼓依旧保持着对布依族人民极大的震慑力。

　　由于铜鼓十二调可以被用于不同的场合,在不同的场域之下就代表不同的文化特质。如春节期间演奏铜鼓音乐活泼欢快,热烈有趣,鼓点跳跃,内容多为叙述铜鼓历史、祈求给家族、村寨和国家带来福祉、庆祝丰收、思念祖德、畅抒心胸,音乐时而凝重、时而欢快,表现欢快热烈的节日氛围。在祭祀中有一套传统曲牌有12段:祭神调、助战调、灭火调、送葬调、迎客调、丰收调、狂欢调等,记述着布依族人民对神灵、祖先、客人、农作物等对象的歌颂,展现出布依族人民独特的文化价值观。在"古谢"或"砍嘎"仪式中使用的铜鼓音乐慢而弱、沉而悲,传递悲伤之情,内容既有对逝者一生经历的总结,有亲友对逝者的悲痛之情,也有对子孙后代的期望,更有对逝者死后升天的美好祝愿,悲喜交加中无一不包含着布依族人民朴素的生死观。

　　铜鼓十二调在使用的过程中都具有了教育传承意义,在春节期间的使用中有一项内容就是要教习本寨或家族年轻人演奏铜鼓十二调。因为铜鼓平日里不能随意使用和现在外出打工的年轻人越来越多,在重要场合教习就成为一项非常重要的任务,在老人们敲击铜鼓十二调的过程中年轻人跟随他们的击打手法,口中默念口诀学习并掌握演奏方法。在这个过程中,家族、寨中重大事情的商讨也都必须在铜鼓周围完成,铜鼓对布依族人民行为的约束和至高无上的地位也都在无形之中被传承下来,规范着布依族人的一言一行。丧葬中也是如此,敲击一般都由布摩主持,但是在这个过程中布摩的徒弟们也全程参与,由于整个过程不能出一点纰漏,所以徒弟们只能长期地跟随师父耳濡目染整个过程,熟练操作铜鼓的才能单独主持。在丧葬过程中铜鼓起着传承民族习俗、生死观、世界观、价值观等内涵，对后世具有强烈的教育意义，也无形中传承着民族的历史和文化。

铜鼓十二调歌曲的内容大多也和布依族人民的历史、劳作息息相关，其中包含了他们对自然界的认识、对历史的记叙，对人生观、世界观的诠释，这些都在无形之中影响着子孙后代。

七、传承保护现状

在被列入国家级非遗保护名录之前，铜鼓十二调最早是依靠老一辈艺人边念口诀边敲击节奏传承的，一般传内不传外，仅在族群内传承，因此每个地域和家族的鼓谱都不尽相同。后来随着思想观念的开放，民间艺人自发性的、无意识群体传承逐渐取代了单一的祖传，逐渐打破了秘传的传统，使得铜鼓十二调的演奏群体逐渐扩大。每逢传统节日，民间艺人带领本村的铜鼓十二调乐队参加区县文艺比赛并连续取得优秀的成绩。在布依族节庆自发组织表演，使更多的人了解铜鼓音乐。而且还利用农闲季节在村里积极展开培训工作，使得更多的年轻人参与到铜鼓音乐的学习之中。在他们的努力下，有更多的年轻人了解、学习铜鼓十二调的演奏方法，有些年轻人已经基本掌握了铜鼓十二调的演奏技巧，并自觉地加入到了铜鼓十二调传承和发扬的队伍之中。但是这样的传承方式还是停留在无规划并带有强烈的随意性的层面上，因此只能在一定范围内起到一定的作用，不能将其传承上升到理性的发展规划之中。从申报国家级非遗保护名录伊始，政府、研究者、文化机构等开始更多地关注铜鼓十二调的发展，不断研究、深入挖掘其文化艺术特征，探索更有效更持续的传承发展方式。

目前来看，铜鼓十二调的传承已经在逐渐摆脱自发性、无意识的传承方式。成功申报国家级非遗保护名录后，确定了国家级传承人——王芳仁和省级传承人——伍泰安，根据国家对传承人的工作要求，他们逐渐根据有关部门的规划有序地开展非遗传承工作，定期向有关部门汇报工作计划、开展相关培训工作，在他们的努力之下，现在已有十余人能够熟练掌握铜鼓十二调的演奏，更多的年轻人也逐渐加入到学习的队伍之中。

政府和文化部门也大力推进其传播力度，鼓励、资助铜鼓十二调演奏团体到各地开展演出、参加展演活动。如2011年，镇宁县文广局专门为宣传、推广民族文化成立了文化传播公司，专门负责对当地民族文化的推介活动，尤以布依族文化为重。

政府利用布依族特有的民族节日"三月三""六月六"等举办各级民俗活动和演出，搭建民族文化展示和宣传的平台。有关学者和专家的研究也不断推动着铜鼓十二调的传承发展的连续性。为了在青年群体中广泛推广铜鼓十二调，传承布依文化,镇宁县有关部门已计划将其纳入基础教育之中,定期开展教习活动,培养更多的传承人,形成良好的文化自觉氛围。

2006年,镇宁县与贞丰县联合申报布依族铜鼓十二调,被列入第一批国家级非物质文化遗产保护名录,为安顺市首批获此殊荣的民间音乐。

布依族勒尤

勒尤,是布依族世代相传的一种古老的民间双簧竖吹乐器。由于该乐器像唢呐一样吹奏,且又用蝉茧做虫哨,发出蝉儿嘞嘞悠悠的歌声,所以人们就叫它"勒悠"。后来,它又逐渐成了布依族后生谈情说爱的媒介,因而也叫"勒尤"或"勒友"。"勒尤"系布依族译音,"勒"作名词讲,意为"喇叭",作动词讲,意为"追求"或"选择"之意;"尤"可汉译为"情人""恋人"。所以,"勒尤"联合起来可意译为"追求选择情人并发出信号或曲调的小喇叭"。

一、起源与发展

布依族勒尤的起源与一个布依族孤儿的传说有关。很久以前,布依族村寨中有个失去父母的孤苦后生,名叫勒甲,他从小帮土司做工,由于难以忍受土司的长期欺压,逃到深山里居住,开荒度日。一天,他在泡桐树下歇息,听到蝉儿孤寂悠长的鸣叫,蝉声好像在呼唤,又好像在哭诉,勒甲想到自己无父无母,心中十分难过,很想制作一支能倾诉自己心中情感的乐器,于是他便找来一根干的泡桐树,正愁找不到什么作哨子才能使它发出声响时,碰巧,一只虫茧掉到他正在削的泡桐木上,于是他将虫茧截去两头,上在削好的泡桐管上用嘴一吹,居然发出悠扬的声音,他十分高兴,接着又在泡桐管上钻了几个孔,吹出了排解心中抑郁的曲调。凄凉的勒尤声引来了同情他的情人,两人彼此相爱,结成夫妻,过上幸福、自由、美满的生活。于是,就有了布依族勒尤乐器。

勒尤流行于贵州省黔西南布依族苗族自治州贞丰、望谟、册亨和黔南布依族苗族自治州罗甸及黔中的镇宁布依族苗族自治县、关岭布依族苗族自治县等地。在镇宁布依族苗族自治县则主要流行于第一土语区的简嘎乡、六马乡、良田乡、沙子乡,其中以简嘎乡一带流传最为广泛,在这里勒尤又称"盘勒",其音色圆润、明亮而甜美,具有丰富的音乐表现力,深受布依族人民喜爱。

贵州的土司制度始于明代。因此,从布依族勒尤传说和流行地域来看,勒尤应起源于明代,距今已有600多年历史。

勒尤的形制最初只是几个音孔,后来人们在制作过程中,凭借自己的想象及才能,制出了各种各样的勒尤,吹出了不同的、十分优美的曲子,于是由最初的几个孔发展到5个孔、6个孔,以及7个孔,但是最常用的、最普遍的是6个孔的勒尤,这种样式的勒尤在简嘎一带最为常见。

勒尤功能的发展,从其起源上来说最初是用于排解心中的苦闷,而无形中因这一乐器的特性所演奏的效果,引来了情人,由此发展到后来主要用于男女青年"浪哨"(谈情说爱),后逐渐演变加入到布依族聚会、节庆活动及布依民族文化活动中。

二、材质及结构

勒尤的制作材质有木制、竹制、地瓜藤制三种。木制的勒尤多用泡桐树、花椒树、橄榄木、桐子树等制作管身。

勒尤从上至下由虫哨(发音器)、口子、铜箍、管身、共鸣器五个部分组成,上小下大,两端通透。下面承接一个竹筒或空心树根作共鸣筒。哨子取材于大自然中昆虫茧制作而成;用小金竹或木料制作口子,为防止爆裂,口子上装有一铜箍;第四节是管身,管身上细下粗呈锥形管状体,可自然扩音,管身正面凿有音孔,音孔根据个人的需要可凿5~7个,7个音孔的勒尤是管身正面有6个音孔,后面1个;第五节是共鸣器,为木制或竹制的大小套管,起弱音器、扩音器的作用。通常见到的勒尤全长40~50厘米,以6孔者较为常见。

三、制作

勒尤的制作工具主要有斧子、柴刀、铁柱、削刮器、锯子、剪子。其制作流程如下。

(1)首先是到树上采集虫茧做虫哨。虫哨是用槐树、黄楝树或橄榄树上的一种蛾类的茧制成的。用剪子剪去虫茧两端,再用小竹棍打通茧,取出里面化蛹的昆虫,经桐油浸泡,待收缩后取出晾干,稍加修剪即可做成发音的虫哨。这种虫茧与蚕茧质量相似,很有韧性,经久耐用,不易破裂变形,发音柔和优美。

(2)将干透的地瓜藤或适用的桐子木或其他树枝量出所需的长度,用锯锯断,再用柴刀、玻璃片将树枝削刮打磨光滑,使其呈上细下粗的锥形。

(3)用铁柱置于火中烧红,在锯好的树枝两端正中作循环旋转转动,制成空心管子。

(4)管子制好后,就是音孔的定位了。音孔的定位用两个指头的宽度进行丈量,三四两孔的距离稍近。孔位定好后再用烧红的铁柱在孔上旋转做音孔,旋转音孔时,铁柱与管身要有一定的倾斜度,而不是90度垂直旋转。

（5）装上第二节口子,口子较细,长约4厘米,直径约3毫米。口子直插在管子上端固定,再装上制好的虫哨即可试音作调整。调音准时,一边吹勒尤,一边调节音孔的大小,确定音高,并调节虫哨的位置,确定音色,直到把音色调到理想的效果为止。

（6）勒尤制作好后,为了使吹奏音量有增大或减弱的效果,在乐器的底部装上大小不同的竹筒,作扩音器或弱音器。

四、吹奏

勒尤的吹奏主要采用自然法和循环换气发法。如采用循环换气法吹奏,有的一口气可吹奏3~4分钟,更有甚者,一支乐曲一口气循环吹奏完成。而吹奏的音质好坏,则主要是靠演奏者含口哨的口风。据了解,一是虫哨含到1.2厘米左右,二是腮帮要收紧,三是运气要匀速、有力。

勒尤的吹奏技巧、指法和竹笛相似,多用商调式、徵调式和羽调式。其声可根据乐曲的悲欢离合模仿人的哭声、笑声、吵声、闹声、呼唤声,主要通过舌头弹吐,嘴唇和腮、喉腔、鼻腔的综合控制气息,还可以吹出各种情话,以乐曲代表语言。在吹奏欢乐的曲调时,首先演奏者内心具备喜悦的情绪,气息节奏的控制欢快、轻松,吐音成颗粒状,每一个音在指法运用上赋予有韵味的呼吸感,使乐曲欢快、明亮,并一直保持兴奋点,让人听后手之舞之、足之蹈之。在拉长音时,可用手指揉换音孔,半揉音孔,空揉音孔,增加倚音、下滑音,增加音乐的美感和增强乐曲的表现力。在吹奏悲伤的曲子时,一般节奏较缓慢,运气的长度增加,特别要求音的保持,常用滑音、颤音、打音的方法。在气息的控制上,首先要带有悲伤的情绪,时而吐出粗而有力的短促音,时而吹出的气息弱成一条细线,悲凉、柔弱,发出的音有泣不成声的效果。

在镇宁布依族苗族自治县简嘎一带,勒尤只能在偏僻幽静的地方或自己家里吹奏,不宜在人多处乱吹。因它的音色大多都是凄凉的,曲调吹到伤心处时催人泪下,所以吹奏者特别忌讳在大庭广众下使用,更不能当着长辈和年轻姑娘的面乱吹,否则会勾起他人情思,族人视为对长辈和本族女性的不礼貌,甚至会遭到众人的谴责。

勒尤一般是单独吹奏,也有与唢呐、箫或其他乐器合奏的形式。

五、曲调

勒尤的曲调较多,相传有数十种,演奏的曲调可配上歌词演唱,名"勒尤调"。其曲调大致分为"叙事歌调""情歌调""思念调""浪哨调"。

"叙事歌调"主要是用来叙说某一事件、爱情故事。在镇宁简嘎一带,广泛流传的"叙事歌调"是"跋付"(布依语),"跋付"的意思是"别人的媳妇",此曲调按顺序包括"跋付""孤儿苦"和"相思调"三个调子。这一故事叙说的是一个孤儿的爱情故事。

"情歌调"是通常使用最多的调子,在简嘎一带主要适用于已经确定恋爱关系的青年男女,包括"喊妹调""离别调""相约调""相见调""结果调",其实这也是一组叙事歌调,它吹奏的内容主要描述了青年男女从相识、相知、相爱,然后到走到一起的过程。"喊妹调"被运用于男青年对女青年的追求、思怀的恋爱中,吹奏此调可呼唤在路旁、坡边或村中的姑娘,一是问候,二是邀约,三是追求、思念。"离别调"吹奏的大致意思是"我们玩到天黑了,该回家了,今天就要暂时离别了"。"相约调"是说"离别了,我们相约下次见面的时间和地点"。"相见调"吹的是说"上次我们约好的,今天我来到这个地方"。经过这一番的相识相知相爱,最后两人走到一起了,有情人终成眷属,这时吹奏的是"结果调"。

"浪哨调"跟"情歌调"其实是一样的。

"思念调"是用来表达对情人的思念、追求,故又称"想姑娘",这就是它的独特表现性内涵。

在布依族村寨里,小伙子们从小就学吹勒尤。一到傍晚,不管是在山间还是在田野或村寨中,悠扬婉转的勒尤曲便从各处传来,使人沉醉在一片乐声的情海之中。当小伙子在吹奏勒尤曲调时,姑娘们就会知道他们有什么心事,想对她们说什么。这时姑娘就会想方设法去跟对方约会谈情。

勒尤的传统的乐曲,除首尾稍有规律外,吹奏者往往只根据一个固定的核心乐句或动机自由发挥,同一曲调,每次吹奏都会有很大变化。这就是乐曲的不固定性,也是它的独有特性。实际上可视为相对固定的即兴曲。

此外,勒尤还有"庆婚调"。勒尤吹奏"庆婚调"时,通常是跟唢呐一起吹奏的,主要内容是说给新郎家送来大红的礼物来贺新婚,其中很出名的曲子是《梁山伯与祝英台》,在勒尤吹奏中,这个故事描述的是新郎新娘像梁山伯与祝英台一样相爱。但是,这个乐曲跟传统曲调有很大的变化。

六、特色

勒尤的特色可概括为独特性、民族性。

在布依族表达民族情感的音乐中,勒尤最富有个性,而且它在民族乐器中占有主要地位,属主奏乐器之一。

勒尤之所以独特。首先,它采用虫茧作哨子,用虫哨做哨是这一民族管乐的特点,是中国民族吹奏乐中唯一的艺术形式。其音色十分独特,有一种优美、明亮、缠绵和使人听起来思念而回味无穷的感觉。在乐队中时隐时现,适合于领奏和独奏。

在布依族"噔弹哒吟"（即布依族丝竹乐，亦称"小打音乐"）中，常以独特的音色出现，表现出布依族青年男女酷爱自由、向往幸福的愿望。这种独特的音色除了与虫哨的发音有关外，还与勒尤管身的材质有关，其吹奏的音色不同于布依族其他乐器，没有唢呐声明亮、高亢，没有竹笛的柔和，没有姊妹箫的清幽，它的音色介于几者之间，亮而不亢，柔而不弱，显得十分独特、古朴。其次，勒尤由于是纯手工制作，制作工具简陋，目前仅有八度音域，是中国民族音乐典型的五音音阶的木管吹奏乐器。此外，勒尤的共鸣器多用木制或竹制，在需要扩音时，外加大木、竹筒管即可。而在吹奏弱音曲目时，多用中竹筒套小竹筒，插在第四节共鸣体内，吹奏出的音色在气息的控制下美而甜、柔而轻。勒尤对于弱音的使用，确是布依族人民的一大创造，它填补了世界乐坛认为"中国民族乐器没有弱音"的空白，让世人极为关注。勒尤始于明初，而西洋乐器中的小号、圆号加弱音器始于明末。因此，勒尤使用弱音这一文化现象，是我国民族乐器中的佼佼者，是民族的骄傲，其在音乐史、民族史上的研究价值广受关注。

勒尤之所以能代表一个民族的乐器，是因为它具有自己的独特性。就像当你听到葫芦丝声，就会想起傣族的泼水节，当你听到芦笙的吹响，就会想到苗族风情，那么，当你听到勒尤的乐曲时，自然就会想到布依族的"浪哨"（即谈情说爱）。

七、功能

如上所述，布依族勒尤的首要功能是表情达意。常用于青年男女的爱情生活中，在路途、田间、山野，由男性青年吹奏，表达对情人的思念和追求，或用以呼唤情人，或自娱自乐，或消愁解闷。

其次，勒尤常被作为定情信物"把凭"来馈赠女友。

再次，是在演奏中的作用。勒尤演奏的历史最早可追溯于布依土戏产生后，据《布依族简史》记载："在清乾隆年间（1736—1795年）普安州判（今兴义）的巴结，开始编演布依戏。"勒尤由于它独特的音色，在布依戏中最能表达旦角、小生复杂的内心情感和潇洒浪漫的性格而被运用于布依戏乐曲中。后来，在不少布依族八音坐唱乐班中，也加入了勒尤这种乐器。可用于独奏或为歌唱伴奏。后逐渐演变加入到布依族集会、节庆活动及布依民族文化活动中。在演奏中有着重要的地位和作用。

八、传承、保护与发展

勒尤传承现状令人担忧。流行于布依族地区的勒尤，脉传谱系十分复杂。布依族没有文字，因此勒尤的传承均系口授心传，而且是祖传的形式，其传承体系是：前人传后人，上辈传下辈，父传子，并传男不传女，传内不传外，这种家族式的传承方式对"勒尤"的制作、吹奏都有一定的局限。

其次,现在精通勒尤制作和曲调的传承人很少。据了解,目前精通勒尤制作和曲调的人只限于镇宁布依族苗族自治县的第一土语区,即六马、沙子、打邦、简嘎一带;会吹勒尤的人数大概有几十人,但是精通的人不多,且年龄都在50岁左右及以上。这就使得勒尤的传承在地域上不广泛,年龄层次上造成断层。

城市民工潮的兴起,大批布依族青年也随之进城务工,不愿待在家里学习勒尤。由于受勒尤传承体制的影响,留守在家的妇人和儿童又得不到技艺的传授。勒尤的演奏与制作后继乏人。

为了让布依族这一古老的民族技艺得以传承,目前在很多布依族地区已经采取一些积极的保护措施。在镇宁布依族苗族自治县各级党委政府,尤其是各族文化艺术和民族工作部门,把勒尤作为布依族优秀传统文化的重点项目,投入了必要的人力、财力,对勒尤这一民族古老乐器进行扶持发展工作。例如开展了民间乐器进校园活动,在简嘎乡,已经把布依族勒尤民间艺人罗登学请进课堂,在简嘎小学专门传授勒尤教学;在镇宁县已经把几所学校作为勒尤教学基地。但是,民间艺人缺乏音乐理论知识,教学效果不是很理想;有些学校为了升学率而不愿意花时间来实施,主要是师资缺乏。目前这项工作收效甚微。

同时,也要看到勒尤的发展前景。勒尤的制作简单,造价低,音色好,这是因为:①布依族山乡到处都有桐子树、泡桐树,是制作勒尤的最佳材料;②材质较软,容易钻孔,容易制作;③制作的勒尤发出的音色柔和优美,很受欢迎。

如果在勒尤现有的基础上稍加一些布依族小图腾或具有布依族特色的小挂件作为装饰,再从颜色上加工美化,可使之更富有民族特色,更具观赏性。

在演奏方式上,可用于独奏、重奏、齐奏和合奏等。在民族乐队或电声乐队中,加上勒尤的演奏,使乐队起到具有民族特色的独特风韵,因此,勒尤有着很广泛的发展前景。

所以,要使勒尤更好地传承与发展,应该采取必要、有效的措施:一是继续请出一些技艺精湛的民间艺人,对青少年一代传授勒尤的制作与演奏方法,培养一批优秀的青少年勒尤爱好者;二是帮助布依村寨建立勒尤演奏队,派出优秀的民族音乐家或优秀的民族音乐工作者到勒尤演奏队进行指导、培训,提高演奏水平;三是定期或不定期地举行勒尤演奏调演会和比赛,评比、选拔出勒尤演奏的优秀人才,推动勒尤艺术事业的健康发展;四是发掘、整理和出版勒尤的曲谱书籍和专门研究勒尤乐器的理论书籍,使勒尤迅速发展与传播;五是举办较高档次的勒尤学术研究会。邀请有关专家、学者及民间勒尤艺人前来探讨勒尤演奏艺术,把布依族独特乐器勒尤有计划、有步骤地推向全国、推向世界,发挥其应有的作用。

省级非物质文化遗产

盘江小调

盘江小调是流传于北盘江流域布依族村寨中一组古老的演奏乐曲,属于安顺市第一批省级非物质文化遗产代表作名录之一。

一、历史渊源

盘江——这条从北向南流去的江水,距著名的黄果树大瀑布30千米。沿江两岸峰峦重叠,飞瀑溶洞,古木参天,气象万千。山峦间细细的羊肠小道,时隐时现,那是经历过秦汉烽烟的古驿道。域内有花江铁索桥、盘江石刻群、北盘江大桥等古文物遗迹及两亿多年前的古生物化石"海百合""关岭新铺龙",它们见证了盘江沧桑的历史。

沿江有很多依山傍水的布依族村寨,这里的人们自称为古夜郎的后裔。寨中有古老的石头民居,村村有罕见的古榕树,构成了神奇的世外桃源。这里民风淳朴,是布依族灿烂文化的摇篮,是著名的盘江小调的发源地。盘江小调悦耳动听,情感丰富,表现力强。其运用非常广泛,是布依人民婚丧嫁娶、欢度节庆的最美音乐。

盘江小调是用自制的月琴、二胡、箫、木叶4种乐器组合演奏。乐器的制作简便,演奏方式自然古朴。相传在清代,大盘江村吴姓人家曾邀乐师到家中传授演奏,并把各村寨的演奏乐曲整理、加工、归类,共整理出乐曲106首,流行至今,由于多方面的原因,现存原汁原味的盘江小调不到10首。但据关岭县新铺乡纳卜村盘江小调表演队的相关人员介绍,布依族盘江小调可以与布依族唢呐吹奏的曲目相结合,在原有会演曲目的基础上进行再创作,这样他们能演奏盘江小调的曲目就多达30多首,以此类推,他们可以进行无限的创作。从这一意义上讲,盘江小调是可以推陈出新的。

二、生存环境

盘江小调主要分布于北盘江流域的关岭、六枝、晴隆、兴仁等县区的布依族村寨。目前能演奏盘江小调的人员在这些县区都有零星分布,但能真正组队表演的只有关岭县新铺乡的松德村和纳卜村两支盘江小调表演队。其中,以纳卜村表演队最为著名,表演队人员名单为骆正贤、骆正荣、骆正洪和骆正刚,他们常组队参加关岭县的各种活动,最大的活动是县庆。同时,他们还承担培养人才的任务,是关岭县岗乌中学盘江小调表演艺术课的专任教师。

三、表现形式

(一)盘江小调的乐器制作

(1)月琴的制作。发音音箱的前后共鸣音板用老榕树薄板制作而成。音箱周围用葡萄藤包边。月琴的把柄和调音旋钮用坚硬的细叶香樟木制作。旧式月琴有4个调音旋钮,而盘江小调使用的月琴只有3个旋钮。前板于把柄两侧分别纵向凿有两长两短的透音条孔。琴品为九品,用棉竹板制作。琴弦原来用细麻线搓成,现在改用钢丝后音色优美、明亮,弹拨器用牛角加工而成,发音有颗粒感,节奏性强。

(2)二胡的制作。琴筒为共鸣器,用竹子或木料制作。筒的一端蒙以蛇皮,调音旋钮都是用细叶香木制作。二胡的弦线也是用钢丝代替了原用的细麻线。用棉线捆扎作"千斤"。琴弓是将马尾整齐捆绑在弯曲的绵竹上制作而成的。琴码是用一小段绵竹安插在琴筒蛇皮中段,与琴弦形成直角。二胡发音悦耳,穿透力强。

(3)箫的制作。箫比竹笛长而细,竖吹,无膜孔,吹孔在顶端。箫管用当地的竹子制作,要求竹节较长、竹管笔直。将粗细适中的竹子截成约45厘米的长度,经打磨后,按尺寸比例开孔,前面5个,后面1个。箫音色柔和、恬静,善于吹奏慢而优美的旋律。

(4)木叶的选择。木叶即为树叶,常为现摘现吹。叶片多用香樟树、冬青树和细叶柴叶子,叶片要求薄而坚韧,富有弹性。当地把能吹奏的木叶树统称"凉快树"。木叶发音清脆、响亮。

(二)盘江小调的演奏

盘江小调演奏是以月琴、二胡、箫、木叶4种自制乐器为基本组合,可由两组式或多组式演奏。按照中国民乐分类法,即为弹拨乐、弓弦乐、吹奏乐的组合演奏方式。演奏前有乐队定音程序,盘江小调的定音常以箫的音高为准。定音时,月琴按五度定音,二胡按五度定音,组合演奏时大多为齐奏,先由月琴弹拨出2~4个小节的前奏(当地叫"起音调"),之后全部乐器才齐奏。在盘江小调的组合演奏中,每件乐器的演奏者会根据乐句、乐节的特点,做好主奏或弱奏的自我处理,往往会产生乐队配器的效果,相互间配合十分协调默契。

以《迎宾调》为例,在演奏的整个过程中,月琴是拨子从外弦到内弦有规律、有节奏地只拨奏旋律音的前节奏,木叶采用简化音型的滑音演奏,这种独特的演奏技巧加强了盘江小调节奏的重音,让人感到是乐曲中采用了现代配器的节奏性伴奏和色彩乐的烘托,使乐曲旋律舒展、节奏明快、风格独特。

整个乐曲的演奏,时而紧缩,时而舒缓,时而相互对答呼应,时而高潮迭起。表达了布依族人民在迎宾中热情好客、落落大方的民族形象,展示了充满活力的幸福生活。

四、艺术特征

第一,盘江小调具有传承性,但多为民间口传心授,无乐曲记录,因此,具有易失传、易失原真性等特征。

第二,盘江小调无固定的演奏时间和场合,但广泛地运用在布依族的红白喜事中,体现出其运用的广泛性特征。

第三,盘江小调具有独特的魅力,在历史长河中已深深扎根于广大的布依人民群众中,有着广泛的群众基础,是广大群众喜闻乐见的演奏形式,成为当地群众文化生活中不可或缺的文艺活动形式。

第四,盘江小调具有鲜明的地方性和民族性,"北盘江流域""布依族地区"是其重要的文化标志,体现出唯一性的特点。

五、盘江小调的文化价值

第一,盘江小调具有民间艺术价值,能丰富布依族地区人民群众的文化生活,是广大人民群众的精神食粮,在长期的传承中,深受广大群众的喜爱。

第二,盘江小调具有布依族民间音乐研究价值,为布依族音乐的收集、整理、提炼提供依据。

第三,盘江小调具有一定的历史学、社会学、民族学、民俗学等价值,为研究布依族地区社会变迁提供了重要的历史素材。

六、传承情况

盘江小调是具有浓郁民族音乐特色的乐曲。如今,在现代文化的冲击下,导致了人们审美意识的改变,加上年轻人对民族音乐认识出现了偏差,不感兴趣,出现了民族音乐失传的濒危状态。具体表现在:一方面,乐曲全靠口传心记,没有进行记录,很多曲调已经失传,如清代收集、整理出的106首乐曲现存不到10首。另一方面,懂得乐器制作技艺的人越来越少,且年龄都过大,工艺水平处于下滑的趋势。

再有,由于打工经济对布依族地区的冲击,很多年轻人纷纷外出打工,从而使盘江小调缺少学习演奏的群众基础,出现后继乏人的状况。

上述盘江小调传承的困境,近年来引起当地政府的关注,在安顺市文化局、关岭县委、县人民政府、县民族宗教事务局的指导下,连续几年的"六月六"布依族风情节,都将原生态的盘江小调搬上了舞台。

2008年,相关部门组织相关人员,对一些乐曲重新录音、记谱、整理,根据乐曲的主题内涵创作歌词,填进盘江小调乐曲,并通过声乐演唱及盘江小调原生态演奏一起搬上了舞台,为原始的乐曲插上了翅膀。演出深受布依族人民的喜爱,为传承和拯救非物质文化遗产——盘江小调搭建了平台、奠定了基础,得到各级领导和专家的好评。毫无疑问,政府所做的这一系列工作对盘江小调的保护与传承具有重要的意义,但我们更愿意听到或看到政府对传承主体的保护情况,因为传承人才是盘江小调的生命力之所在。诚然,盘江小调的保护与传承是一个系统工程,投入一定的专项经费很有必要,最根本的就是要从传承人的关怀开始,关注他们的实际需要,关心他们的生活,倾注更多的人文关怀,以保证他们能做到薪火相传,一代一代地传下去,这才是解决好盘江小调传承中最根本的东西。

2005年,盘江小调被列为贵州省第一批省级非物质文化遗产名录。

苗族阿江

"阿江",苗语称谓,是黔中苗家(主要是水西苗)流传的一种乐器,汉语称为"口弦",其体形精小、演奏方便、发声和谐,目前仍流行在安顺普定、镇宁、关岭、紫云等县的苗族民间。这种微型乐器纯属手工制作,演奏时能集人手弹拨、唇舌配合及口腔共鸣于一体,在演奏者的即兴变化中发出许多美妙的声音。表演形式多样,既可以独奏,亦可以齐奏或合奏,表现力极为丰富。苗族阿江集中保存在普定县猴场乡仙马村,被列为省级非

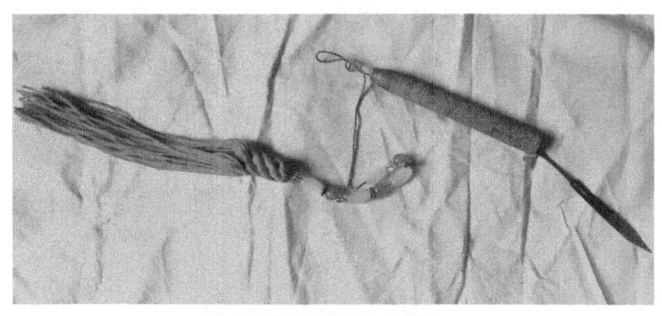

苗族口弦(陈发政　摄)

物质文化遗产保护项目。

一、历史源流

口弦最早源于原始社会母系氏族时期,当时名"簧"。据文献记载,"簧"是一种用竹或铁制成的横在口中演奏的乐器。从古籍中可知,"簧"还是贵族使用的一种高雅的乐器,尤为文人雅士所喜爱。据《汉宫阙疏》所载,汉宫中当时还设有一座鼓簧宫,可见簧在汉以前便已经很盛行了。元代以后,簧在中原内地逐渐失传。簧的名称也渐渐被人们遗忘了。明代以来,口弦以"口琴"之名见于史册。我国少数民族地区,自古就流行着簧这种乐器,至少在公元四世纪末,四川、云南、贵州一带的少数民族地区,簧已经非常流行。北宋陈旸《乐书》中载有竹簧和民间流行的铁叶簧,这是目前见于文献的最早图像。口弦在苗族人的生活中有着较长的历史,根据苗族传说,在苗族祖先蚩尤时代,苗族乐器以吹口哨为主,随着铜器的产生,进而创制了口弦。

在苗族的迁徙过程中,口弦主要起着传递信息和表达哀乐两大功能。自苗族先人失败于黄河中游一带而南迁,在迁徙的过程中不断受到其他部落或外族的排挤,以致远离富饶的土地迁居到蛮荒的深山,不断与恶劣的环境进行抗争。为了能联系其他族胞,苗人善于使用口弦作为传递信息的重要工具。口弦发声低沉,音量极小,只能在深夜或人少时听见,苗人因而喜于使用。在谈到口弦的传递功能时,仙马苗人告诉我们说,宋朝后期,蒙古人入侵,建立元朝,为了镇压当地百姓的反抗,蒙古统治者规定一个村寨只允许用一把菜刀,避免百姓用刀作为起义的武器,同时也限制人们的自由。为了反抗,苗族人则是借助于口弦联络,聚众起义。随着历史的发展,口弦由战争中传递信息、庆功报喜的工具逐渐演变为苗族青年传情达意的重要媒介。在没有战争的年代,苗族青年男子便把自己精心制作的口弦当作爱情的信物送给心仪的青年女子。口弦也成了苗族情侣约会的最佳工具,当夜幕降临,小伙子会在姑娘的房前屋后等待,当听到姑娘如吟如鸣、低诉低唤的口弦声,便欢喜而入。或听到口弦声后,小伙子吹起自制的竹箫,用竹箫告知姑娘自己的确切位置,伴着月光,热恋中的青年男女,来到村外的大树下或丛林中,用口弦代替说话,情意绵绵地相互倾诉爱慕之情。分别时,同样以口弦曲依依作别。除此之外,吹口弦也成为苗家人生活中展现自我情感的方式,在农闲之余、节日庆典、婚丧嫁娶等,苗族人(主要是妇女)会拿起口弦,通过口弦散发的曲调寄托人生的喜怒哀乐。

二、传承现状

除了战争年代苗族口弦用作释放信号的工具外,发展至后来主要为男女青年情爱时用以沟通的媒介。从古至今,恋爱中的各族情侣都会彼此送一些物件作为定情的信物,口弦则成为黔中苗族(大多为水西苗)青年赠送给恋人的信物。以前的苗族男青年基本都会制作口弦,他们会把自制的口弦送给自己喜欢的女孩,从琴片的工艺和琴鞘上的图案能看出其爱慕的程度,越是喜欢的,口弦制作工艺越是讲究,花纹图案越是精细,有的还在琴鞘上刻上表情达意的文字。如果女方也有意,便会收下口弦,口弦

苗族小学生正在学习吹奏口弦

成了爱情的鉴证,收下口弦表明把心交给对方,此为凭证,所以送口弦又称为"丢把凭"。在古代社会,苗族女孩的恋爱方式与表达并不像汉族那样受到父母的束缚与舆论的钳制,她们看中某一个年轻小伙,便可以主动去追求,苗族男女都有向对方表达爱恋的自由。为了不让其他人或者父母发现,青年人通常会寻找安静的二人"世界",吹口弦作为彼此幽会而释放的信号越发显得重要。在苗族男女青年特殊相聚的活动——"跳花"和"赶场"上,吹口弦也是其中一个重要节目,在众目之下展现天生的吹口弦才能,已成为苗族女孩受男孩青睐的优势所在。

在普定县猴场乡仙马村,口弦传承人杨国芬说:"除了参加各种表演外,我平时也吹(口弦),虽然我孩子都结婚了,但一吹起来我就会想到年轻时谈恋爱,那时没有现在这样开放,我们很害羞,怕父母知道不让出去,就用口弦(阿江)来喊(约)。"基于这种功能,口弦传承一般都是以母传女或模仿老人吹奏的方式学习吹奏,如杨国芬的吹口弦技能是外公传授的。如今吹奏口弦较好的多是中老年妇女。

从普定县调查的情况看,口弦在全县各地苗族村寨中皆有部分妇女尚能吹奏,但并不普遍,而且演奏的机会越来越少。吹奏者中年纪最大的已有80多岁,如补郎乡等堆村的苗族妇女杨淑英,她是母亲以口传心授方式教会的,家里已传七代。年轻的能达到三四十岁的妇女,更年轻的已经很少了,几乎口弦不再在苗族少年中流传。作为苗族口弦非物质文化唯一传承人的杨国芬,现年已经47岁,靠种地为生,丈夫和孩子在省外务工,只有年长已盲的婆婆、年轻的媳妇与自己留守家中。她说,主要是婆婆没人照顾,不然自己也已经出去打工了。由于留在家里,加上自己被列为口弦传承人,因此会经常参加一些演出或活动。在谈到口弦如何传承下去时,杨国芬说:"年轻人都不学了,现在都很开放,不用口弦谈恋爱,而且大多数孩子读书毕业都出去打工,没有人留下来学。(即使)有在家的,她们觉得这个吹起来声音小,听不见,也不学。"可喜的是,仙马小学开设了民族民间文化进课堂,邀请

杨国芬等民间艺人到学校去向中小学生传授民族技艺,口弦也列于其中。虽然这样教授的时间不长,却使我们看到在口弦传承上已经找到一种新的途径,看到民族文化薪火相继的希望。

口弦的制作艺人基本都是男性,制作技艺有父辈传授或模仿他人制作两种。普定县调查的38个苗族村寨中,仅有4人还能制作这种乐器,年龄也都在60岁以上,代表性的制作艺人有仙马村的杨荣高,由父辈传授技艺;仙马村的杨明学,模仿其他老人制作,自己学会。他们往往通过苗族跳花节时把口弦作为商品集中销售,但毕竟利润微薄,因此,这种制作技艺也濒临失传,应该加以保护。

非物质文化遗产传承人杨国芬演奏口弦

如今,随着苗族社会的不断开放,青年人不断引进时髦理念,从而构成了对苗族传统价值及文化的挑战。吹口弦作为情爱的基本技能已经被苗族年轻人彻底丢掉,他们倾向于现代的恋爱表达方式。在调查中,以仙马村为例,目前家里尚存有口弦或保持有吹口弦能力的苗族妇女皆为35岁以上,且并不普遍,这些妇女当初都有通过口弦谈恋爱的经历,越长者更是如此。30岁以下青年人大都是在外面谈的恋爱,进而结婚生子,恋爱方式皆为现代的自由恋爱,恋爱对象不限苗族,恋爱对象的来源地也不固定。作为具有浓郁民族特色的乐器,口弦渐渐远离苗族青年群体,取而代之的是现代化的音像设备。很多年轻人都说,小时候见父母吹过,自己小时候也会吹奏,但现在不会也不吹了。总之,苗族口弦在传承上面临消失危险,就部分尚能演奏口弦的妇女,平时演奏口弦也是追忆自己青年时代那段美好的时光,或者怀念教会自己演奏口弦曲子的已故亲人。

三、艺术特征

苗族口弦由琴片和琴鞘组成,琴片由黄铜制成,一般长约10厘米,宽1厘米,厚0.2厘米,形似宝剑,亦像古代妇女所用的发簪。像剑身的部分长6厘米,顶部宽1厘米,底部宽0.9厘米;像剑柄的部分长4厘米,宽0.4厘米。剑身中间有一条振动片,即簧片,一头微翘。精致的口弦都配有一个精美的琴鞘,琴鞘成圆筒形,直径约1厘米,长度比琴片长2~3厘米。琴鞘是一个做工精致的艺术品,选用质地坚硬精细的木料或精竹制作,其上有花、鸟、虫、鱼、山川、河流等图案,并系有银铃和色彩纷呈的红缨。

口弦的制作也是非常讲究的，先把纯黄铜放于火上烤，火力要适中，火大火小都会影响到口弦最终的发音效果，然后微烤热透后，用锤子锤成薄片，再用锉子加工磨制成宝剑状，将距离顶部1厘米的地方平均分成3段，在分割点画出两条斜线相交于距"剑身"底部0.5厘米处，用小刀顺着画线切开，形成一个三角形并可以自由振动，这便是口弦的主体部分。而琴鞘部分则是选取直径1厘米左右的精竹，根据琴片长短选取长度，在表面绘制所需图案，填上颜色，并在其接头处凿出一孔，用一根一端系琴片、一端系上装饰品的线贯穿其中，这样一来，不用口弦时，一拉线琴片便会滑入琴鞘保护起来，一支漂亮的口弦由此制成。

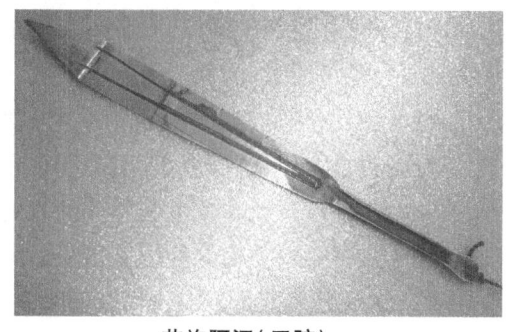

苗族阿江（口弦）

口弦演奏，用左手拿琴柄，把有簧舌的部分放在双唇之间，右手伸出拇指轻弹琴片，用口腔作共鸣箱，以口形、气息变化控制声调形成音阶。口弦发音单纯低沉，有很大的随意性，用气流的轻、重、缓、急掌控音调，进而发出乐音，演奏者可以根据场景或心情的不同而定调，有安顺山歌演唱中"见子打子"的特点。口弦可以独奏、合奏，还能配合其他乐器，如二胡、口琴、芦笙等一起演奏。

口弦的形制有一定的象征意义，其形如宝剑，一说是苗族人民在迁徙中依据部落战争打造而成的，吹奏起来曲调低沉婉丽，像鸣咽的黄河，再现了苗族的迁徙历程；一说是代表着苗族人爱情的坚贞不阿，体现了苗族女子忠贞专一的情爱观念。

五、文化价值

苗族口弦——阿江，无论从其形制还是从发音，都不会给人留下深刻的印象，但作为非物质文化遗产，却有其传承保护的价值。具体而言，阿江能从历史的长河中流传至今，不仅对苗族社会有意义，也是人类发展演变中形成的瑰宝。

第一，口弦对民间乐器的形成和发展产生重大影响，以后产生的芦笙、口琴、手风琴等用的基本材料——弹簧片，实质上是取材于口弦的雏形。口弦伴随青铜器的产生而产生，是最古老的苗族乐器，对民族民间乐器研究具有重要价值。

第二，苗族阿江（口弦）发音低沉，是中国民族乐器中唯一能吹奏和弹奏的。其演奏的曲调单纯朴素，委婉清丽，声乐起源于鸣咽的黄河，且传承着古老的民谣。因此，具有独特的民族声乐价值。

第三,苗族阿江源起故土黄河,有了蚩尤,有了苗族的迁徙和部落间的战争,就有了阿江。形如宝剑的阿江,象征着苗族的起源、发展和繁荣,具有悠久的民族历史文化研究价值。

第四,阿江(口弦)是苗族传统文化的突出表现形式,富含苗族的精神、信仰、价值取向,具有人类学、民族学、民俗学研究素材的特殊价值。

总体看,苗族口弦在传承上确实面临时代的选择,如何保护传承下去,就如今现状,已不仅仅是单方面的能力所能为之,这需要多方力量的共同努力。即使当前政府对民族民间文化的重视已采取了保护措施,如列为非物质文化遗产,寻找传承人等,但保护的意识还不到位,部分只是作为口头上的宣传,没有深入到具体的内核,为此,我们还得再努力。

2007年,普定县苗族阿江被列为贵州省第二批非物质文化遗产保护名录。

屯堡山歌

安顺的屯堡村寨中,地戏、花灯和山歌是深受广大屯堡人欢迎的传统民间文艺活动。跟地戏与花灯一样,山歌是伴随明代调北征南、调北填南的军民而来的一种古老的民歌。

一、历史渊源

清康熙十四年(1675年)纂修的《贵州通志》第二十九卷载:"土人所在多有,盖历代之移民。在广顺、新贵、新添者与军民通婚姻,岁时礼节皆同。男子间贸易,妇人力耕作,种植时,田歌相答,哀怨殊可听。"《安平县志》则载:"元宵遍张鼓乐,灯火爆竹,扮演故事,有龙灯、狮子灯、花灯、地戏之乐。"

从上述两段摘录的文字,可清楚看到这么几点:一是明确了"土人"的概念,并非远古土著居民,而是"历代之移民"。二是地戏、花灯之乐是在岁首、元宵节期间。三是田歌(即山歌)之乐是在种植之时。时至今日,在屯堡村寨中,每年的栽秧时节,田间地头,山歌悠扬;而每年春节期间,地戏、花灯热闹。这一现象让民俗学家和历史学家惊异地发现,尽管时间跨越了600余年,而在屯堡村寨中却还重复、传承着那古老的民间文艺。

山歌的起源,无据可查。仅口碑传说系上古时代,大舜是远近闻名的孝子,为赡养父母,到尼山拓荒开田。帝尧听说后,欲把帝位传给大舜,派女儿娥皇和女英去考察他。两人到尼山后,用尽各种办法都无法打动大舜。最后,姐妹俩唱起了山歌,抒发帝尧倾慕大舜欲让贤之意和姐妹俩爱慕大舜之心。山歌终于打动大舜,后来,帝尧把皇位让给了大舜,并把两个女儿嫁给他为妻。这段美好的传说,赋以山歌浪漫的元素,时至今日男女青年仍喜欢它。

二、表现形式

屯堡山歌的句式多以七言为句、四句成调。用词遣句宽泛自由,见物抒情,见事生意,完全是朴实自如的口头文学。其类型有四句歌、盘歌、疙瘩歌、刁难歌等。

四句歌,又称"对子歌",以四句为主,内容不拘,又以男女互诉衷情调侃取乐为多。如:

男:想妹想得昏了头,拿起酸醋当酱油,
　　要想诓鸡却诓狗,烧酒拿来当煤油。
女:想哥想得昏了头,酒摊子上打酱油,
　　香火铺头买绸缎,银匠铺头买锄头。

屯堡山歌男女对唱(李立洪 摄)

盘歌,顾名思义就是以事就物盘唱其来龙去脉,这是歌手间互相探测对方水平的一种形式。如:

男:三百四两有几斤? 共有多少人来分?

每人出来分几两？看你分得清不清。
女：三百四两十九斤，三十八人出来分，
每人分得有八两，看我分得清不清。

疙瘩歌，是在演唱中加进说白的一种类型，也即是在四句中加上两句、四句、八句不等。开头两句和结尾两句用唱，中间加花句子用说白。如：

唱：远望青山青又青，脚不沾水水不冰。
说：我不想妹梦不乱，今天会到寸花心，
望你年纪十八岁，细模细样像观音，
不高不矮身材好，不胖不瘦动我心。
唱：姐妹娘！
我想跟你要花戴，只怕小妹舍不得。

刁难歌，是歌手测试对方的一种形式。问者唱出不可能的、难以办到的事，答者也必须以不可能的、难以办到的事来对应。如：

男：要唱难歌不算难，我唱难歌把你难，
旗杆顶上修牛圈，丰天云头吆牛关。
女：你的难歌不算难，唱首刁歌把你刁，
野猫拖牛钻墙洞，蛇蚤顶起被窝跑。

三、山歌的特点

屯堡山歌之所以为屯堡人喜闻乐听，并非偶然，其原因有如下几点。

(1) 屯堡山歌是安顺民间文艺的精华，既可以由一人清唱，也可以两人对唱；既可以与多人轮流对唱，也可以分为男女两组对唱。

(2) 屯堡山歌演唱者无须讲究服装，不用化妆，不用乐器伴奏，不用道具，不择场地，不要灯光布景，最为方便，堪称民间文艺中的"轻骑兵"。

(3) 屯堡山歌本自腹中出，不用看唱本，开口就唱，你唱我和，多为即兴创作。正如民间所说"山歌无本，全靠嘴狠"。

(4) 屯堡山歌演唱涉及的内容广泛：唱出人生的喜怒哀乐，唱出爱情的悲欢离合，唱出家庭的尊老爱幼，唱出流传的民间、历史故事等；同时也利用山歌演唱鞭挞生活中的假恶丑，嘲弄那些不仁不义、无老无少、好吃懒做、重男轻女等丑恶现象。

它从各个侧面表达出农民群众对生活的热爱,对理想的追求。总之,不论是唱山歌,对山歌,还是听山歌;都可驱走生活中的苦闷、枯燥和疲劳,还可带来慰藉与欢乐,它是屯堡农家一种直率的情感宣泄。

（5）屯堡山歌手机敏、诙谐、开放、坦诚,大凡生活中的山川草木、日月星辰、风霜雨雪、鸟兽鱼虫、道桥房舍、人物言行、习惯风俗等,均可引为歌用,不论唱者、听者,都感到贴近自己,无比亲切。

（6）屯堡山歌手善于使用比兴和夸张手法,出奇制胜,生动贴切,使听歌人感到悦服、认同,获得特殊的美感享受,产生融通的心理共鸣。

（7）屯堡山歌的曲调并不复杂,音域也不太宽,朗朗上口,易学易记易传,所以有着独特的地域普遍性和广泛性,只要是屯堡人,不论男女老少,或多或少都可以唱它几首。

唱山歌的屯堡未婚女子（李立洪 摄）

（8）屯堡山歌最为精彩的是情歌,歌手在情歌演唱中,将自己进行角色转换,男女歌手双方超越现实中的自我,而成为男角色、女角色,以利于"放开来唱"。

四、传承保护

在安顺,屯堡山歌最流行的区域是西秀区的旧州镇、大西桥镇、七眼桥镇、双铺镇、宁谷镇、幺铺镇和平坝的天龙镇等。近十余年来,每逢佳节之期,政府为了抢救保护民间文化遗产,通过相关部门,组织过多次大型的屯堡山歌演唱会及屯堡山歌大赛,为黄果树瀑布节、龙宫油菜花节增光添彩,也为丰富广大农民群众的业余文化生活起到了有益的作用。如今,屯堡山歌的传承,正值天时地利人和的好时机,一批中青年山歌手脱颖而出,成为农村的"土歌星",经常被农民群众请进村寨、请进家庭演唱。每逢娶媳妇、嫁姑娘、立房子、迁新居等喜庆场合,屯堡山歌手的演唱便成为一道引人的亮丽风景线,将欢乐洒遍山乡。

当今,通过政府每年组织的山歌大赛,屯堡山歌手(也是传承人)有数十人之多,最著名的有郭平生、杨兴源、王斌、马老四、马林、肖福云、史有福、肖泽斌、赵本富、詹冬林等男歌手;余小琼、何金菊、严五妹、姜燕子、刘三妹、郭昆秀、肖泽珍、张幺妹、大兰妹等女歌手。

屯堡村落自行组织的山歌比赛（吕燕平　摄）

2007年,屯堡山歌以其独特性,纳入了贵州省第二批省级非物质文化遗产代表作名录。

花山布依古歌

花山布依古歌,主要分布在紫云苗族布依族自治县西南部的火花乡火烘槽子、磨安和纳容一带,方圆近百平方千米,历史上由于盛产棉花,被称为"花山"地区。花山世居民族以布依族为主,与世居民族苗族、历史上盛产麻的"麻山"齐名。花山布依古歌历史悠久,内容丰富,地域特色鲜明,传承基础较好,形成了花山地区独有的布依族古歌文化圈。

一、历史渊源

花山布依古歌,布依族语称"蕰褒蕰梢",即男女诉说衷肠之意。在古代,花山布依古歌就早已形成,一直以固定的调式和内容流传至今。这里的布依文化鲜明、突出,且个性张扬。

相传,布依族的祖先迁徙至火花乡火烘槽子、磨安、纳容一带时,看到这里地肥、树多、水好,适宜居住,便以花山山脉为屏障在火烘槽子散居下来。为了怀念祖

2009年3月,年轻布依歌手在火花九岭唱"感恩歌"(罗治江 摄)

先,住在这里的人们定于每年农历初三至初八为共同祭祀祖先的节日,发展延续至今。

祭祀祖先的节日期间,花山布依族青年男女都要从各地赶来,集中在花山九岭山(俗称"赶妹坡")唱古歌。古歌开始,首先由几位寨老主持唱"领花歌"。寨老们主持唱完后便自己下山去,随后,青年男女们就留在九岭山上自由组合唱古歌,以歌表达埋藏在心里的仰慕与爱恋。就这样,日复一日,年复一年,如布谷鸟婉鸣,如山泉吃语的布依古歌顺着花山山谷流淌,滋润着花山布依族人的心田,形成了花山布依族人生命中不可缺少的旋律。

二、生存环境

火花乡是由火烘和花山合并而来的,是花山地区的主要乡镇,地处紫云自治县西南面,东与水塘镇接壤,西与达帮乡和镇宁自治县沙子乡、六马乡毗邻,南与四大寨乡相连,北抵松山镇、白石岩乡。

火花乡地处低热河谷地带,最高海拔850米,最低海拔650米,地形呈狭长河谷地带,长30余千米,宽3千米,俗称"火花槽子",境内热量丰富,年均气温17.9℃,年降雨量1300毫米,全年无霜期320天以上,有"天然温室"之美称,独特的自然气候条件对农作物生长十分有利,火花优质米、火花冰脆李、油桐等在省内外比较有名。火花乡境内有大量的荒山草坡和非耕地及农作物秸秆、稻草,适合于畜牧养殖发展,火花水牛(平均每户3头以上)、火花矮马(叫叽马)等是地方优良畜禽品种之一。

三、基本内容

花山布依古歌内容丰富,有缅怀祖先、歌颂祖先的古歌,有青年男女恋爱的情歌,也有歌唱布依族劳动生产、生活习俗的等,以歌传情,以歌育人,是花山布依族人传承自己文化不可缺少的载体。歌唱形式有单人情歌、二人对唱、二重唱和四重唱不等;歌曲有《盘歌》《种棉歌》《织布歌》《长调歌》《叙事歌》等。曲调委婉、悠扬、大方、动听。

2009年,花山布依歌手在火花九岭唱"叙事歌"
(罗治江 摄)

四、文化价值

花山布依古歌是花山布依族人民劳动智慧的结晶,是布依族"民间诗人"艺术最高水平的代表作,是布依人口头文学的精髓,是布依文化的集中体现,是研究布依族文学的重要史料,对人类学、民族学、民俗学研究有着极高价值,是不可或缺的宝贵财富。

五、传承状况

布依族没有本民族的语言文字,其历史文化多靠口传心授来进行。古歌是花山一代一代布依族人生命中的感动,是不变的爱情音符,但是近些年来,由于受现代文化的冲击,市场经济的影响,花山布依族青年人普遍外出打工,祖辈流传下来的古歌只有很少的人会唱了。

目前,花山布依古歌只有四五十岁以上的中老年人会唱,如不加强保护、传承工作,花山布依古歌将逐渐消亡。

2014年12月,花山布依古歌作为传统音乐,被列入第四批贵州省省级非物质文化遗产代表性项目名录。

卷三 传统舞蹈

国家级非物质文化遗产

苗族芦笙舞

安顺苗族芦笙舞有着悠久的历史,在苗族人民中广泛流传,是最普通的一种舞蹈。一般是男子吹芦笙在前,妇女执帕摇铃随后,随笙乐而舞,左右交替前行。

一、历史渊源

关于芦笙舞的起源,苗族有朴素和美妙的传说。相传,盘古开天辟地之时,大地一片荒凉。那时,苗族祖先是靠狩猎飞禽走兽作衣食的。为了解决捕获鸟兽的困难,当时一个心灵手巧的小伙子在树林中砍下树木和竹子,做了支芦笙模仿鸟兽的鸣叫和动作,吹跳起来以引诱各类鸟兽。从此,人们每出猎均有所获。于是芦笙舞就成了生活的必需而世代相传。这类传说与今天仍流传着众多模拟鸟兽鸣叫和形态的芦笙曲调及舞蹈动作相吻合。

据文献记载,芦笙已有 3000 多年的历史。"笙"字在《诗经·小雅·鹿鸣》中经常出现,如:"鼓瑟吹笙""吹笙鼓簧"。《阚子》载"楚笙冠中国"。著名历史学家范文澜认为苗族是楚国主体民族之一,楚笙自然和苗族的关系密不可分。郭沫若断言:"(笙)据我看来起源于苗族的,苗族民间每家均备有芦笙。"芦笙,有称"葫芦笙",有称"瓢笙",有称"芦笙",有称"六笙"。唐朝樊绰《蛮书》:"少年子弟暮夜游行闾巷,吹葫芦笙,或吹树叶,声韵之中,皆寄情言,用相呼召。"宋代朱辅《溪蛮丛笑》:"蛮所吹葫芦笙,亦匏筱余意,但列管六,与《说文》十三簧不同耳,名葫芦笙。"

明人杨慎《南诏野史》云:"每当孟春跳月,男吹芦笙、女振铃唱和,并肩舞蹈,终日不倦。"从以上这些记载我们可以看到,安顺苗族民间的芦笙舞在古代就已相当出名。今安顺境内 38 个支系的苗族芦笙舞与此描述大同小异。

二、总体特点

芦笙演奏与芦笙舞的形式可分为吹笙伴舞、吹笙领舞与吹笙自舞,前两者吹笙可以是多人。吹笙伴舞是吹笙者不舞或在场中小舞,周围男女群众层层环绕舞蹈;吹笙领舞是吹笙者在前边吹边舞,男女群体结队绕圈踏声舞蹈,场面蔚为壮观;吹笙自舞则指小集体、双个或单个吹笙者用小芦笙表演,亦吹亦舞,舞蹈动作高难,配合默契。芦笙舞蹈动作课概括为走、移、跨、转、立、踢、勾、翻等。芦笙舞动作表现或庄重肃穆,或节奏紧凑、动作激烈,或轻松明快、活跃敏捷,都因适用的不同而有异。芦笙曲与芦笙舞体现出苗族人民的各种生活与文化形态。

三、表现形式

安顺苗族芦笙舞按其活动内容和性质,一般可分为自娱性、习俗性、表演性、祭祀性及礼仪性5种。

自娱性芦笙舞。因对舞者年龄、性别不限,故参加人数甚众,最为普及。通常在草坪、河坝或山坡空地上活动。常见的活动形式有两种:一种是男子吹笙女子执帕,男一圈女一圈地把一群吹笙的舞者围在中间,踩着笙曲的节奏,轻轻地摆动着身体绕圈而舞。另一种是两人以上的芦笙手作领舞,众人(多为女性)尾随其后作圈而舞。动作随领舞者吹奏的曲调而变化。

习俗性芦笙舞。每逢"游春""跳花节""牵羊"时跳,这是男女青年联欢和选择配偶的佳期。"游春"是安顺苗族男女青年独有的一种恋爱方式,大年初二、初三,男青年背着精美的木制芦笙斗,三三两两到女青年的村寨表演芦笙舞,杰出的舞者会获得姑娘们精心准备的糍粑。到正月十五,男青年以一斤糍粑两斤糖送给姑娘,中意者随后通过"跳花""相月"等活动进行交往、恋爱,有许多苗族男女就是通过这种形式缔结良缘的。清人贝青乔有《跳月歌》描述:"新正初三至十三,女伴呼女男呼男。联臂顿足到场上,男情女态皆狂憨。两男作对跳场内,群女四五围场外,合围群女手百围,作对群男千百对。男跳迟,群女四周都矜持;男跳速,群女四围共笑逐。是时芦笙吹作驾鹅鸣,众跳应节谐其声,声中自有月老在,天作之合凭一笙。""跳花"芦笙舞很多,如《上花坡》《雄鸡斗》《金鸡拣米》等,芦笙舞伴各自为组,男欢女笑,笙歌如潮,舞姿似浪,整个一个节庆欢乐的场面。"牵羊"芦笙舞尤以平坝、紫云最具代表性。男青年在前面边吹边跳,尾随而舞的姑娘若爱上了某个小伙子,就把自己亲手编织的美丽花带作为定情的信物,拴在他的腰上,然后牵着花带的一端,跟在小伙子身后踏节奏而舞。技艺出众的芦笙舞好手,有时竟会同时牵着几个姑娘舞着走!当然,在这种情况下,最终能与谁成眷属,那就不是在花场上能见分晓的事了。

表演性芦笙舞。一般都在节日或集会中以竞技或献技的方式进行表演。舞曲明快,节奏强烈,动作技巧性较高,只有少数人能跳。一般都是由各寨的芦笙队中推选出最好的芦笙手来参加这种比赛活动。表演过程,通常是第一组演毕,第二组第三组挨次表演比赛。组与组、寨与寨争先恐后地竞演。跳得好的,不仅是芦笙手本人的荣誉,也是本寨的光荣。有的地方盛行以村寨芦笙队为单位进行集体比赛,如每逢"跳花节"等,邻近各村寨以百十人为队同时吹跳比赛。参加比赛的芦笙队以能吹奏乐曲的多寡、声音是否优美、和谐,以及动作和步法是否丰富、舞蹈的时间是否持久等来定优胜。有的地方则以个人竞技的方式进行。这种竞技一般都不设规定动作,每个芦笙手都有施展个人技艺的机会。这类芦笙舞的动作以矮步、蹲踢、旋转、腾跃等居多。竞技者有的以动作节奏多变,迅疾激烈见长;有的则以能完成较多的高难度动作取胜。表演性芦笙舞内容十分丰富。盛行于紫云的有"巧喝酒""蚯蚓滚沙""滚山珠"和"芦笙拳";盛行于西秀区的有"斗鸡"等多种。"巧喝酒"是在长凳上置一盛满米酒的杯子,然后一舞者围着长凳边吹、边舞、边下腰喝酒。"蚯蚓滚沙"是舞者跪地下板腰,以头顶着地为轴心,随后挺起,边吹奏芦笙边翻身舞动。"滚山珠"是边吹奏着芦笙边作向前和向后翻滚或倒立、叠罗汉等动作。西秀区娄家庄表演的"滚山珠",还把大碗垒起或杀猪刀立成一排,表演者下腰,以头着地,边吹芦笙边从刀尖和碗上翻滚而过,其惊险让人捏了一把汗。"芦笙拳"的形式独具一格,这种舞蹈以舞芦笙者为伴奏和指挥,其余男、女舞者在其指挥下时而挥拳对打。有时也插入花棍对击。

芦笙舞表演(李立洪 摄)

祭祀性芦笙舞通常是在木鼓、铜鼓的伴奏下跳的。舞者多为中、老年人。吹奏的芦笙一长一短,这类芦笙舞只在杀牛祭祖时才跳。在庄严、肃穆的气氛中,表现出对祖先的尊敬和怀念,动作急慢相间。

礼仪性芦笙舞也因其活动时的内容不同,具有不同的活动形式和特点。凡属男婚女嫁、新屋落成等喜庆活动,则以动作跳跃、轻快、气氛热烈欢腾为特色。舞者也多在堂屋中起舞以示祝贺。

四、保护传承

关岭布依族苗族芦笙舞是西部方言苗族支系一年一次的"绕坡"活动中主要的舞蹈形式。其以"武舞结合,笙棍交加"的显著特征有别于其他方言苗族芦笙舞。

关岭芦笙舞以芦笙伴奏男女相间,自吹自舞,同时还穿插了花棍舞作辅助性的表演。有集体转圈的群舞,有两人对吹对舞的双人舞等多种表演形式。表演时,全体舞者排成一字形,小伙子们前、后两人自由组合为一对,各对随着芦笙曲调的高低起伏,用跳步、蹲步、单腿踢、旋转、卧地翻滚等舞蹈动作,一边绕圈前进,一边互相逗乐、挑衅对方,并不时以笙为棍,芦笙上下左右随身翻飞旋绕,进行对打,芦笙音调时而欢快激越,时而悠扬舒展。姑娘们手持花棍旋舞于小伙子们四周,舞时数人手持花棍随着芦笙曲的节奏乒乓相击,舞姿时而奔放热烈,时而轻盈飘逸,呈现了棍头翻滚、彩裙飘逸的动人场面。芦笙舞和花棍舞配合默契,构图整齐,起落有致,让人惊喜交加,目不暇接。

在平坝马场镇佳林村苗族所跳的"芦笙情·夫妻舞"虽然也是集芦笙吹奏、舞蹈表演为一体的苗族芦笙舞,但却以独特的清一色数对夫妻组成,演奏乐器为独特的弯头芦笙,独树一帜。在苗族传统的"跳花"或"跳月"节日里,对对夫妻身着漂亮的盛装,丈夫手持一把一米左右的弯头芦笙吹奏旋舞,妻子则随着丈夫的舞步和芦笙节奏,或拍手或摆手或甩手,踏歌欢跳。其声悠悠,其乐把恩爱夫妻在"笙为媒,月为证,舞传情"的二人世界里相识、相知、相恋、相守的浪漫爱情表现得和谐美满。这一舞蹈在2009年多彩贵州舞蹈大赛上,技压群芳,夺得原生态舞蹈银瀑奖。

2008年,关岭县与雷山县、榕江县、水城县苗族芦笙舞已列入第二批国家级非物质文化遗产名录。

省级非物质文化遗产

布依族铜鼓舞

铜鼓舞系用铜鼓作为打击乐器伴奏的舞蹈,是我国南方少数民族一种有代表性的、源远流长的舞蹈文化。布依族铜鼓舞,流传于黔中安顺市内,关岭、镇宁、普定等县都有。关岭县布依族铜鼓舞已列入省级非物质文化遗产代表性项目。较有代表性的是坡贡镇坡头布依族村寨的铜鼓舞。

一、历史渊源

根据考古发现,早在公元四世纪之前(春秋末期),铜鼓就出现在乐舞场面之中了,而铜鼓舞堪称中国最古老的舞种之一,流传于中国西南彝族、苗族、壮族、瑶族、水族、布依族等少数民族地区,以击打铜鼓而舞为特征。

关岭布依铜鼓舞源自古代,是布依人"办斋"仪式中的一个组成部分。"办斋"仪式是

布依铜鼓舞(一)(翟冬林 提供)

布依人的一种古老丧葬习俗,最古老、最神圣、最隆重,属于摩教内容之一。摩教是布依先民创建的,而摩教祭仪以殡亡最为隆重,殡亡仪式应产生于远古时期,铜鼓舞伴随着殡亡仪式传承延续至今,因此具有悠久的历史。

二、生存环境

关岭布依族苗族自治县位于贵州西南部,为珠江水系与长江水系分水岭。关岭县西南以北盘江为界,与晴隆、兴仁、贞丰隔江相望,西北与六枝接壤,东北与镇

宁相邻,全县总面积1468平方千米,总人口37万余。坡贡镇位于关岭县之东北面,距县城39千米,东与白水镇毗邻,南与关索镇接壤,北与镇宁布依族苗族自治县为邻,全镇总面积59平方千米,总人口2万余。坡头村位于坡贡镇之西北,距镇政府所在地7千米。

三、舞蹈内容

坡头布依铜鼓舞过去常在布依人"办斋"祭祀祖先时所跳。

布依铜鼓舞(二)(翟冬林 提供)

"办斋",布依人的殡亡仪式。布依人认为人死后肉身会腐烂,但灵魂不死,需归到"拜界"和"仙境"去。亡灵要去"拜界""仙境",又需由摩师举行仪式超度才能实施。布依人心中的"拜界""仙境"是布依祖先们的聚居之地。各支系的祖先到了聚居地后,亡灵的生活与人间相同:要认祖归宗,要恋爱结婚,要耕田种地,要纺纱织布,要沤靛印染,要走亲访友。祖先们在那边所有的生产、生活所用物质都要在"办斋"送亡灵时一起送去。

"办斋"时铜鼓舞为殡亡仪式中的一个重要部分。作为祭祀舞乐,跳舞妇女们身着盛装,在布摩的指挥下,在铜鼓、唢呐声的伴合下翩翩起舞。舞蹈以布依人水稻生产活动中的动作为基础,经艺术化提炼,由下身动作(足蹈)和上身动作(手舞)相互配合,形象地把撒种、插秧、薅秧、收割、打场等稻作农耕活动组合成章。舞蹈不仅是布依人稻作经验的结晶,还是布依人农耕文化的一种具体凸显。

通过舞者的形体动作,浓缩、再现布依人春种秋收的稻作农耕生产活动,目的是把布依人的稻作农耕文化送去"拜界""仙境",同时有回顾、宣扬祖先们的农耕业绩并继承发扬的功能。

随着时代的进步,铜鼓舞除了"办斋"必跳外,发展成为一种布依族的舞蹈形式,成为坡头布依人喜爱的娱乐方式、文艺表演形式。朴素的舞蹈动作表现了鲜明的农耕生产活动,生活气息强烈,撼动人心。

四、艺术特征

坡头布依铜鼓舞属集体舞,舞者最少6人,多者不限,表演时常以偶数计。舞蹈的肢体语言直接来自对稻作农耕活动中的劳动动作的模拟,起跳后节奏平稳,动作轻盈、含蓄、内在、优美。整个舞蹈之特征有三:吹、打、舞。

吹,唢呐吹奏主旋律,一对唢呐的音色分为阴、阳声,相互配合,产生悠扬的曲调,作为舞蹈律动的依据。

打,以铜鼓声为主的打击乐合奏,击打出的声音既是舞蹈的灵魂,又是唢呐吹奏的节奏基础,吹打相结合可概括为:唢呐主奏,铜鼓踩调,锣、鼓、钹相伴,三位一体、轻重有序、起伏跌宕。

舞,以布依人耕作活动中的动作为原形,经艺术化、概括化的提炼,由下身步法(足蹈)

布依铜鼓舞(三)(翟冬林 提供)

和上身动作(手舞)相配合,节奏、动律全部按照唢呐吹奏、铜鼓击打的节奏。吹、打、舞共同构成了优美的铜鼓舞。

坡头布依铜鼓舞由音乐、舞蹈两部分构成,合称为"乐舞"。音乐部分的主旋律由唢呐吹奏,舞蹈以布依人稻作活动中的动作为基础,不仅是布依人稻作农耕经验的体现,还是布依人对祖先农耕功绩的颂扬和对祖先的怀念,是对祖先崇拜的文化凸显。

"办斋"仪式中的铜鼓舞出现在"恸王"时段。这个时段以指引亡灵沿着祖先劳动进行的途径回归"拜界""仙境"为主要内容,其过程呈倒叙式,由种植水稻、开荒种地、起房造屋、生食穴居等环节构成。跳舞者以亡灵的近亲和村寨中关系最密切的女性为主体,她们身着盛装,在布摩的指挥下,在铜鼓、唢呐声的伴合下翩翩起舞。动作基本上是对稻作农耕中的劳动动作的模拟,舞段与舞段之间夹有布摩的"谷摩"活动。

五、价值与功能

脱离了"办斋"的制约后的铜鼓舞,去掉了"谷摩"活动,舞段与舞段间结合更加紧密,以平稳的节奏,轻盈、含蓄、优美、内在的肢体语言,展示水稻种植的精耕细作技术,其传达的农耕文化信息具有一定的教育功能。

坡头布依铜鼓舞具有民族认同、团结、促进村寨和谐的功能。其常在"办斋"祭祀祖先时跳,内涵丰富,具有人类学、宗教学、民族学、民俗学、文化学、艺术学等学科研究价值。

六、传承体系

坡头布依铜鼓舞之传承属于群体传承,在坡头布依族群的群体记忆中一代代地传承至今,族群中文化素养较高的摩师自然地成为铜鼓舞的引导者。

其传承人为韦庭光,男,布依族,农民,坡贡坡头人(去世);韦起祖,男,布依族,农民,坡贡坡头人(去世);韦绍书,男,布依族,农民,坡贡坡头人(去世);韦应臻,

布依铜鼓舞(四)(翟冬林 提供)

男,布依族,农民,坡贡坡头人(现年70岁);李秀英,女,布依族,农民,坡贡坡头人,高小文化(现年52岁)。

2014年12月,关岭布依族铜鼓舞被列为贵州省第四批非物质文化遗产代表性项目目录。

卷四 传统戏剧

国家级非物质文化遗产

安顺地戏

安顺地戏,以在平地上表演得名,俗称"跳神",是主要盛行于安顺屯堡社区的一种民间戏曲,主要分布在以安顺市西秀区为辐射中心,包括临近的平坝、普定、镇宁、关岭、紫云、清镇、长顺、广顺、花溪、六枝等地的村寨中。据1992年统计,贵州省有360余堂(一个地戏队或地戏团跳一部分称为"一堂")。安顺市所属区、县有300余堂,仅西秀区就有近200堂。

在安顺地戏的区域分布上,有东路地戏和西路地戏之别。大致以安顺城区为界标,其东北和东南面的范围内,地戏演出只用一锣一鼓伴奏,演员装扮上围的是"东坡裙",喜吊饰各种刺绣的"烟插荷包"扇袋,围场演出不搭帐篷,演员随意而出,唱腔上第二句是七字落底众人伴唱,即角色唱完上下句后伴唱最后3个字。在其西南和西北面范围内村寨,跳戏时除一锣一鼓外,有的加一个钹;演员装扮用的

刘官乡兴红村苗族地戏(吕燕平 摄)

是搭在前腿的两块"马甲裙",不佩戴装饰物;围场演出时有专设的帐篷,演员按"出将""入相"的两个口子上下场;唱腔是第二句四字落底众人接唱,即角色只唱第二句的前4个字,众人接唱后3个字伴和。

因其活动在农村,又以平地为戏台围场演出,属于农民称谓的"吹地灰"之属,故称之为"地戏"。但在农村老百姓的口中一直都称"跳神",这与地戏所表演的剧中人物在村民心目中的神灵作用分不开。地戏以其粗犷、奔放的艺术性和深邃的内涵,深受屯堡人的欢迎。受其影响,临近的布依族、苗族、仡佬族村寨也相继习演,并融入少数民族的文化元素。

一、历史渊源

地戏见诸于史料记载,最早应是明嘉靖四十五年(1566年)《徽州府志》记歙州一带迎汪公时"设俳优、狄、胡舞、假面之戏"。这里的"假面之戏"与安顺一带农村"抬汪公"时地戏队参与活动是一脉相承的。康熙三十一年的(1692年)《贵州通志》上所刊印的"土人跳鬼图"的场面与地戏戴假面具、一锣一鼓伴奏基本相同。道光七年(1827)的《安平县志》记载:"元宵遍张鼓乐、灯火爆竹,扮演故事,有龙灯、狮子灯、花灯、地戏之乐。"这是地戏首次见诸于安顺史料。

安顺地戏的源流与江南文化有着千丝万缕的联系。众多史料记载,安徽傩戏在人员组成、演出时间、面具存放的地点(庙宇或人家户)、演出前后的"开箱"与"封箱"、伴奏仅用一锣一鼓等均与安顺地戏如出一辙。甚而有的村寨把傩戏就称为"地戏""神戏",领头人称为"神头";傩戏的分支有被称为划弋阳武班的,也只演历代金戈铁马的征战故事,其剧目正是安顺地戏所演薛家将、杨家将、狄家将、岳家将之类。20世纪60年代在江苏省嘉定县宣氏妇人墓中出土的明成化年永顺书堂重新刊印出版的说唱《花关索传》,其剧本结构、开篇、说白、句型、遣词、用韵等都同地戏剧本一个式样。这无一不凸显了安顺地戏与江南傩戏的渊源关系。

二、生存环境

地戏并非本土文化,是随明朝洪武年间"调北征南"的军队带入安顺。屯堡人定居黔中后,不仅带来了江南先进的农桑种植技术,促进当地农业经济的发展,借助黔中地平土肥的天然优势,形成了令人翘首的黔中粮仓。由于屯堡人对乡土的怀念,以及"草莱开辟之后,人民习于安逸,积之既久,武事渐废,太平岂能长保?识者忧之,于是乃有跳神之举,借以演习武事,不使生疏,含有寓兵于农之深意"的原因(《续修安顺府志》),源于江南的傩戏,借黔土的封闭态势,借屯堡人怀乡恋土的心理情愫,在黔中安顺扎下了根。从不废旧事演武操练,发展成独领风骚娱神娱人的民间戏剧。几百年来,在屯堡人的支撑下,年复一年,代复一代地传承至今,其成了屯堡村寨节令期间驱邪纳吉、演武增威、娱乐自赏的娱乐活动和黔中腹地安顺广大农村一项热闹的节日活动。

三、表现形式

1.演出单位

一般是一个村寨一堂戏,跳一部书。少数较大的村寨如詹官屯、吉昌屯、狗场屯、西屯、九溪等就有两堂乃至三堂。演员都是地道的农民。一堂戏演员二三十人,由戏头(或称"神头")负责全部的排演和指导。初时,演员都是以村中大姓为主,所以地戏又称为"家族神",扮演的主要角色有传承关系。如今随时代发展已不复存在。

2.演出场地

以村中空坝,就地围场而演。演出时间一般为两个节令:一是春节期间。为了欢庆一年的辛劳所获得的丰收,为了祈祷来年风调雨顺村寨平安。在新春到来之际,地戏班子就要"鸣锣击鼓,以唱神歌"(《续修安顺府志》)。从正月初一开始,要跳半月乃至一月。现在随着旅游业的发展,有些坐落在交通沿线的村寨会应旅游的需要,随时围场演出。二是农历七月,稻谷扬花时节。以农事为主的屯堡人为了祈求一年的辛劳能获得好收成,也为了缅怀典祭祖先,在中元节期间(即农历七月十五日前后)开箱跳"米花神",时间为3~7天。

3.演出风格

地戏演出时,"跳神者首蒙青巾,腰围战裙,戴假面具于额前,手执戈矛刀戟之属,随口歌唱,应声而舞"(《续修安顺府志》)。唱和舞是地戏的主要表演形式。唱,是无管弦

地戏在平地上演出(李立洪 摄)

丝竹乐器伴奏的说唱。不分行当,只有男女角色之分,没有男女声腔之分,由剧中角色边说边唱边交代剧情。唱腔无曲牌,简单、朴实、古拙、高亢。其简单之分有平调、喜调、悲调。平调又称"七字调",主要用在悲喜情节叙述故事交代剧情。喜调、悲调又称"传十字",多为十字句,主要用在悲喜情节叙述或敌我交战双方书信往来内容的交代。唱词分上下句,在一锣一鼓伴奏下,由角色领唱,众人伴和,属古

老声腔弋阳体系。其鼓点受唱腔的影响也比较简单,套路无多少变化,多与唱腔和武打动作对应,有"行军鼓""战鼓""聚将鼓""十字鼓"等。鼓点的使用多随剧情的变化,时而激越,时而平缓,快慢有致,松紧有度。其舞,实则为"打",是表现战斗场面的对打格斗。

地戏演员从古战场的骑马步战的厮打格杀中,借鉴衍化而形成略具程式的套路,又加之是农民的艺术,与农村生活紧密相连,在套路的叫法上有的极富农家生活的情趣。主要套路有操刀、挡刀、追刀、洗刀、拖刀、碰刀、抢刀、挂刀、接刀等;冲枪、花枪、接枪、垛枪、梭枪、扑枪、刺枪、搅枪、隔枪;和面、过堂、挠手、三尖、五尖、互挂、靠拐、报锤、撩须;刺四门、打背板、通袖睡、抓雉毛、刺喉咙、双比棍、雪花盖顶、三指插秧、双凤点头、怀中抱月、扭身拍枪、大砍三刀、四门开锁、童子拜观音等。这些套路,拼打动作有力、粗犷、勇猛,没有虚打虚杀动作。全部手持木质小型化的枪、刀、剑、戟、鞭、铜、斧、钺、棍、拐、矛、钩、棒、铲、锤等武器杀打拼刺。有的村寨还使用铁质的真刀真枪搏杀,勇猛逼真,铿锵之声不绝于耳,看得人心惊胆战。杀打时,在"转"和"旋"中战裙飘舞,使惨烈的场面透着刚劲的美。伴唱者手执彩帕纸扇,边伴唱边手舞足蹈,动作虽然简单,却增添了热闹的气氛。

4.地戏剧本

地戏演出的剧本仍然保持讲唱文学的体例。从中国文学史的发展来看,讲唱文学是盛行于元明清朝代的一种文体。以其通俗易懂、朴素自然、情节生动而颇受人民大众的欢迎。地戏演出的剧本,就属于说唱文学的范畴。一个地戏剧本就是一部书,叙述一个完整的征战故事。不分场次,不分生旦净末丑,由剧中人物边演边打讲唱完毕。由于它表现的内容是征南而来的屯兵熟悉的军旅生活,所表现的人物是屯堡村民所喜爱的薛家将、杨家将、岳家将、狄家将、共国英雄、瓦岗好汉、封神将军等,故而几百年来在云贵高原黔中大地的屯堡村寨中传承至今。

地戏剧本的内容比较单一,主要表现屯堡人景仰的英雄人物。它是体现与屯堡人生活紧密相关的反映军旅生活的金戈铁马征战戏,赞美忠义、颂扬报国的忠臣良将戏。上至商周,下至明王朝,尤以唐宋为最多,未有元朝和清朝。商周时期有《封神》《大破铁阳》(又称《小封神》),秦汉时期有《东周列国》(已佚)、《楚汉相争》《三国》,隋唐时期有《反山东》《四马投唐》《罗通扫北》《薛仁贵征东》《薛丁山征西》《薛刚反唐》《粉妆楼》《残唐》《郭子仪征西》(已佚),宋代有《二下南唐》《三下南唐》《四下南唐》《初下河东》《二下河东》《精忠岳传》《岳雷扫北》《王玉连征西》,明代的有《英烈传》《沈应龙征西》《黑黎打五关》(已佚)等,其中尤以《薛家将》《杨家将》《狄家将》《岳家将》《三国英雄》《瓦岗好汉》最受村民喜爱。有的剧目十几个剧团同时跳,从而形成安顺方圆一带累计达300余堂地戏的壮观场面。

地戏剧本文体是以第三人称为主的叙事说唱体。以七言为主,兼有五言和十言,主要用于唱。韵脚变化少,多为人辰韵。说白部分是陈旧、生硬的半白话散文,听来有生涩之感,与唱词通俗易懂近似口语化形成鲜明对比。

地戏剧本因其纯属农民的艺术,所以过于通俗而少文采。它的传承全由农村中的土秀才用白皮纸手抄后代代相传。一部手抄本成了全村人共有的精神财富。旧时拥有一部唱书很不容易,要花去上百两纹银或上千斤稻谷,费时数月之久。

5.地戏的唱腔

地戏的唱腔是弋阳腔的遗存。弋阳腔是中国戏曲中四大古老声腔之一,曾对中国戏曲的发展和许多地方剧种的形成做出过积极的贡献。弋阳腔以江西弋阳县而得名,以其高亢而乡土气息浓郁的演唱深受人们的喜爱,特别是广大农村。所以,农民出身的屯军,遵从朱明皇帝的圣旨"调北征南",从江西、安徽、浙江等地来到黔中安顺,同时带来家乡的弋阳古调应是自然之事。难怪明人魏良辅称"永乐间,云、贵二省皆作之。会唱者颇人耳"。

弋阳腔的演唱风格为何?清人李声振的《百戏竹枝词》中说:"弋阳腔俗称高腔……金鼓喧阗,一唱众和。"这里的记载与地戏表演中的一锣一鼓伴奏、不用管弦及一人领唱众人伴和的演唱风格是基本一致的。虽然弋阳腔的发展已不再是地戏唱腔的样式,但地戏保存弋阳腔的古调老样已是学者的共识,是一脉相承的古风遗韵,因此说"地戏是中国戏曲活化石"不无道理。

6.地戏的表演道具——面具

地戏面具俗称"脸子""脸壳",是用丁木或杨木刻制而成的。之所以用此两种木料,一是取材容易,二是木质细,疤结少,便于用刀。一堂地戏面具的多少,视剧中人物而定,少则几十面,多则上百面。演出内容的单一化——只有金戈铁马的征战故事,使人物角色的分类要以"将"为主。粗分可分为"正将"和"反将"(或称"番将")。由于地戏是汉文化的一部分,自秦汉以来连年不断的边庭战争,总把胡人视为敌方。在汉民族正统思想的支配下,总把汉人当政一方为正方,称"正将",以番邦为反方,称"反将"。

地戏面具是剧中人物的"代面",其造型、特色、特征、装饰等必须符合人物身份,必

地戏面具(李立洪 摄)

须对应人物的天上星座,不能乱了章法,要"跟书走"。如关羽,必须是红脸、凤眼,头盔的装饰必须是有龙有凤;薛仁贵以忠勇著称,其脸色必须用代表忠勇的红色,他又是白虎星转世,龙盔上必须有对应的白虎头像;尉迟恭性格刚烈,脸上必用黑色,他又是黑虎星转世,盔上就刻有一个虎头。正是这些突出的民俗装饰,使人物一目了然,使涂面化妆的地戏更显古朴和神秘。

7.地戏的演出程序

地戏的演出程序分为"开箱""参庙""扫开场""跳神""扫收场""封箱"。

演出前,要举行的就是"开箱"仪式。由"神头"带着全部戏友将头一年演出结束后封存于"神柜"中的"脸子",在香烛钱纸的燃烧祝祷声中,虔诚地"开箱"将"神"请来人间。整个过程包括"请神""敬神""参神""顶神"4个步骤。

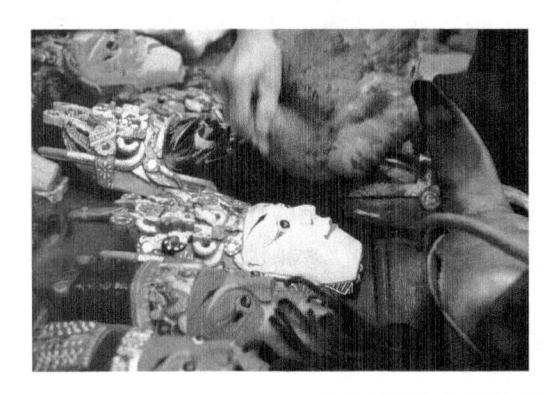

地戏开箱仪式（李立洪　摄）

"扫开场",这是演出前的仪式。地戏演员"参庙"后,敲锣打鼓来到演出场地。此时空地已围成圆场,男女老幼正翘首以待。在村边的田里或寨门口,一杆"帅"字大旗迎风招展,这是此村跳戏的标志。这面大旗从"开箱"第一天插上后,直至最后一天"封箱"才收起。"扫开场"由两个小童表演。他们属于戏中正方小军(俗称"小军老二")角色,人多数为少年儿童学跳地戏(称"打小童")来扮演。小军是地戏表演中传书报信的小卒;但在"扫场"仪式中,他们却身价倍增,成了凡夫俗子崇敬的法力无边的尊神"和合二仙"。"扫开场"仪式无疑是将演出前的"清场"赋予了神话意义。纯朴的屯堡村民总爱把美好的意愿涂上神灵的色彩,于心灵的深处得到慰藉。

"跳神"即进入正式演出,正式演出开始分"下四将""设朝"等程序进行。"下四将",又称"定场",即决定表演场地的意思。由正反两军各出两员大将或一元帅一先锋,先正后反,"出马门"后,两军对战的形式表演"杀四门",其为演出前的引子,可起到"镇场"的作用。从这里不难看出,正戏演出前,神的光晕始终笼罩着它的一招一式。"下四将"的表演,更深层次的内涵是以期达到驱赶四方妖邪、保护村寨庆吉平安的目的,这与古代傩仪方相氏"狂夫四人""以戈击四隅"的驱邪逐疫如出一辙。"设朝"仪式具有开场白的作用,使观众了解剧情的开端和主要事件、主要人物的情况。由于正统思想在汉民族中根深蒂固,所以表演时,是由正方"设朝",反方人物不参加。正如村民所说:"祖上传得有规矩,只请正神,不请邪神。"更重要一点,地戏剧目都是朝代更替两国征战的故事、正统一方的君主是至高无上的。天下之大,天子为尊。按村民所说:"为何设朝?有国才有家。先有君,才有臣;先有朝廷,才有州府。保主登上龙位,才能调兵遣将。""设朝"仪式结束后,紧接着是剧情正式展开。番邦派人来下战表,来人态度傲慢,战表言词骄横,皇上怒杀番使,选派元帅点将出兵。地戏演出中,从"开箱"到"设朝"要占去一天时间。而且"设朝"当天就不再继续演出。村民们朴实的忠君思想,使他们把"保主登龙位"的"设朝"仪式看得很神圣,哪怕有气候或其他原因也不能耽误"设朝"的举行。

"扫收场",这是演出结束的最后一天必须举行的仪式。"扫收场"也和"扫开场"一样,完全脱离了戏的本体,成为一种借助戏中人物和特意安排的角色来完成人们求平安求发展心理要求的驱邪纳吉仪式。参加人员除正反两方到齐4员主将和两个小童外,增加了一个麻和尚、一个土地佬,由他俩主持整个"扫收场"仪式。土地佬手拿鸡,念点鸡词后,用鸡血点出场人物面具。锣鼓声中,土地、和尚领唱,众人手拿毛巾、花扇边舞边伴唱,所唱的无非是把村民们求五谷丰登、六畜兴旺、财源茂盛、家庭幸福的良好意愿,获得心灵上的满足。扫完场后,众扫场演员向村外走去,摘下面具包藏在衣襟里从另一条路返回。从怀中拿出面具放在祀台上,各自回家卸妆。

"封箱"在演出场地的祭台前,村中许愿还愿的善男信女们,将家中带来的祭品敬奉在摆放整齐的面具前,燃点香烛,默默祈祷。稍后,神头念完祝词,将面具一一收归柜内。

"封箱"结束,整个娱人娱神的地戏活动的使命就完成了,人们就可以心安理得地投入到新的一年的社会和农事活动中,期待着一切良好的祝福和愿望能够实现。作为多神信仰的屯堡人,他们的虔诚信奉不单是一种寻求精神的寄托或化解,而是有所求,求平安、求发展、求现世、求来生。在科技发展的今天,他们相信科技种子会带来丰收,也相信在人神之间的戏中人物会带来福禄寿喜。所以,演出过程中,有所需要的人家会请地戏队去举行一些祭祀活动。例如,新建房屋或财运不佳,会请地戏队去"开财门";没有生小孩的,借穆桂英阵前产子之意,会请地戏队去"送太子"。

四、艺术特征

由于地戏演出的场地有限,而排演的故事又是千军万马征战的"大书"。以致在演出的时空转换和表演手法上,多使用虚拟、写意、象征来表现实情实景。一个"二龙吐珠"送出两队人马就代表两军对垒的千军万马;一个"龙出海"或"龙摆尾"绕场一周,就象征着人马行程了百里千里;一条板凳可以是雄兵据守的高关,一张桌子可以是巍峨的大山;一棵小树可以是繁茂的树林;一块白布可以是滔滔的大河。《薛丁山征西》中苏锦莲与陈金定交战后,苏把面具摘下放在地上退出场,观众明白苏锦莲已被陈金定杀死。《三国》长坂坡赵云救阿斗一段戏中,演员将一双鞋脱下,放在用两对铜拼摆成的一个"井"字旁后退一下,观众就明白糜夫人不愿拖累赵云已跳井自杀身亡。地戏表演中的虚拟性、写意性,让人不能不佩服农民艺术家的聪明才智。

地戏演出中排出的阵势(李立洪　摄)

地戏堪称中国民间戏曲的一枝奇葩,对中国戏剧的发展有着不可低估的贡献。有众多国内外学者对它进行调查与研究,并相继由文化艺术出版社、贵州人民出版社、浙江人民出版社、日本东京大学等出版了《贵州地戏简史》(高伦著)、《安顺地戏》(沈福馨著)、《安顺地戏论文集》(沈福馨、帅学剑等编著)、《安顺地戏调查报告集》(王秋桂编)、《安顺地戏剧本选》(帅学剑校注)、《中国非物质文化遗产丛书——安顺地戏》(帅学剑著)、《东亚三农村祭祀戏剧比较研究》(田仲一成编)。

五、文化价值

地戏是屯堡人的文化符号和文化标识，是最能反映屯堡人的行为方式、思维倾向的一种民间艺术。由于富含人类学、民族学、民俗学、戏剧学等方面的文化因子，作为一种民间文化，蔡官屯、九溪小堡、麒麟屯等地戏队曾到法国、西班牙、日本、韩国、保加利亚、新加坡等国家进行过演出，受到热烈欢迎；各国专家学者和朋友也纷纷来我国实地进行考察和采风，冠以它"戏剧活化石""戏剧历史博物馆"的称谓。

地戏表演反映了屯堡人的价值观。地戏因其木制面具而独领风骚，以其独特的民俗内涵和星宿衍化，成为村民和演员膜拜乃至生命不可分的象征。如在演《三国》《岳传》时，村民出于对关羽、岳飞的尊崇，禁忌很多。他们对关羽、岳飞的戏面，不能随意乱摸；扮演关羽、岳飞的演员一旦戴上戏面，不能随便说脏话。对于他们心目中的英雄、圣人，更不愿意看到他们的悲剧结局，故而有"《三国》不跳走麦城，《岳传》不跳风波亭"之说。

地戏表演中的人物已进入到屯堡人的精神世界。毫无生命力的木刻假面，在一些村民和地戏演员心目中永远是神圣的，永远有着无尽的生命情感。在距城区不远的一个村寨里，有一吴姓村民从几岁"打小童"起就跟着其父跳地戏。长大成人后，以演关羽而闻名乡里。后因年事高，腿脚不便，由其子顶替他出演关羽一角。但他心里总牵挂着放不下，一旦演出，只要有关羽的戏，哪怕生病在床，也要强撑着去看。一天，终于卧床不起。弥留之际，命若游丝的他，总不愿意合上双眼。为后事忙乱了3天的家人不知怎么办，求教于同跳地戏的好友。好友想想后，从神柜中"请"出关羽戏面，吴姓老人两行清泪顺颊而下，轻吐了一口气，慢慢闭上了双眼。

地戏表演过程中充满丰富的仪式环节和祭祀因素。作为一种古老的民间戏剧，在其戏剧本体中就包含着诸多的祭祀因子。当剧中人物被罩上"神"的光晕后，崇尚多神信奉的屯堡人在把地戏看作娱人娱己的艺术样式时，更把剧中神圣的人物视为自身命运的主宰者。庄稼的丰欠、村寨的平安、人畜的兴旺等，既靠科学技术，也依赖神灵的保护。如此，祈福纳吉的祭祀仪式就自然构成地戏演出中的一部分了。

六、传承保护

传统的地戏表演，是男子表演。在2000年以后，开始出现女子地戏队。

安顺地戏以其特有的文化价值，已列入国家非物质文化遗产名录。詹家屯《三国》地戏队的詹学彦、九溪《四马投唐》地戏队的顾之炎二人系文化部第二批公布的安顺地戏国家级传承人，顾之炎于2013年病逝。

女子地戏队员（李立洪　摄）　　　　　国家级非物质文化传承人顾之炎

另外，周官屯《五虎平西》地戏队的胡永福、詹家屯《岳传》地戏队的叶守兴、天台村《三国》地戏队的陈先艾、老马台村《薛丁山征西》地戏队的叶明元4人系贵州省文化厅公布的地戏传承人。

省级非物质文化遗产

地　戏

在安顺地戏分布以安顺城区为中心，西部边缘为关岭县坡贡镇一带。坡贡镇位于关岭县东北部，古代为安顺通往郎岱的要道。坡贡一带方圆百里的地方，流传着"坡贡藏有两出南京剧——凡化地戏和石莲花灯戏"的说法，表演这两出南京剧的村落就是坡贡镇凡化村。凡化村为坡贡镇人口聚居最大的寨子之一。有清一代起，凡化就属大寨子，两堂地戏以村中的古戏台为据，左方居住者跳《楚汉相争》，右方居住者跳《唐宋争锋》，同一村寨两堂地戏传承至今。

一、历史渊源

地戏,在民间又叫"跳神",其形成的原因和时间无文献记载。关于跳神在屯堡民间传说有多种:有说是入黔屯田士兵,为了不忘武事,寓兵于农的一种练武方式;有的说是源自明洪武年间征南的明军士兵的军旅生活,他们在战争之余,相互搏斗取乐,逐渐衍为具有特定人物、有一定故事情节的戏曲形态;有的说是屯堡

地戏面具(翟冬林 提供)

先民为了不忘记故乡,入黔时从故土带来的江南地方戏,在江南已完全消失。关于形成时间,据清乾隆年间镇宁人余上泗在《蛮峒竹枝词》已有描述推断,在清代以前形成的可能性较大。

地戏传入凡化之时是清乾隆年间,据说是平坝县天龙镇、西秀区大西桥镇一带的郑、沈、陈、张、王等大姓移居坡贡镇凡化村和石莲村后带来的。初时,凡化人学演的是《杨家将》《薛仁贵征东》《薛丁山征西》等地戏剧本。后随着村寨中人丁的增加,地戏爱好者也越来越多,认为演出的剧目应该有自己的风格和独特性,于是陈世启、王贵等人选定《楚汉相争》剧本,并融入地方文化元素,形成独特的凡化地戏。新的剧本满足了地戏爱好者当时追求独特的欲望,但一个剧目仍无法满足全村地戏爱好者的表演欲望,经常有相争上场的矛盾。为了满足大家的愿望,减少村民因跳神(表演地戏)引起的不必要的矛盾,保持村内团结,地戏爱好者再选编

地戏剧本(翟冬林 提供)

表演《唐宋争锋》剧本,于是形成一村两堂地戏的局面。两堂地戏形成后各自为政,面具互不重复,人员互不借用,一直传承至今。

清嘉庆年间,凡化编创出属于自己的地戏后,再也不跳演传入的地戏而只跳演自己的地戏,他们认为只有自己编创的地戏才能表达出他们的思想、感情,跳演起来才能全身心地投入。跳神

（地戏）从此成为凡化人较重要的民俗文化活动，200年来对当地社会文化生活的发展、民族性格的铸造、民族认同感和民族凝聚力起着重大的作用。

二、生存环境

凡化村是关岭县坡贡镇较大的行政村，位于坡贡镇的东部，距镇政府所在地7千米，东与新寨村相连，南与白水镇毗邻，西与那亮村相望，北与五里村连接。辖3个自然村寨，11个村民组，现有总户数568户，总人口2123人，农业人口2092人，非农业人口31人。

凡化村气候温和，土地肥沃，人民勤劳，拥有耕地面积1164亩，其中水田508亩、旱地656亩。村寨坐落在小屯山脚，坡贡河从村前的田坝中流过，依山傍水，水资源十分丰富，经济比较发达。全村山地多于田地，种植上以苞谷、水稻为主，辅以油菜、生姜等，属典型的农耕经济。

地戏表演（一）（翟冬林　提供）

旧时，凡化曾名"繁华"，地处安顺通往郎岱的交通要道，系清代滇黔古道，因此经济、文化繁盛一时，与永宁、花江等镇比肩。

三、地戏表现

凡化地戏有两种表演状态：一是全本表演，因时间较长，所以表演的机会较少；二是折子戏表演，选取全本中的精彩内容作选段表演，可据表演时间适当安排，有较大的灵活性，是凡化人经常采用的表演方式。200余年来，地戏演员一辈子有幸参与1~2次的全本大戏表演的较少。由于对地戏的热爱，凡化人闲时对剧本反复讲唱，成为文化生活不可缺少的内容之一。

地戏表演（二）（翟冬林　提供）

每年的正月间,村寨中跳地戏,除了娱人娱己外,重要的目的是以戏目表达出来的忠、义、仁、勇来教育、感化族人。每年的闲时,在讲唱中传承文化、学习历史、传播族人的精神和理想。

凡化地戏的面具形式与安顺一带屯堡地戏相同,《楚汉相争》共有面具50余面,《唐宋争锋》共有面具40余面。装扮上,头罩青纱戴脸子,身背战旗,下穿式战裙。武器道具刀、枪、剑、戟、鞭等十八般武器均为木制,伴奏用鼓、大钹、锣等。

四、特色与价值

凡化地戏剧本的编创者文化素养高,两堂地戏均为全本大戏,每本唱词两万余句,无一重复。剧本采用讲唱文学体,依角色之故事顺序发展,以七字词格做主,十字词格为辅,边说边唱边交代剧情,唱词近似口语,易引发观者的共鸣。每堂全本唱跳约为百余小时,全本不重复地唱跳完需40余天。经过地方化的编创,凡化地戏与传入的地戏在表演上有明显区别,形成自身的特色。

一是面具佩戴后罩住面部略微斜抑向上,表演者的眼睛通过面具的鼻孔看外面,追求一种英姿飒爽、气宇轩昂的审美效果。

二是跳动中融进花灯的舞步动作,边唱边舞,在征战格斗中增添了柔美。

三是击乐伴奏上不仅增添了大钹,使铿锵声更为壮大外,还与表演上的动作如兵器相交、抬腿踢脚、刀起头落等用重音紧密结合,突出了动作刚劲、发力相应的节律美。

四是唱腔上,凡化地戏只有三种唱腔,形成高度程式化的自觉选择。以固定的腔调去适配不固定的唱词。作为农民的草根文化,不固定唱词配以不固定的腔调,要记词、记曲,实难记忆,而采用固定腔调,只记词不记曲,相对较易,故而200余年不变。

此外,地戏是一种艺术化的表演,有教育、娱乐、审美等功能,其中最重要的是教育功能,表达了凡化人的忠君爱国传统及对世间忠、义、仁、勇的见解。

五、传承情况

凡化地戏剧本现存《楚汉相争》全本剧情唱词手抄本(四卷),《唐宋争锋》全本剧情唱词手抄本(四卷)。

凡化地戏的传承属于群体传承方式。在群体里威信较高、组织能力较强、能讲唱全本剧情者,不仅是戏班的班头,还是地戏表演的自然传承人。

随着改革开放的深入,多元文化以电视、电脑、手机等现代科技媒介为载体,不可阻挡地传入,对地方传统文化造成了重大的冲击,村落生活方式发生了变化,很多年轻人失去了祖辈那种对地戏的挚爱,凡化地戏的辉煌已成为过去。

随着国家经济建设取得重大成就,功利主义也渗透于乡村,打工经济浪潮卷走了凡化的绝大部分青年男子,剩下的地戏爱好者和传承人均已进入年迈(详见表1),缺少了青年人的参与,地戏面临失传的危险。

表1 凡化地戏传承列表

姓名	性别	年龄	表演剧本	备注
陈欣平	男	76岁	楚汉相争	15岁随伯父陈欢笙习地戏,18岁始出演主将英布、刘邦等。《楚汉相争》主要传承人
杨永华	男	69岁	楚汉相争	
陈世泽	男	62岁	楚汉相争	
王灵模	男	57岁	唐宋争锋	10岁始随陈庆尧习地戏,22岁始出演主将高岑、李凤仙等。《唐宋争锋》主要传承人
陈其林	男	58岁	唐宋争锋	

2014年12月,关岭凡化地戏列入贵州省第四批省级非物质文化遗产代表性项目名录。

卷五 | 曲艺

省级非物质文化遗产

花 灯 戏

花灯戏不同于地戏只是属于屯堡人的民间艺术,它应该是如东北二人转、安徽花鼓灯、广西彩调、云南采茶等一样属于民间歌舞向戏剧发展的一种艺术形式。在贵州,屯堡花灯属贵州西路花灯。

一、历史渊源

花灯戏与地戏同出一源,同是明代"调北征南""调北填南"的历史流变中,从江南移居安顺屯堡村落的。

据《安顺府志》和《续修安顺府志》记载:"元宵遍张鼓乐,有龙灯、狮子灯、花灯、爆竹之乐。""花灯演唱者化妆男女若干队,男执扇,女执帕,相对边唱边舞,以月琴、二胡伴奏,词极通俗,甚得民众欢迎。"花灯由于它没有"神"的光环,演出内容都是俚语村言,而没有祖先业绩的张扬,史料记载上只寥寥数字,其源流无从稽考。仅只口碑所云:征南者,属明王朝有功之臣,可跳地戏;填南者,除一般民众外更有发配之人,只许玩灯(即俗称"跳灯")。此说却不尽然,很多跳地戏的村寨也玩灯。演员们白天跳戏,晚上玩灯,其意浓浓,其乐融融。诚然,从农村土秀才参与地戏剧本的誊抄修改,而文人秀才士不染指花灯的传播,可见地戏是要高出一等。更何况一句"好男不妆春,好女不看灯"的古训,就把花灯的地位定了。但是,老百姓还是喜欢它。

花灯戏的早期,也与地戏一样,属于"吹地灰"一类,以歌舞为主。至清代后期到民国初期,受外来文化的影响,花灯贴近生活的优势得到很好发挥,很快吸取外来营养,由歌舞演唱转而以载歌载舞形式来表现一定的人物和情节,出现了具有戏剧雏形的"对子戏"。在表现内容上,劝善伦理的宣教、男女情爱的描写已进入它的范畴,如《送夫》《劝夫》《五更望郎》《刘三妹挑水》《劝赌》等角色行当已不是简单的唐二和幺妹(男扮女装),有一旦一生、一旦一丑的两人戏和一老旦、一小旦、一小生的三人戏。此表演形式至今在很多屯堡村寨的花灯班子里仍然保留着,其语言、唱腔、舞蹈、表演仍保持着朴实无华的艺术风格，充溢着浓郁的泥土芳香。

1960年，在花灯戏调演的基础上，正式成立了安顺专区花灯剧团，成为专业性的文艺团体。花灯戏，这一屯堡人喜爱的又一民间戏剧，有着与地戏不同的发展轨迹。一方面从芳香泥土中脱颖而出，融进现代艺术的氛围中；另一方面却又固守在原基原土，展示着它的原韵原味。这一点在普定马官一带表现得更为突出。这里，花灯戏的群众基础非常坚实，几乎每村都有花灯班，每年的新春佳节都要出花灯贺春、比赛交流，搞得红红火火，远胜其他地方，从而获文化部颁发的"花灯之乡"的称号。2006年还在普定县马官镇举办了贵州省首届民间花灯大赛。

二、表现形式

如今的屯堡花灯，仍以歌舞小戏为主，演员不论多少，仍是以对为主。一个唐二，一个幺妹。唐二身穿白布排扣短上衣，蓝布裤，头包毛巾。幺妹系男扮女装（现今已有女人装扮），或屯堡妇女的生活原装，或短装系花围腰戴假发辫。二人各执花扇（唐二执团扇）和手帕，在鼓乐声中边舞边唱，抒发情感，交代情节。在几百年的艺术传承中，历代艺人经过艺术的提炼与创造，积累了大量的扇帕动作和舞蹈身段。

扇帕动作以扇为主，帕随扇转，有"翻扇""变扇""撕扇""打扇""怀扇""花扇""腰扇""指扇""扎扇""摇扇""捏扇"等。

三、艺术特征

花灯戏来自江南，受江南水文化的影响，以抒情性为主是贵州西路花灯音乐的特色。在漫长的发展历程中，由于地域文化的板结性、排他性、个体性，上千首的花灯音乐中各自独立成曲，互相交叉的曲目很少，走向戏曲曲牌体的愿望总难以实现。只在走场的音乐伴奏中有为数不多的几首，如《小开门》《起板》《行路》等。

屯堡人的花灯，是以歌舞为主的民间艺术，它以成百上千首花灯曲子构成了花灯戏的艺术本体。其主要曲目有《梅花调》《孟姜女》《踩倒妹小脚》《梳油头》等。一首花灯曲调（如《跳粉墙》之类），就是一段轻快逗趣的花灯歌舞。众多的花灯调子，可以大致简单地类分为茶歌类、江南小调类、本地民歌衍化类，特点是唱来平稳、舒缓、讲究韵味。

另外，花灯戏唱词的句式上比较自由，不显得呆板。三字句、五字句、六字句、七字句、九字句、十字句都有；三句式、四句式、五句式、多句式收放不羁。这与花灯歌舞以表现男女追求婚姻自由为主线是丝丝紧扣的。如：

《绣荷包》——
门前一树槐，情哥带信来，

口口声声要个荷包戴。
怎不解下来，哪一个跟你绣出来。

《打鱼》——
一心要往东海去，
学个老渔翁，渭水河边访太公。
是因为风情哥哥拿网妹拿杆，
跳上渔船，拿好篙杆，
靠挨边，细细把情谈。
刚才扯网河中去，鱼儿无处装。
指东指西就帮忙，个个荒唐。

在器乐伴奏上，由于花灯音乐曲调丰富，不能如同地戏一样只用简单的一锣一鼓就可以伴奏。除二鼓、大锣、大钹、马锣（马锣又称"冬子"）外，弦乐也进入了花灯艺术表现圈内，有月琴，这就使花灯的艺术感染力更胜一筹。

四、艺术形式

花灯戏有歌舞表演和灯夹戏两种，其中又以歌舞为主，有"歌不离口，动不离手，不离扇帕，身不离步伐"之说。纵观屯堡花灯的表演，它是屯堡人生活的选择和智慧的结晶，生活气息浓郁而又独具个性：①成双配对，二人为主；②男扮女装，假嗓演唱；③人与灯伴，灯添色彩；④插科打诨，谐雅并存；⑤互答对唱，扇舞帕飞；⑥灯无唱本，即景发挥；⑦团扇矮桩，唯我独有。

五、表演程式

花灯戏的表演程式是构成花灯艺术的重要组成部分，从屯堡花灯表演中可以了解花灯艺术的精髓，更可洞悉屯堡人的艺术心态和心路历程。

花灯戏于屯堡人始终以季节性、自娱性为主，以其抒情风格和幽默诙谐的艺术个性为群众所喜爱。其季节性以新春正月上旬为最佳时期，另有少数灯队在农历七月中旬跳"米花灯"，有祈求丰收之意。一个灯班二三十人，由灯头主持。在长期演出实践中，自有一套规范的程序。按艺人说法"不能乱了章法"。在程序的每个步骤中，又因各灯班的文化水平、知识水平、应变能力、即兴创作能力的不同，所以展示花灯的外在魅力和内涵因素也各异。花灯表演主要有以下程序。

亮灯。亮灯就是在正月初九将所扎好的各种彩灯（宫灯、荷花灯、鲤鱼灯、虾灯、绣球灯、走马灯、兔儿灯、八卦灯、牌灯）安上蜡烛点燃。由灯头率玩灯人供奉花灯菩萨,意谓新春玩灯贺春开始。选在初九是因为口碑传说"初九玉皇大帝诞辰。这一天唐明皇梦游广寒宫,向玉帝借花灯一用"。此说的真实性不足为论,但《安平县志》"元宵遍张鼓乐。……有花灯,地戏之乐"却证实是有此娱乐活动的。出灯灯班按约定派人送帖至某村某户,然后前往。

参土地。在屯堡村寨都建有土地庙(称"寨神"),土地公和土地婆是村寨的保护神。灯班来此必先得到"同意"方可。而灯头的参词主要是"奉贺"。

参神。又称"开山门"。灯班到寨中庙宇拜谒供奉的诸神。

开寨门。这是灯班到村中必须过的第一道"关口",由接灯人"接行",出上一道物谜,灯班上前破解,称"破阵"。能"破"则进寨。破不了可通融,但显得灯班水平低。

盘灯。此程序极富情趣,充分表现了花灯的艺术魅力和灯班的聪明才智。盘灯玩后继续以念白的方式将"灯从唐朝起"的民间传说一一道出,风趣诙谐地把唐王李世民君臣们热爱花灯与民同乐的场景表现出来:李世民当丑角唐二,程咬金插科打诨,徐茂公说四句,秦琼、尉迟恭举牌灯,罗通打锣,王伯当打鼓,魏徵拉二胡。这种对君王的调侃,展示了花灯无拘无束的艺术个性,这与地戏中对帝王讲忠的宣教形成了鲜明的对比。这也充分体现了屯堡人内心世界的多重性和包容性。

开财门。这是奉贺吉祥的礼仪。主人家接灯,期待着美好愿望的实现,灯班就借题发挥,借助一些事物来满足主人家的心愿。此仪式与地戏的"开财门"有异曲同工之妙。只不过一个是众"神灵",一个是"花园姐妹",表演逗趣、活泼。灯班进门后,主人家在天井中摆放方桌,桌上摆设筷子12双,表示迎请"十二花园姐妹"进家赐福。另外,桌上还放有尺子、剪刀、秤、镜子、手镯、刀剑、笔砚等物品。灯班要围着桌子一一唱出桌上东西的意思,以检验灯班的"口风"如何。

踩场。此仪式相似于地戏的"扫开场"。由各花灯对手持扇帕沿场子表演一段舞蹈,其目的以便用好场子,便于正式演出。它与地戏的扫场不同是不含祭祀。

搭上咐。即由唐二先出场说白打招呼,其程序相似于跑江湖耍刀枪的民间艺人围场演出时交代几句一样。

俩(读 liǎ)白。即说调皮话。这是随意性很强的一种演出形式,也是观众最喜欢的表演。唐二以顺口溜的方式把一些生活中不存在不可能的事物用调皮话表达出来,引得观众哈哈大笑。如"黄鳝的眉毛、虱子的苦胆"等通过"俩白"把观众和演员的情绪沟通在一起,然后进入正式演出。正式演出前还有一个过场,就是唐二把幺妹请出来。这段表演充分表现了花灯与生活紧密相连的关系,演员与演员,演员与乐队,演员与观众之间,互问互答,互相调侃,猜谜打趣,诙谐妙然。把屯堡人热爱生活的情趣、机智聪慧的天赋借花灯艺术释放出来。之后,"锣鼓铿锵,筒筒二哥(二胡)邦腔",唐二、幺妹以歌舞形式正式表演花灯小段。

参家神。参家神时,主人家又在神龛前摆下桌子,桌上放有若干果盘,盘内装有各种有象征意义的物品,此为"摆阵",再来测试灯班"口风"。灯头则用唱的形式将各样事物隐喻典故说出。如盘中装有茶叶、谷子、引子(即酥麻),灯头就会见物生智,借物贺主人家"原茶原米,永子永孙"。盘中装两匹干烟叶对汤圆,灯头就会恭贺主人家"二龙抢宝,富贵荣华",这叫"破阵"(或称"参碟")。有的主办家聘请有玩灯高手,会摆上奇巧阵势。如用一个筛子装上一把锤、一个蒜、一块饼干、一件衣服。灯头不说不唱,考虑再三,手拿小锤将蒜敲一下,把饼干放进嘴里,边吃边穿衣服边说"人生在世,要有打算,才能有吃有穿"。这种破阵,把花灯艺人的才华机智充分展示了出来。参完果碟,灯班才进入参家神的主题。此仪式虽为参家神,实则是灯班再借名头恭贺主人家平安幸福、兴旺发达。灯班参贺完后再参拜门神,回主家道谢,整个演出结束。从出灯到辞门神,这一晚上的演出可长可短。一是主家的需要,二看灯班的水平,有时可玩个通宵达旦。

一年的新春演出完后,要举行谢灯仪式,将所有彩灯拿到野地一火焚之,来年开春重新扎制、重新启灯。

六、传承情况

花灯的传承以口传心授的方式进行,众多的花灯队都是在老一辈花灯人精心调教下渐次形成的。其中的佼佼者有西秀区头铺火烧寨的陈金华(已故);普定石头铺的徐荣华(已故);普定龙场乡龙场村的刘忠富(以其独特的表演风格,荣获贵州省首届花灯大赛"民间花灯王"的称号);普定马关镇下坝村的丁世龙(刘忠富的弟子,以极具特色的"矮桩"表演,也荣获贵州省首届花灯大赛"民间花灯王"的称号)。

花灯戏,以其朴实风趣载歌载舞的艺术风格,深受屯堡人的喜爱。自入黔立寨始,花灯艺术就与屯堡人的生活息息相关而延续至今。每当新春到来之时,或出灯或比赛,搞得红红火火热热闹闹。一时间,那蕴含江南风味的花灯小调,在山野村寨中,飘荡着喜庆、祥和的农家风韵。

2007年,安顺普定县与独山县、黔西县、福泉市、花溪区、遵义市、余庆县、石阡县、印江县花灯戏已列入贵州省第二批省级非物质文化遗产保护名录。

安顺唱书

　　唱书是安顺屯堡人独特的文化现象。在传统的五声音阶"宫、商、角、徵、羽"的变化组合中，唱出了屯堡人的内心精神诉求。

　　走进屯堡村寨，人们会惊奇地感受到，在这一座座山野小村里，无论男女老少，都喜欢唱。跳地戏、玩灯花、对山歌要唱，做佛事、串亲朋、办丧礼也要唱。年复月复，在屯堡人的生活里，怎一个"唱"字了得。唱书，就是演唱历史故事、民间传说、伦理文书、奇谈杂记，是屯堡人了解历史、增长知识、接收教化的一种通俗化、大众化的娱乐方式。因其易懂易记易传，广受屯堡人的喜爱，特别是中老年人。

一、历史渊源

　　安顺民间唱书是一门古老的民间的说唱艺术。据说已有150多年的历史。唱书，又以其不同的演唱方式和接收群体，可分为唱大书、唱佛歌、唱孝歌。

　　早在明王朝调北征南时，于明朝洪武十四年（公元1381年），在阿卜达择地修建安顺城池，致使安顺方圆一带成为明王朝军队的大本营。征战延续多年仍未制服西南，朱元璋为了巩固边陲，采用了征剿与安抚相间的策略，并积极推行屯田制度，颁旨屯军和家属就地立寨安居。明洪武二十一年（1388年）第二次征南后，又从江南诸省大量移民来黔"填南"。这样就由屯军和移民构成了密集型的自成体系的屯堡村寨，与此同时，屯军和移民不仅带来了先进的农耕技术，也将汉文化逐渐渗入了长期封闭的聚居地。

　　时至清王朝初期推行"改土归流"时，大批汉人又涌入安顺，也将当时广为流传的讲唱文学注入了屯堡村寨，正是受到汉文化和讲唱文学的启发，当时的私塾先生收集了一些民间故事编写唱本为学生说唱，唱腔音乐用原生态民间小调搭建框架，经第三人称和"一人多角"的形式以唱为主说为辅，在不用任何乐器伴奏的情况下，用民间方言的曲艺体例说唱故事。由于此类演唱纯朴，朗朗上口，通俗易懂，较为容易被听众接受和喜爱。

　　经过江南水乡文化和安顺山地文化的融会，到清朝光绪年间，唱书趋于完善定型，最终成为屯堡村民在劳作之余自娱消遣的一种精神文化生活并传承下来。

二、表现形式

1.唱大书

所谓大书,即以宋元以来广为流传的老百姓喜闻乐见的讲唱文学体例的书目为范本,编撰成的唱本,如《三国演义》《说唐全传》《杨家将》《说岳全传》《五虎平南》《岳飞全传》等。这些书目都是描写历代金戈铁马的征战故事,讲述内容与屯堡人祖辈的生活经历极相一致,故而钟爱有加。逢节庆贺跳地戏时,敲响一锣一鼓,戴上面具,穿上服饰战裙,手持木质刀枪,杀打拼斗,将书中场景演绎再现;在闲暇之时,男人们无论老少,都喜欢三三两两相聚一起,抽着叶子烟,喝着瓦罐茶,"放雀"取乐。"放雀"即唱大书的一种俗称。或一人把全段书唱完,或多人代表书中的各个人物,顺着情节的发展而唱,声情并茂。人们就在这抑扬婉转地唱声中,获得了历史的重温和情感上的舒缓。

九溪村的屯堡老人在唱书

唱大书所唱书目大致为:①将地戏剧本删去说白部分,只留唱段或全本或戏段(相似戏曲的折子戏)来进行演唱。如《三国》的《关云长单刀赴会》《华容道关羽释曹》等,《说唐》的《李世民夜游白壁关》《薛仁贵大战摩天岭》等,《岳传》的《岳飞大战爱华山》等,以及《封神》的《黄飞虎怒反朝歌》等。30多部地戏剧本都可以作为唱书的脚本。而一部地戏剧本,竟可根据情节分成独立成篇的若干唱段,如一部《四马投唐》就可以拆成《劫皇杠》《群雄聚义反山东》《罗成大战长蛇阵》等近40个唱段。②将民间传说故事及戏曲故事

各类唱书(吕燕平 摄)

编成唱书。如《珍珠塔》《香罗帕》《滴雪珠》《彩楼记》《西厢记》等。其中值得关注的一点是,地戏表演中没有反叛戏《水浒》,在唱书中却有一席之地,唱武松、唱林冲等人物的篇目还不少。③劝善劝孝的杂书。这是屯堡人进行道德伦理教化的方式之一。其篇目有《懒婆娘》《小姑贤》等。

2. 唱佛歌

唱佛歌是屯堡妇女的专利,深受中老年妇女的喜好。每当朝山拜佛或农闲夜晚休憩之时,三三两两围在一起,你唱我接,轻缓婉约,别有一番情趣。她们唱四季、唱百花;数十二月的变化,数古今历史的变迁;念行善积德的故事,念忠孝仁义的传说;讲家庭变迁的悲欢离合,讲儿女情长的趣闻逸事。末尾一句"佛也!拿魔摩弥陀!"把人的思绪引入了佛的境界,去接受佛的洗礼。她们大多数识字很少或不识字,却能了解四时万物的变化。她们很多人未出过远门,却能知晓历代王朝更替的来龙去脉。她们之所以洞晓历史知事懂礼,是因为一首首佛歌。

佛歌听唱书目,有描写人间善恶有报、儿女情长的《秦香莲》《蟒蛇记》之类;有各种劝世劝善篇章,如《喜堂念佛》《散花文》《目连救母》《孟姜女哭长城》等;有历数各朝各代变迁的,如《十八朝代歌》等。这些书目都是民间唱本,称"佛歌"是因为大家朝山拜佛时喜欢唱。

在屯堡妇女所唱佛歌中,有的篇目知识性强,富有哲理,农家生活情趣很浓。如《十念增广文》:

一念客房字画明,画龙画凤画麒麟,
画虎画皮难画骨,知人知面不知心。
二念旅游客商人,拜辞老幼要出门,
在家不会宾其客,出外方知少个人。
三念春风遍地临,江边杨柳正发青,
有心栽花花不发,无意插柳柳成荫。
四念连天大雨淋,大水淹到九龙门,
易涨易退山溪水,易反易复小人心。
五念端阳闹沉沉,龙船下水起波纹,
长江后浪推前浪,世上新人换旧人。
……佛也!拿魔摩弥陀!

佛歌可算是屯堡文化中独具一格的文化现象。众多的屯堡妇女都会念会唱。她们进佛堂进庙宇,朝拜的是众神,口念的是佛经,闲暇时唱的是佛歌,把伦理道德的教化、知识历史的传播,用一种通俗的演唱形式表达出来,这在汉民族中是见不到的(至少安顺一带)。即使今天多元文化的现象遍布城乡,在城市小区、乡间的一角,不时仍会有屯堡的人三三两两聚在一起,浅吟轻唱,婉转悠扬入耳清心。

3.唱孝歌

屯堡人家逢丧事,通常要唱孝歌。唱孝歌是屯堡人丧事活动中的一种特色,是整个丧葬文化的一部分。老人"成神"(去世),除了请道士来伴唱,超度"亡灵"外,屯堡村落上年岁的男女要围坐一圈,以一鼓伴奏,唱起孝歌,要让丧家热闹热闹。在场的人谁都可以唱,你来一段我来一段,俨然是在举行一场唱歌比赛。当然,唱歌者中有比较"专业"的人员,她们经历的场合多,可谓是歌坛老手,起领衔的作用,也使有可能出现的冷场及时得到填补。孝歌的题材尽管很宽,但大致是两类:一是历史故事,如地戏里的征战故事和人们耳熟能详的诸多历史掌故。这些题材对于屯堡人来说是信手拈来的事,因为他们就浸泡在历史的氛围中,即便没有读过书也都很熟悉;二是诉说逝者的人生坎坷,生前故事,优良品行等。

2012年参加肖家庄三月三蟠桃会的屯堡妇女唱佛歌
(吕燕平 摄)

孝歌以鼓伴奏,鼓声停歌声起:"哎——,孝堂打鼓响咚咚,我唱段薛仁贵去征东……",这故事唱下去,有点像一段折子戏,内容有理,"字眼归音"(即要押韵)。与山歌的不同,孝歌强调要"学到心头",意即对历史掌故熟悉。否则,就难以唱下去,特别是与人对唱时,就难以继续。鼓者轻敲慢打,唱者音调平缓悲凉。唱到动情处,音带哭腔,使听者悲泣难禁。就其内容看,孝歌的内容大多劝人行善、讲究孝道。

在唱本《二十四孝》的篇首就开宗明义写着:

人生在世非等闲,混混就是几十年。
孝顺之人名声好,为人当孝古先贤。
忤逆儿男无好报,奉敬父母要为先。
二十四孝传千古,劝君行孝在亲前。

"山歌无本,全靠嘴狠;孝歌有本,句句伤人",孝歌虽可编创,但多有出处。孝歌所唱书目有《二十四晓孝》《报恩书》《耗子告猫》《闹阴司》《报娘恩》等。

通过唱孝歌,一方面让丧家热热闹闹,祝孝家各业兴顺,子孙发达,并以这种方式帮助孝家守灵。另一方面,孝歌教化人们要继承传统,把儒家的忠、孝、仁、义、礼、智、信等价值观念都灌输进去,让听者记准。可以说,孝歌在某种程度上是一种维系社区秩序的手段,使社区规范深入人心。用九溪村对孝歌比较熟悉的花灯、地戏演员顾光兴的话说:"唱山歌是讲'情分',唱孝歌是讲'义气',盘点'古文',让人知识上有长进。"

因此,灵堂唱孝歌,是一种文化传播的好方式。唱者声情并茂,催人泪下,以歌唱形式哀悼死者;听者从孝歌的劝世内容中,受到了道德伦理的教化。

三、代表人物

黄志云(1915—1987),志全喜,生长于九溪。二岁失怙,与兄随母改嫁黄姓。幼时聪慧,读过五年私塾,识字但不能写,而立之年未婚。其兄婚后生一子,后兄病故,黄志云遂与嫂同居,抚兄子。后生一子,竟不能言。兄子不久夭折,哑子也未及一岁夭亡,不久妻也病故。黄志云成年后,经历大小营生——推豆腐、挖煤、卖糖、解板、帮人(打短工),均不如意,加之人生诸多不幸,可谓饱尝世间酸甜苦辣,但却一生喜爱"孝歌"。他从青年时就对孝歌特别感兴趣,记忆力惊人。对孝歌开头、收尾颇有研究,韵脚押得巧妙,其才思敏捷,为一般人所不及。他的脑子里不仅记下了许多古书内容,而且能固时、固地自编学歌,唱起来流畅顺口,受人喜爱。他唱孝歌时临场发挥、随机应变,自编歌头收尾信手拈来,随机应变、恰到好处。

黄志云爱好孝歌书,爱之如命,但凡遇见好孝歌书,千方百计总要弄到手。农村逝世老人,丧家开鼓,他可以连唱数夜。如遇对手,通宵达旦。熟记数十本古书唱本,如《三国演义》《封神》《水浒》《列国》《隋唐演义》《红楼梦》等,至于熟记的孝歌,未有统计,遇到对手,可独挡多人,唱三五夜可以不回头。中年时期,黄志云已是方圆百里的孝歌能手。1941年,石板房王姓办丧事,以一块银牌作奖,众多名孝歌手会聚一堂。黄志云连唱三昼夜,一一击败所有的歌手,夺得银牌,从此名声远扬。

四、艺术特征

安顺唱书历史久远,它顺应时代的发展在民间产生,是社会意识的一种形式,是人类精神文化的组成部分,其中不乏艺术史学、民俗学、伦理学、曲艺学的价值,对屯堡文化的研究而言,是非物质文化遗产的重要组成。同时也是研究屯堡社会的构建、形成的重要视角。

唱本开头有"书帽"作为"引子",随即转入正本内容。唱本说唱分为"回""节""段"的故事,都用说白点明时空或情节的转折。

唱本说唱是以唱为主、说为辅。说唱者手持唱本,不用任何乐器伴奏说唱。唱腔音乐以原生态民间小调为框架,曲调与方言出现倒字失意时,可随即变化曲调正字达意,唱腔音乐结构都是四句一反复,俗称"四句反头唱法"。

五、文化价值

娱乐功能。唱书、摆书的功能类似于地戏、花灯的一些功能,它既是一种自娱,也是在娱人。唱书者、摆书者在唱书、摆书的过程中,得到一种情感宣泄,特别是得到众人的认同,心理有一种畅快的感觉,同时,众人在听的过程中也得到一种愉悦的感受。

教育功能。唱书、摆书的题材多来自于地戏、花灯的本子,这些内容宣传"忠""义""仁""礼"等,使人们在娱乐的过程中,固化了他们鲜明的价值取向,对人要"忠""义",不忠、不义之事不要做。因此,屯堡社区在评价一个人的标准时,人们几乎都用"忠不忠"作为判断标准,"对人要忠,不忠,怕被别人看白了"成为很多老人的说法。对国家更要忠,"我们这么一个大国,不忠,四分五裂怎么行"。在孝、礼、义、仁方面,唱书也提倡与人为善,德福一致,这对固化屯堡村民强烈的历史意识和培养道德素质和文化素质,团结村民在不依规矩不成方圆的氛围中参加村内事务都起到了重要的作用。

文化传承。唱书、摆书对人的影响应该说比较持久,地戏、花灯对人有影响是不言而喻的,但地戏、花灯有很强的季节限制,而唱书、摆书随时可以进行,甚至几个人在田间劳作都不受影响。通过这些方式,很多屯堡老人传承着民族优秀的文化惯习,并通过他们的行为影响着村内的精神风尚。屯堡社区传统文化活动对于提高村民的道德文化素质,固化村民强烈的历史意识,积极而有秩序有规则地参与村内的事务,起到极为重要的作用。

六、保护传承

屯堡村落大多有摆书现象。所谓的"摆"近似于四川人所说的"摆龙门阵",没有说书那么正式,由一个人摆,围上几个人或者更多的人。地点可以在一个公共的场所,也可以预约在某人家,不用桌子,不用檀木,全靠一张嘴。摆书的题材大多来自于地戏本子,如九溪大堡的《封神》、小堡《四马投唐》、后街《五虎平南》或其他村寨的地戏本子,当然也可以"摆"其他的古典小说,如《水浒》《西游记》等。

在九溪,摆书摆得最好的是大堡的刘记文。刘记文读过一年小学,主要做糖,老协会会员。在做糖之余,爱在老协会摆书,众老人围他而坐,听他细说古今东西;唱书类似于"摆书",不同的是摆书是说,唱书是唱,两者内容大体相同。

作为一门民间艺术,屯堡唱书在屯堡村寨广为流传。但是它像大多民间艺术一样,受到现代文明的冲击,除了爱好者,没有多少人,特别是年轻人学习唱书的很少。虽说目前在最大的屯堡村寨——九溪村还有上百人能唱,但真正唱得好的却只有10多人。勇于接受新事物的年轻人们,不喜欢唱书这些"土玩意"了。

特别是在老辈说唱艺人大多作古后,能够继续说唱的,仅存为数不多的65岁以上的村民。因此,屯堡唱书已经处于后继乏人的弱势境地。它现在仍然处于无序的自然流程之中,大有失传的危险。

据介绍,安顺民间唱书大部分唱本是把流传较广的民间故事和历史故事作为编写素材,也有一部分唱书是根据古典小说的章节进行编纂和对一些戏曲脚本改编移植而成。从目前收集到的资料看,有取材于民间传说故事的《蟒蛇记》《三元记》等,取材于历史故事的《金铃记》《彩楼记》等,取材于古典小说的有《关云长单刀赴会》《刘备过江招亲》等,根据戏曲脚本移植改编的有《水打兰桥》《大孝记》等。据估计,安顺唱书应有百种以上。

2007年,安顺屯堡唱书列入贵州省第二批省级非物质文化遗产保护名录。

卷六 传统体育、游艺与杂技

省级非物质文化遗产

苗族射弩

带着一种好奇的心理,我们一行两人踏上了去往仙马苗族村落的旅程,探秘作为非物质文化遗产的苗族射弩。早上从安顺出发,当汽车在崇山峻岭间蜿蜒的公路上盘旋近两小时后,便到了人口较为集中的普定县猴场乡政府。虽然远离城市的喧嚣,坐落大山深处,由于是政府办公的集中地,颇能感受到一点现代的气息。从这里往西走,不到半小时的路程,便到了我们的目的地——仙马村。

仙马苗族射弩

这是一个苗族村寨,即使靠近乡政府所在地,但苗族人传统的古朴余韵油然可见。这里住着两个苗族分支,大花苗与水西苗(当地人称为"歪梳苗")。射弩就是当地大花苗传统的一项绝活,已经列为省级非物质文化遗产。

一、历史渊源

弩作为古代较为重要的一种远程冷兵器,其历史悠久。弩属于弓类,相传为黄帝所造,也叫"窝弓",其箭矢的发射不依靠人力,而用弩机的力量,力强而能远射,较弓为烈,猎人通常用以放置在草丛里,使虎豹等误践其机而中矢。有史料可鉴,据考古验证,我国弩的出现应不晚于商周时期,春秋时期弩即已成为一种常见的兵器在使用。《孙子兵法》中即已将弩和甲盾等一起列为重要的作战物资。到战国时期,弩更是广泛地运用于军事之中。到了汉代,作为汉军步兵对抗匈奴骑兵的利器,弩进一步得到了发展,并且开始有了连弩的记载。东汉时期有腰引弩(后又作"腰开弩"),这是单人能拉开的最强弩。而在三国时期诸葛亮制作了著名的"元戎弩",这种连弩"以铁为矢,矢长八寸,一弩十矢俱发"(《魏氏春秋》)。南北朝时期,骑兵在战场上称雄,所以进一步向威力强、射程远、使用机械力量的床弩发展。宋朝时为了对抗北方游牧民族的骑兵,宋军大量使用弓弩手作战,除了单兵使用的神臂弓(实质是弩),还着重制造床弩等。至明以后由于火器的迅速发展,弩的作用下降,不再受到重视,直至被淘汰。

而苗族对弩的使用,其历史也不算短。相传"蚩尤造立刀戟兵杖大弩"(马镐《中华古今注》),蚩尤作为苗族公认的始祖,被当作祖先神崇拜已经延续了5000多年,如今尚留有许多关于蚩尤的神话和传说,因此仙马苗族自称他们的弩来源于蚩尤,从而找到历史的依据。安顺苗族中留有许多有关杨亚射日的传说,如《苗族古歌》中有这样的描述:

白天九个太阳一起出,晒得地上土起火,热得人们无处躲。晚上九个月亮一起出,照得地上如白昼,亮得人们羞上床。如不把它射下来,眼看人类被烧光。……

从这样的描述中,苗族英雄杨亚射掉八个太阳和八个月亮,使四季有序、昼夜分明,人类过上正常生活,这与汉文化中的后羿射日有异曲同工之妙,也可见苗族使用弓弩,或者说对于使用弓弩的意识渊源久远。在进一步访谈中,射弩传人告诉笔者,他们的射弩源自祖先狩猎和战争。基于弩击发无声,射击精度颇高而又取材方便,且可自行制作,因此最初广泛使用于战争;由于苗族战败在南迁过程中,多躲进蛮荒的菁林,到处野兽出没,为了能生存下来,弓弩也便派上用场,成了战胜野兽的主要工具,进而渐渐地广用于狩猎。射弩深受苗族人民的喜爱,据说在清代以前,苗族男子几乎人人都备弩箭,可知苗族射弩传承至今是有其缘由的。

二、生存环境

由于现代化的强大威慑力,即便大多数苗族村寨尚处于较为偏僻的大山深处,但由于受到现代化不同程度的浸染,使苗族传统文化在传承上受到威胁。很多苗族年轻人在不断放弃自身的文化传统,完全接受汉文化或倾向现代生活,甚者造成部分苗族已丧失自身文化的标识,这样最终导致一些典型苗族文化的消亡。同样,苗族射弩也面临同样的处境。在调查中发现,就以仙马村为例,在1949年以前,大花苗中的成年男性都配有弓弩,由于当时村寨周围的生态几乎保存原始风貌,山间野生动物较多,打猎成了他们农耕之外的主要活动,用弩去捕获猎物是他们的一贯活动。当然,捕猎一是从安全角度考虑,因为有些凶猛的野兽会伤及人的性命;二是捕获的猎物能够提供肉食,改善饮食结构;三是从射弩技能的优劣还可以看出苗族小伙的勇猛和强壮与否。因此,弩除了用来狩猎外,还作为装饰和男女情爱的信物。但如今猎物越来越少了,用弩打猎的主要功能已渐渐丧失,加之外出务工等社会因素,越来越多的苗族青年人不再青睐射弩。

虽然如此,但仍有部分苗人凭借自身的喜好和家庭传统的影响把射弩这项独具特色的民间技能传承下来,这是很难能可贵的。就射弩来说,即使失去了它传统的功能,由于部分苗族青年在射弩上的天分和努力,他们用射弩参加各种比赛,从而使射弩找到与现代发展相契合的根据。

三、传承情况

1986年,射弩被列为全国少数民族传统体育运动会竞赛项目以来,仙马村射弩队就一直活跃在体坛上。让外界人关注这个边远苗族村寨的射弩技能始于2003年李贵福代表贵州省参加在宁夏银川举行的全国第七届少数民族传统体育运动会,名列土弩类第二名。截至2011年,仙马人李贵福、王仁爱已经拿下了大小奖牌61枚,仙马从而被誉为"射弩之乡"。

作为民族非物质文化的射弩,虽然有许许多多光环在李贵福、王仁爱等人的头上,但他们毕竟不属于专业队伍,他们是地地道道的农民,面对生存,他们不得不放下手中的弩去从事其他工作。在调查中了解到,即使之前获得了较多的成功,李富贵已经放弃射弩比赛和表演,加入到外出务工的队伍。目前,作为射弩非物质文化遗产的唯一传人王仁爱,也面临着选

苗族射弩传承人王仁爱

择的困境。交谈中王仁爱给我们算了一笔账,射弩分为传统弩和标准弩,比赛用弩大都是标准弩,市场价在800元左右,箭支则是消耗品,每支箭需要花费15~16元,如果一支箭射脱靶一次,则基本上就会报废。而他平时以务工、养殖和种地为生,收入并不高,一般一年收入在1万~2万元,但是射弩每年需要投入五六千元,这一项支出占到了家庭总收入的1/4。因此,王仁爱妻子曾经阻挠他去参加集训,因为练习射弩的收入远不及外出打工的收入高。谈话的最后,王仁爱表示,即使射弩不能带来更多的经济收入,但自己愿意一直坚持下去,因为他家几代人都是射弩的,不能在自己这里断了,并且他很自信自己将来会拿更多的奖牌。

看到射弩代价高的现状,村里许多有射弩天分或喜欢射弩的青年人都纷纷放弃。在提及年轻人不愿意从事射弩的原因时,王仁爱表达了自己的观点:"因为他们从射弩上看不到提高自己和家人生活水平的希望!"作为射弩传承人,王仁爱很

希望找到更多爱好射弩并能射好弩的后继人。看得出来,王仁爱的希望主要还是放在只有7岁的儿子身上,他说会把孩子培养得比自己更强。在王仁爱给我们表演的时候,他那可爱的儿子总是认真地看着每一个细节,这让我们看到射弩传承上的希望。与此同时,王仁爱也被仙马小学和猴场乡中学邀请去进行射弩指导,这也为发扬、传播乃至传承民间射弩文化起到很好的促进作用。

四、艺术特征

弩的结构可以分为三个主要部分:臂、弓、机。"臂"一般为木制;"弓"横于臂前部;"机"装在臂偏后的地方。弩最重要的部分是"机",弩机一般为铜制,装在弩"郭"内,前方是用于挂弦的"牙"(挂钩),牙后连有"望山"(用于瞄准的准星);在铜郭的下方有"悬刀"(即扳机),用于发射箭矢。当弩发射时先张开弦,将其持于弩机的牙上,将箭矢装于"臂"上的箭槽内,通过望山进行瞄准后,扳动悬刀使牙下缩,弦脱钩,利用张开的弓弦急速回弹形成的动能,高速将箭射出。

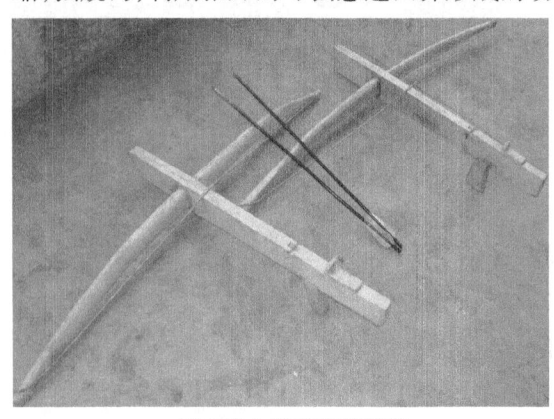

历史悠久的苗族传统弩

现今的弩分标准弩(洋弩)和民族弩(土弩),标准弩经过精确测量利用机械加工而成,民族弩选用良木精制而成。大花苗传统使用的都是自己制作的民族弩,标准弩是近年来仙马人参加国内比赛时从市场上购买来使用的。对于传统的民族弩,其制作过程为:

选材→作扁担→加工弩身外形→开扁担孔→开扳机孔→作扳机→开箭槽→安装扁担→编弩绳→精挖扳机的绳槽→调试→精修和调整扁担,确定箭槽的起点。

在制弩的过程中,选材非常重要,通常有两种木材可用,最好的是十里香(月橘),用它制成的弩一般能用三四十年;其次是黄阳木,黄阳树生在山的阳坡,故取"阳"字。这两种木材均不多见,深山中偶能遇到。十里香更为稀少。取材通常在冬季,选取长直段作为扁担坯料,放在家里阴干数月。到了半干时,把两根坯料对放,用绳子将其两端紧扎在一起,向中间缝隙打入木楔,使两者弯曲,其弯曲程度全凭经验把握。后保持这个状态,使之继续阴干。一二年后,扁担坯料完全阴干,才能进行细加工。坯料也不能放置太久。弩身的木料采用"马力光"或金刚木(俗名"米锥木")。弩绳用麻绳制作,当地产的青麻适用。扁担长100厘米,中间厚4厘米。弩身长90厘米,宽10厘米,厚3厘米,前准心离弩身的垂直距离低后准心离弩身的垂直距离1厘米。扁担到扳机的垂直距离30厘米,扁担到弩身顶端距离20厘米,扳机到弩身尾端距离40厘米,准心至扁担垂直距离15厘米,弩弦至扁担距离6厘米。虽然传统的民族弩可以自己制作,但并非短时间所能完成,且要做成一件自己满意的弩,是难上加难。如射弩传承人王仁爱所说,他的家里有好几把自己制作的民族弩,但都不是满意的成品,他一直在寻找自己喜爱、合手的民族弩。

五、文化价值

作为非物质文化遗产的苗族射弩,无论是弩本身或是射弩这项特有的技能,都凝聚了苗族上千年生生不息的历史。弩是古人战争和狩猎最为重要的武器,其为保存苗族得以延续发挥了不可小觑的作用。自火器产生起,弩伴随其功能的局限性而退出历史舞台,今天的射弩活动主要作为一种运动项目得以传承。但是,我们看到的远不止这些,当一个古朴的民族村落仍保持并传承上千年的弩文化,且他们爱得那样的真挚和热忱,进而使其操作的技能发挥到了艺术的极致,我们不得不为这种罕见的精神和信仰折服。射弩在仙马苗族看来,并不像外人所了解的只为娱人或功利,他们完全是民间的和业余的,对射弩的传承在他们看来是对祖先的尊敬和自身的认同。当其他民族都纷纷不再使用弩,苗族人却把其作为信仰传承下来,不仅作为苗人认知自身历史的见证,也被看成是与祖先神灵沟通的媒介。因此,射弩作为苗族民间一项绝技,无论是发掘和保护苗族民族文化与历史,还是丰富多元一体格局的中华文化乃至构建和谐社会都有着不可低估的意义。总之,对苗族射弩技艺的重视,于民俗、民族、历史、军事、器械等方面都有重要价值。

2007年,普定县与织金县苗族射弩被列入贵州省第二批省级非物质文化遗产代表作名录。

卷七 | 传统技艺

国家级非物质文化遗产

蜡染技艺

蜡染在贵州世代相传,具有深远的历史性,它是贵州苗族、布依族、水族、瑶族等民族民间文化的重要组成部分,也是他们代代传承的智慧结晶。从古至今,用于日常生活中,除用作染制衣装、被单、幡布、背包、背扇等外,精美的蜡染制品还作为恋爱、婚姻、生育、祭祖、做寿的馈赠礼品。如今,更用作室内装饰、壁挂、信插、桌布,还用于商品包装、时装面料等,已广为人们所接收。蜡染的传统纹样中,蕴含着强烈的民族意识、图腾崇拜、文化底蕴、理想追求,其所体现的人文精神既朴素又寓意深刻。

一、历史渊源

中华民族的先民们自古以来就有爱美之心,而蜡染这种极为古老、实用而有趣的传统防染技艺显示出我国各族人民对美好生活的向往与追求,它的发明、发展延续到今天,已逾两千年历史。据《后汉书·南蛮西南夷列传》载,"长沙武陵蛮,织绩木皮,染以草实,好五色衣服,制裁皆有尾形",可谓源远流长。

蜡染在古代叫蜡缬(音 xié),又叫"蜡防",是我国古代传统的三大防染(即蜡染、夹染、扎染)印花技术之一。《贵州通志》载:"用蜡绘花于布而染之,既去蜡,则花纹如绘。"我国西南地区各兄弟民族早在秦汉时期,就已经掌握了这种印染技艺,随着民族民间长期的文化技术交流,逐步流传到我国各地和海外。随着人类社会的发展,在现代化印染技术的冲击下,曾在中原和沿海发达地区占有一席之地的蜡染传统一技艺逐渐被淡化乃至消失,而地处西南边陲的欠发达地区,却仍然完整地传承和保留着这一独具民族特色的传统蜡染工艺技术,为现代社会多元文化的构成增添了色彩。

1987 年的一次考古中,在平坝县齐伯乡桃花村苗族洞葬群馆墓中发掘了宋代的彩色蜡染白褶坤裙。其色彩艳丽,衣物上的鹭鸟图案生动而严谨,迄今已有千年之久,为安顺古代蜡染技艺的高超和蜡染制品的广泛使用提供了有力的历史佐证。

之后,文物工作者还在普定县收集到清代光绪十二年(1886年)苗族先民使用的蜡染填彩鸡胗纹背扇面,等等,足见蜡染在安顺古已有之。

二、生存环境

安顺蜡染主要分为苗族蜡染和布依族蜡染。苗族蜡染在安顺各区县38个支系的苗族中均有分布,尤其以西秀区的苗族蜡染最为典型和集中,譬如蔡官镇的梅家庄村、七眼桥镇的小关口村、华西办事处的黑石头村等,都是有名的代表性村寨。安顺布依族蜡染主要分布在镇宁、关岭、黄果树等县区,代表性的村寨有扁担山乡、丁旗镇、大山乡、募役乡、黄果树镇等。

安顺地处西南边远偏僻之地,重峦叠嶂,过去交通不便,信息闭塞,居住在这里的各民族长期处于自给自足封闭状态。出于生存和生活的需要,先民们代代承传,能织、能画、能染、能绣,作为蜡染主要原料的蜂蜡和靛蓝,就地取材,为己所用。

三、表现形式

传统蜡染的主要原材料除作为载体的自织的棉布、麻布外,主要是蜂蜡(蜜蜡、黄蜡)、土靛(由大青叶沤制而成)、石灰、药草、酒等。明代李时珍在《本草纲目》中载曰:"靛叶沉在下也,亦作淀,俗称靛。南人掘地作坑,以蓝浸泡,入石灰搅拌,澄去水,灰尽入靛,用染青碧。"主要的工具也是自制的"蜡刀"(蘸蜡作画用)。蜡刀看似简单,不外乎由铜片和刀柄组成,铜片根据绘图功能需要,有各种形状。在平坝桃花村棺材洞中发现一件古朴的宋代蜡刀,弥足珍贵。另外还有用于加热熔化蜂蜡用的蜡盆(蜡钵),犹如特殊的"砚台"。用蜡刀蘸蜡液在布上作画的过程中,蜡液的温度须在60~70℃之间为宜。温度过低则滞,温度过高则散,这是关键和难点之一。蜡染制作的流程大致分为选料、浆布;熔蜡、点蜡作画;染色;脱蜡;清洗晾干。当然,每个流程都还有繁复的操作细节。

安顺民间蜡染的图案是极为丰富的,从形式上看大致分为自然纹样和几何纹样两大类。在苗族蜡染图纹中,常见的有铜鼓纹、蝴蝶纹、鸟纹、鱼纹、花草纹、螺旋纹、星辰山川纹、龙纹等。有的图案被喻为苗族曾聚居过的长江、黄河、山川、城池乃至战争场景,充满了历史感和神秘意味。苗族蜡染图案多取材于自然界的花鸟草虫,在众多的纹样组合成的蜡染的主要图案,既讲究对称,又讲究灵动。那鱼身鸟头、鸟嘴吐花、花变蝴蝶,你中有我、我中有你的神妙组合,把大自然万物有灵、和谐统一的哲学思维表现得有谱有序。安顺普定一带的苗族蜡染中,还特别喜欢用鸡或是鸡身的局部(如鸡冠、鸡足、鸡眼乃至鸡胗等)作装饰。在布依族蜡染图纹中,常见的有铜鼓纹、花草纹、水波、旋渴纹、龙纹、云雷纹、山形纹、万字连锁纹、散点纹等。布依族蜡染图案中,既有写实性的花鸟鱼虫,又有写意抽象性的螺旋、水波、菱形、云雷等几何图纹,给人以古朴严谨、构图巧妙、变化多样之感,表现了布依族先民对宇宙的认知,对山川的崇敬,对美好生活的追求。

四、艺术价值

安顺苗族、布依族蜡染,具有朴实的民族性、深厚的历史文化性、珍贵的传承性、丰富的象征性、广泛的实用性、独特的审美性等。因此享有"东方第一染"的美誉,其对于人类学、民族学、文化学、民俗学、历史学、美学等学科研究均具有较高的历史价值、艺术价值、文化价值和审美价值,理应在中华民族历史文化遗产中占有重要的地位。

五、传承情况

安顺的蜡染从古至今,代代承传,每一代都有着传承的群体,每一代都有着传承的高手,甚至还有一些名不见经传,隐于大山深处的民族民间蜡染工艺的能人,可惜由于诸多原因,他(她)们的姓名未能进入史册。所以,对于安顺蜡染的传承人我们仅能列出一部分当代知名度大、技艺高超的民间蜡染艺术家。

杨金秀,女,苗族,59岁,安顺市西秀区蔡官镇梅家庄人,从小跟随母亲习画,曾应邀在加拿大、美国等国家和地区作蜡染画技艺表演,被西方艺术界称为"蜡画大师",其代表作有《鸟蝶恋花》单色蜡染衣片等。

王献芳,女,苗族,57岁,安顺经济技术开发区宋旗镇白果村人,从小跟随祖母习画,曾应邀在日本、加拿大等国家和地区作过蜡画现场表演,深受人们欢迎,其代表作有《金玉满堂》彩色蜡画。

王月圆,女,苗族,52岁,安顺市西秀区七眼桥镇小关口村人,从小跟随外祖母习画,擅长蜡画技艺,曾应邀在"1994年世界苗族文化经贸交流协作会""中韩民族造型艺术特别交流会"作过现场蜡画表演,2006年被贵州省评为"贵州民间工艺美术大师",其代表作有《双凤朝阳》彩色蜡画。

洪福远,男,汉族,67岁,安顺市西秀区人,毕业于贵州民族学院艺术系附中。擅长收集苗族民间美术图案,从古画像、石画像、青铜器等吸取历史文化信息,创新苗族蜡染图案。建有福远蜡染博物馆,其代表作有《丝路花雨》。曾荣获"中国十大民间艺术家"称号。作品多次获金奖、银奖,并畅销海内外。

王翀,男,汉族,51岁,安顺市西秀区人,贵州省知名画家王松年之子,擅长人物花鸟画,他将蜡染技艺与国画绘法巧妙结合,其创新蜡染作品深受人们欢迎,其代表作为《金陵十二钗》。

杨开敏,女,苗族,35岁,安顺市西秀区蔡官镇梅家庄人,从小跟随外祖母习画,并师从其姑母杨金秀。擅长蜡画,曾获贵州"三赛两会"特等奖。2003年应邀参加在台湾地区举办的贵州蜡染展并现场表演。其代表作有《鸳鸯》。

伍文芬,女,布依族,34岁,扁担山乡农民,自幼跟随母亲学习蜡染,2003年曾在台湾地区参加贵州蜡染展览并作表演。

韦启芬,女,布依族,53岁,扁担山乡农民,其所居住石头寨以蜡染享誉四方。1994年文化部命名该村为"蜡染艺术之乡",而其作坊作品广受人们欢迎。

2008年,安顺蜡染技艺被列为第二批国家级非物质文化遗产名录。

省级非物质文化遗产

屯堡石头建筑技艺

"'建筑是社会的史书',乡土建筑是乡土社会的史书库"。安顺屯堡建筑没有皖南民居的精致,没有晋中大院的豪华,也没有闽西土楼的壮观,但由于它们所处的特殊历史背景和地域自然环境,同时也熔铸了屯堡历史的荣耀和屯堡人的坚毅执着,因此更显示出沧桑古朴、凝重自然,形成了独特的有屯堡民居和屯堡村落体现的屯堡建筑景观,与其他地方的民居和村落迥异。

一、历史渊源

从文化蕴含上,不难看出屯堡建筑体现了与江南汉文化的密切关系,尤其是与天井民居的代表——徽州民居所体现的内敛、封闭、注重伦理、趋吉、与自然融为一体的建筑理念,有着惊人的相似。

由一座座屯堡院落组成的屯堡村落,俨然城堡,具有突出防御功能;同时又追求"枕山、环山、面屏"的半封闭的聚落地形结构,正是中国传统文化内向型气质的表现。

这样的生活环境、文化传统于屯堡人的封闭心理和社会结构有着深刻的影响:于个体而言,首先要固守传统,不忘根本;于群体而言,内部整合成至关紧密的居住结构,以抵御外来的冲击。

二、生存环境

1.自然生态

在安顺一带,碳酸盐岩石广布,由喀斯特丘陵和开阔的喀斯特盆地宽谷或槽谷组成的复合地貌类型——丘原比较显著。丘陵高于盆地或谷地大多低于200米。盆地、谷地平坦且基本连通,便于交通、联系。气候温和湿润,土地平整,耕地连片,历来是贵州主要粮油产区之一,也为区域社会、经济文化的发展提供了较为优越的自然环境基础。以安顺为中心的黔中一带,河槽坝子较多,土层深厚,耕地集中连片,气候温和湿润,有利农耕,为江南农耕经济、文化扎根贵州高原奠定基础,也是安顺屯堡文化景观形成的根本之一。

2.人文生态

安顺市主要的少数民族有布依、苗、回、仡佬,其人口占全市总人口的39%。下辖镇宁布依族苗族自治县、关岭布依族苗族自治县、紫云苗族布依族自治县和西秀区、平坝县、普定县。作为多民族聚居的地区,仡佬族、苗族、布依族、回族等少数民族在这片古老的土地上繁衍生息,形成了独特的文化习俗。由石瓦、石墙、石门窗构成的石头村落比比皆是,与高原风光融为一体,充满异域情调。民族头饰、服饰做工精细、色彩斑斓,蜡染、刺绣、挑花等传统工艺图案精美,工艺独特。民族节日丰富多彩,古风犹存。布依族的赛马、赶表,苗族的跳花、对歌等表现出特别的民族情趣。

三、表现形式

1.屯堡村落

"聚落模式是一个群体在所处自然景观与社会环境两者之间协调出来的居住形式,影响的因素包括天然障碍、水源、气候、生产技术、政治组织、亲属关系、战争、意识形态等复杂的互动关系。"❶

(1)村落规模。屯堡村落的规模一般较大,少则一两百户,多者可在七八百户,甚至上千户,最大的屯堡村落为九溪村,1991年全村有890户,3760人。历史上,九溪村人口最多时"户近两千,人口近八千之众",以致民间有"九溪是座城,只比安平少三人"之说。

(2)聚落形态。屯堡村落大多呈集聚形村落,呈团块状。少数为放射状,如云峰八寨之小山寨系围着一个小山头建造,因此呈现出由中间向四周放射。双堡镇

---

❶ 庄孔韶.人类学通论[M].太原:山西教育出版社,2001:144.

张官堡,亦为中间高四周低的地势,中间为寺庙,村寨也向四周放射;少数呈条带状,如普定县马官镇之玉官屯村,在山前地带呈现为条带状延展。

(3)村落选址。屯堡村落的选址,大多在内有水源、近溪河且靠山,有一定的坡度但又较缓的地带,"靠山不居山,临水不靠岸",明显受中国传统风水观"左青龙、右白虎、前朱雀、后玄武"的影响,以九溪村为例,村寨坐西朝东,坐落在三面依山、一面临水的半封闭环境,地形微向东倾,被九溪称之为"三老弈棋"之地。北为张(詹)家坡,西为猫林(茅栗)坡,南为王家坡,东临九溪河,这样的选址显然是深受传统汉文化风水观念"左青龙,右白虎,前朱雀,后玄武"的影响。

(4)村落布局。屯堡村寨通常内部结构一般有一条主街道,两侧衍生多级支巷道,由主街道或支巷道单进院落或成串联式院落,街道、巷道的总体格局多呈丁字叉或为放射状。街道一侧留有排水沟,且与每个院落内的排水沟连通,形成村落的排污系统。

屯堡村寨的布局,体现出整体规划、合理有秩的特点:村内街道主次分明,主街道较宽,次街道稍窄,巷道末端若只通往单家独户则逐渐变窄。街、巷一侧留有排水沟,深宅大院所排污水也与街巷排水沟连通,形成全村的污水排放系统。因此,九溪村内虽然住房密集、人口众多,日常生活还是比较方便。九溪村寨内部形成三个街(片)区,即大堡、小堡、后街,各自有一座寺庙,作为进行佛事活动的场所,互不掺杂。另一处是村东南的文峰石塔,现逐渐成了九溪的标识。

水口,在屯堡村落的布局中具有重要的地位。它通常位于村落附近水流的出处,也往往是一村的出入口,距离村落在二三数百米以内。一入水口,即进入村落的地界。水口一带除依托自然山川外,通常有人工建造的桥、坝、楼、塔及挖掘的池塘等。九溪村寨南九溪河中沙渚上建有文昌阁,旧时祭祀文昌,兼作教舍,锁水之用也较为明显。

碉楼,是屯堡村落标志性建筑,多为民国时期建造。通常有3~4层楼高。屋面有悬山式、庑殿式等形制。本寨村建造有七座,保留最多和最好。

(5)村落功能。通常,屯堡村落四周围以石墙,俨然城堡,进入村内须经城楼式门洞,有的村落内还建2~3层楼高碉堡(哨棚)式建筑,体现出明显的防御功能。如九溪村,旧时进入村内,须经过三个门楼:大堡门楼、小

九溪村内小堡门洞(李立洪 摄)

堡门楼、后街袁家门楼,呈"品"字形布局,村寨内部尚有宋家院、马家院两处门洞。

屯堡村寨的布局具备军事防御功能,有着特殊的历史背景。有明一代,在安顺一带设置卫所、屯田驻军的目的主要是弹压各少数民族,所以,作为外来汉族移民的屯堡人,与周边各少数民族之间自然存在一定的隔阂或对立情绪。如在明初曾发生周边少数民族数次攻打西堡长官司的事,明景泰年又有周边少数民族聚众抢劫屯堡村落,景泰元年(1450年)八月,贵州都指挥同知张锐等奏曰:"普定、兴隆等卫,去年被苗贼将各处屯堡仓廒种子、房屋、官牛、钱粮焚劫一空。乞除免屯种余粮。"❶迄至有清,类似事件亦史载不绝。可见,屯堡村落布局特点正是在当时错综复杂的民族关系背景下形成的。

(6)聚落景观。由于屯堡建筑用料俱为石料,即石头砌墙、石板盖房,远观为一片银白色,俨然一石头城堡。从整体规划、环境选择、内部布局上看,屯堡村寨在整体映象上体现了内敛、集聚特点,实际上产生了安全的效果。从整体特征看,屯堡村落均具有共同的特点:即深受传统汉文化的影响,并与所处的黔中喀斯特环境密切相连,这同江南一带的古村落有共通之处,但同时又具有黔中喀斯特地域的特色。

本寨村进村门洞(李立洪 摄)

2.屯堡民居

"民居又最具地方性,也更具有创造性,根据各地自然和人文环境的不同,有多种样式。民居还更具有自然质朴的性格,都是利用当地出产的材料,用最经济的方法,密切结合气候和地形、环境等自然因素建造的。人和自然在这里有最直接的亲密交往,建筑镶嵌在自然中,更多与自然的协调,更少与自然的对比。"❷屯堡民居,堪称典型的案例。

(1)民居结构。屯堡民居是典型石木结构,内部结构为穿斗式。外围石墙起围护作用,故有"墙倒房不塌"之说。屋面盖以石板,一般为经过加工成较规整的方形或为自然形状,顾称之为石板房。

屯堡民居为木石结构,四合院或三合院均已正房为主体。正房左右为山墙,后为后郎墙,前称"面郎"。左右山墙和后郎墙合成半包围,又称为"撮箕口",为房屋的外围框架。面郎一般由木板带花窗、大门组成。正房一般有三个房间和五个房

---

❶ 明实录.贵州资料辑录.
❷ 萧然.文化纪念碑的风采:建筑艺术的历史与审美[M].北京:中国人民大学出版社,1999:138.

间两种形式。屋内由两列柱子把房子分为三个房间,由四列柱子把房子分为五个房间称为长五间。中间称为"堂屋",两边称为"耳房"。无论三间或是五间都要上梁,梁就横架在两列柱子的中柱上,中柱俗称顶梁柱。长五间的梁架在中间两列柱子的中柱上,这类房子称为高架房。

（2）民居布局。屯堡民居通常为三合院或四合院院落,中轴对称,形制上要求进院大门(又称朝门)不能正对正房大门,或从左、右侧进入院落,"要得富,走一条弯弯路"。正屋一般为三间或五间,多者可达七间,中间为堂屋,堂屋正中设有神龛。天井一般较小,为方形或横长方形,但不可呈竖长方形,理想的天井为方形,谓之"一颗印"或"四水归堂",有聚财含义;或为横长方形,谓之"万马归槽";忌成竖长方形,似"棺材",不吉利。天井(院坝)上到房屋石阶为奇数,不能多到九级。正房略高于其他房屋,左厢房略高于右厢房,谓之"左青龙,右白虎,宁肯青龙高万丈,不可白虎抬头望",实际蕴含了左为尊、长;右为卑、幼之意。天井两侧厢房一般为两层,底层为猪舍、厕所及深掘为牛厩,上层住人或为仓储。动土、开工、上梁、乔迁的时间均需慎重选定即"看日子";住房使用安排也体现长幼、尊卑的秩序。

（3）民居装饰。屯堡民居的外观显得质朴,但内部却注重装饰,追求精美,获借汉字、物以寓意。在柱础、进院门楼窗户等重点部和醒目的构件雕以装饰,特别在垂花楼的额枋、垂花柱、月梁极为精致。进院为垂柱门罩,院内装饰从格扇门窗到大门之上的门簪饰以精致木雕,或刻以汉字词文,或摹画,或载以人物、历史、典故传说,山水画卷等。

九溪村屯堡建筑木雕（李立洪　摄）

四、传承保护

屯堡建筑(村落)列入的重要名录

时间(年)	村落	名录类别
2001	西秀区七眼桥镇云山屯古建筑群(含本寨)	第五批全国重点文物保护单位
2001	平坝天台山伍龙寺	第五批全国重点文物保护单位
2002	西秀区七眼桥镇屯堡文化村落群	大世界基尼斯之最
2005	西秀区七眼桥镇云山地五村	第二批中国历史文化名村
2008	西秀区大西桥镇鲍屯村	第五批中国历史文化名村
2012	西秀区大西桥镇吉昌(屯)村 西秀区大西桥镇石板房村 西秀区大西桥镇鲍屯村 西秀区七眼桥镇云山屯村	第一批中国传统村落
2012	西秀区大西桥镇鲍屯村水碾坊修复工程	联合国教科文组织亚太区文化遗产保护最高奖——卓越奖
2013	普定县马官镇下坝(屯)村	第二批中国传统村落

五、典型建筑

九溪村,位于安顺市东南隅,距市区20余千米,是安顺市最大的屯堡自然村寨。有着600多年历史的屯堡村寨,是寨子里的历史遗迹,体现着乡情民风。公元1381年,明太祖朱元璋为平定西南边疆,令傅友德为征南大将军,率30万大军征南,战事平定后,有朱、姚、胡等10姓军士相中九溪三面环山,一面临水,遂携属来到九溪,设屯立堡,戍边屯田。因九溪土肥地广,风景秀美,军士移民纷纷迁至,九溪村日渐繁荣。至清康乾年间,为九溪人丁鼎盛时期,户近两千,人口近万,为当时最大的屯堡村寨,现在的九溪村,户近千户,人逾四十,仍是安顺屯堡社区最大的屯堡自然村寨。全村由大堡、小堡、后街三大片区构成,斑驳的石墙,凝重的门楼,古朴的庙宇,雅致的民居,使人深

九溪村雪景(李立洪 摄)

深体会了整个村寨蕴涵的厚重文化韵味。九曲回肠,弯弯拐拐地漫步深巷、古街,混凝土砖房在记者视线里显得分外刺眼,村民修房子的场景随处可见,不少农户家还在外墙贴上白色瓷砖。记者随便来到一户院墙为石头结构的村民家,进入院坝记者发现,深深的院落里面立着一栋贴瓷砖的三层小洋楼,夹杂在小洋楼旁边的古老石房,与周围环境显得格格不入。九溪村无论民宅、公房,都是用石头盖的,素有石头城之称,目前九溪村近30%为现代小洋楼。加上年久失修,很多古建筑随之遭到破坏,九溪的"特色"正一天天被现代建筑湮没、同化。

鲍屯村(李立洪 摄)

鲍屯,原名永安屯,位于贵黄高速、滇黔公路与铁路沿线,西距安顺22千米。鲍屯古水利工程因其体科学、保存完整,至今惠泽子孙,专家称之为"黔中都江堰",备受世人关注。鲍屯村古水利工程是几百年来其村民生存繁衍的基础。历史上,整个工程利用河水的落差,通过鱼嘴分流、筑坝壅水、开渠引水等多种方式,体现出"一道坝,一沟水,一片田"的设计原则,构筑了完整的古水利体系,这不但为本村和邻村解决了农田的自流灌溉的问题,还为村民提供了生活用水和水能动力。

国家文物保护单位本寨村(李立洪 摄)

本寨,本寨村的水口处,除建有青龙寺外,另建有一水坝和亭子,其锁水(留财)的意蕴较为突出。

六、文化价值

就实际效果看,这样的选址有着诸多的合理性:首先,靠山不居山,临水不靠岸,这既可减少生活的不方便,同时又可避免夏季"易潮易落山溪水"的洪水威胁;同时,在喀斯特地区,山前溪边多有地下水出露,可提供生活用水,九溪村中的古井至今仍在使用;此外,喀斯特地区平整土地有限,山前斜坡地带建寨,既有利于村寨排水,又可少占良田好土,这显然是对喀斯特地区土地资源较为合理的利用。

2007年,屯堡石头建筑技艺被列为贵州省第二批省级非物质文化遗产代表作名录,由西秀区与平坝县分享。

布依族土布制作技艺

历史上,布依族地区盛产棉花,为布依族提供织布原料。布依族服饰所用布料,多为自制的土布,由于制作技艺、纹理独特,有"布依布"之称,布依族地区多有生产,尤以北盘江流域的镇宁布依族苗族自治县、关岭布依族苗族自治县等县地区尤为突出。

一、历史渊源

布依族纺织历史悠久,民间传说中古代布依族开始是采摘野棉花、木棉、葛藤麻来织布,后来学会种棉。布依族的纺织工艺源远流长,起源于母系氏族社会的采集劳动,人们在采集劳动中,剥取树皮纤维或野花,用陶、石纺轮捻成细线,织成布匹。在布依族古歌《造万物》唱道:

山上有种花,叶子圆又大,拿花慢慢捻,丝丝细又长。
结实不易断,好比蜘蛛网,大家快去采,大家快去拣。
拣来野花花,姑娘就捻线,线子捥成团,就把布来编。
这花有韧性,就把他叫棉,大家听了话,都说好办法。

大家听了话,都说好办法,一齐上山去,采摘野棉花。
姑娘捻成线,后生做木架,棉线牵成线,横竖岔着拉。
年轻姑娘们,坐在木架上,双手真灵巧,穿梭织布忙。
布匹白生生,犹如地铺雪,布匹平展展,好比芭蕉叶。
剪下白棉布,做成百褶裙,姑娘穿在身,如孔雀开屏。
后生穿在身,做成对襟衣,打猎勤上山,做活勤下地。
自从那以后,世上有布匹,不再披树叶,不再披树皮。

根据布依族古歌的叙述,布依族先民们在采集劳动中发现"山上有种花,叶子真张大,叶片圆又滑,真像大巴掌",把它摘下来,"拿花慢慢捻,丝丝细又长,结实不易断,好比蜘蛛网",于是"大家快去拣,拣来野花花,姑娘就来捻、线子挽成团,就把布来编"。布依族的古籍资料,反映了该族母系氏族时代的痕迹。

汉代,包括布依族先民在内的南方少数民族不仅会纺织,而且"知染采",《后汉书·南蛮传》载:"织绩木皮,染以草实,好五色衣服。"其明显地反映了当时纺织业的发展状况。布依族地区人民利用本地所产的葛麻、芋花等植物纤维编织,制作各种精美的葛布、斑布、竹布、苎布等;唐代含布依族在内的夷州、思州生产的蓝布、葛布和斑布,是当时向清王朝的主要贡品。宋代,布依族地区纺织业有了较大的发展,加速了"男耕女织"的社会分工。宋、元时期,已经成为朝廷贡品的布依土布被称"斑布",清乾隆《贵州通志》称为"铁笛布"。

元初,我国著名纺织家黄道婆从海南岛将新的纺织技术传入内地,促进了布依族地区棉纺织业的发展和繁荣。明代《贵州图经新志》载:"仲家(布依族)勤于耕织。"《续黔书》对此评价很高,"其纤美似蜀之黄润,其精致似吴之白越,其柔软似波戈之香荃,且续密似金齿之缥叠"。

明代之后,布依族地区引进外地种棉技术,棉花生产进一步得到发展,尤以清代为盛。棉花的大量种植,为纺织业的发展提供了原料。关于清初布依族地区种棉从事的手工劳动,《贵州古代史》云:"镇宁州的铁笛布和安平县(今平坝)的大布……特别是定番州(今惠水)的谷蔺布,纺织精细,用弥年不垢腻。贵州民彦:'欲作汗衫裤,须得谷蔺布'。"嘉庆年间张澍《续黔书》载:"水宁(今关岭)、镇宁二州出铁笛布,其纤美侣蜀之黄润。其精致以吴之白越,其柔软似波戈之香荃,其填密似金齿之缥叠。余不知其何以织也。"

民国《关岭志访册》说:"斗纹布,其纹正方形,方形大小约二分半;斜纹布,其纹为斜方形,斜方形面积等于斗纹布。均柔韧而可观。本县人多乐用之。花卧单亦多细密适用,所织者获利数百元。"安顺更是"纺织之声络绎于午夜",其生产的"五色扣布""顺布"闻名于世。

在布依族地区,布依族妇女都精通纺织技能,所以人们歌颂布依族姑娘道:

布依姑娘方二八,勤摇纺车勤纺纱。
心又灵来手又巧,会编布匹会绣花。

这些布依布,当时就与香港、百色、汉口、上海、重庆、昆明、罗平、师宗、陆西、富源等地进行贸易交往,与国外的印度、日本、英国、法国、波兰等国作贸易往来。

二、生存环境

布依族主要分布在南北盘江、红水河流域,红水河、南盘江为贵州与广西界河,北盘江则主要流经贵州。布依族视南北盘江为自己的"母亲河",大部分自古以来居住在南、北盘江两岸,因依山傍水擅长种植水稻,故有"水稻民族"之称。北盘江河谷地带海拔低、热量充足,属于贵州少有的南亚热带气候带,为干热河谷。历史上种植棉花的连片地区成为"花山"地区,主要指关岭、贞丰、紫云、望谟、册亨、镇宁等县北盘江沿岸一带,这一区域的气候特点是热量、水分充足,土壤肥沃,适宜棉花的生长。

据《安顺府志》对清代"厅二、州二、县三"(即郎岱厅、归化厅、镇宁州、永宁州、普定、安平、清镇三县)气候的记载:"岚气上蒸。肤寸之云,即能致雨,故有漏天之号。""安郡地热平衍,夏鲜酷暑,冬鲜严寒多细雨连日。""暑多寒少耳。其称炎地。"《布依族简史》云:"布依族地区大部分位于温带,土地肥沃,雨量充沛,气候温和,年平均温度为16℃左右,南部靠红水河一带,海拔低,属亚热带气候,冬季温暖,夏季炎热,年平均温度为19℃左右。"年降水量为1205.1~1656.8毫米。以上记载和科学数据,充分说明布依族地区完全具备了棉花生长的条件。

自古以来,布依族人民就喜欢种棉花、种麻,自纺、自织、自染、自裁、自缝衣服,在布依族古歌中就有《种棉歌》《纺线歌》《织布歌》等。在布依村寨中,每家每户都有纺车、织布机、染缸、染料。妇女常常把自己织出的布拿来进行比赛,技艺超群者,一般都是聪慧美丽之人,常常成为姑娘们的偶像。布依族女孩从小就要开始学习纺纱、织布、扎染技艺,聪慧的女孩十三四岁就能熟练地掌握这门技艺。

关于种麻、织布,在安顺镇宁、关岭、紫云、普定等地的布依族传有撒麻舞、织布舞。织布舞,布依语称"当唢",一般在农闲时作自娱活动,也在节日集会庆丰收时作节目表演。它是一种杠上舞蹈,表演者最少3人,舞时两男舞者相对站立,互握两根4尺5寸长的木棍,一女舞者站于双棍上做着种棉、纺纱、织布等动作,边舞边歌,形象逼真地模拟纺织的全过程。

三、表现形式

布依族土布从原材料种植,到织、染、绣等工艺流程,具有鲜明的乡土特征,大体上,主要技艺体现有以下几个方面。

(一)织布工序

布依族土布制作流程繁多,但大体上可分为以下四个工序。

1.棉花处理

棉花收割后先晾晒,待水分稍干后将棉絮从棉壳中取出,摊开晾晒,直至水分完全挥发。此时棉花松软,从中可选出质量优异者制作上好布匹,质量次下者一般单独分出做棉絮或其他坯布。棉花晒干后,利用专用的脱籽车,可很快将棉籽除去。棉籽除完后,许多棉花纤维尚纠结在一起,为制线带来不便,需要对其进行进一步的加工——弹棉。布依族所用的弹棉器与汉族的基本无异,类似于一张放大的弓。弹棉时,将棉花平铺在一个大平台上,由弹棉师傅将弹棉器木架一端扛在左肩上,使弦靠近棉絮,右手执木槌不断敲打 6 弦,利用弦的震动使棉花纤维彼此分离,同时也有一定的除尘作用。弹棉工序可使棉花变得洁白松散。棉花处理的最后一步,是将弹好的棉花抽拉制成棉条,即揪起一团棉絮不断用手搓,使棉絮源源不断结成条状抽出,同时整理错好的棉条。棉条大概有拇指与食指圈合起来大小,这样的处理是为下一步纺纱线做准备工作。

2.纺制纱线

布依族特有的纺线器,看起来类似于一个"陀螺",是由一个木制圆盘和一根竹棍构成,样式简单灵巧。圆盘直径约为 7 厘米,厚 2~3 厘米,中有小孔,一根光滑的竹棍从中穿过并与木盘紧密结合。竹棍一头有个铁钩,用来将扯出的棉线固定,另一头则比较光滑。纺线时,先从棉条中抽出一小股棉线固定在竹棍铁钩上,将后面部分缠绕在木盘上,将木棍光滑一头放在大腿上用手搓,带动圆盘转动。转动圆盘,棉线就被不断地绞紧从棉条中抽出,绕在木盘上。

3.精练上浆

制好的棉线还需精练上浆才能上机织布,目的是除去线上的油污和杂质污垢,使纱线更易上色。上浆使棉纱纤维黏合,增加光滑度。精练一般采用糯谷草灰溶液浸纱,加煮二三小时,取出清洗晒干后投入灰碱溶液,反复几次,这称为灰碱溶液加温除污法。通过精练后的棉纱洁白光润,易于染色。上浆时使用的浆料是"猫胶"(布依语称"蛮浆美"),属野生块根植物,冬春两季黏性较强。浆法是:先洗净"猫胶",然后煮熟、舂烂、揭茸、掺水、用纱布过滤,得到的滤液用来浆纱。第一次将棉纱放入"猫胶"水中浸煮二三小时,然后捞起晾干。第二次用温热的"猫胶水"浸一下,待全部湿透,捞起晒干即可。

4.编排织布

织布前,需对纱线进行编排。编排时两人合作,相距 10 米左右,一人在一边用"雨"字"锭排",将纬线套在堂中两柱或院坝的两根木桩上,进行编排;另一人将排好的纬线卷在织机的卷轴上,接着穿好箱蓙。一般经纱只有 1 根,纹样复杂的有 2 根乃至更多。接下来将经线放置在梭子上,有几根经线就有几把梭子。织布时一手将梭子穿过织口,两脚踩动踏板使纬线上下交错,再用摆子将线撞实。如此反复,编织出一匹匹结实耐穿的土坯布。

布依族的织机多为木质结构,由机台、马头、卷轴、箱、纬轴、梭六大部分组成。其特点是织口大,便于投梭,可加快织布速度,同时可多梭引线轮织。

(二)染布

布料织成后,可直接裁剪成各式服装和其他用品,有些则需要进一步染绘成花色品种多样、富有装饰性的图饰花布,所用的染料是本地生产的蓝靛。蓝草是一种蓼科植物,茎高二三尺,七月开花,八月收割。把蓝草叶放在坑里发酵便成为蓝靛。蓝靛可以到市集上购买,也可以自己制作蓝靛。

染布时,先将织好的布匹用清水洗一遍,将湿布投入盛有靛的染缸中浸泡。一周后,将布从缸中取出,用清水洗净残留的靛,晾晒后投入缸中继续浸染。此后每天都要清洗和再度浸染,如是重复半月之久。染得好的布匹颜色深蓝,在阳光下会反射出五彩晕光,带着靛草特有的味道,用同样的方法可染制彩纱。

布依族土布的床单花布,主要运用各种印染进行染绘,有靛染、蜡染、扎染、枫香染等。其主要流程如下:首先,在白布上绘图,主要图案有花草树木、飞禽走兽等,也有鸳鸯戏水、龙凤呈祥等;其次,用各种印染技法进行处理;最后,浸染、晾干、扳线、镶边,完成染绘。在布依族古歌《造万物》唱道:

山上有种草,名字叫蓝靛,草放水凼里,水变蓝茵茵。
采来蓝靛草,泡在水缸里,等水变蓝色,拿来染布匹。
姑娘们勤快,爬到山冲冲,采来蓝靛草,
用石臼来舂,用木棒来捣。
泡在水缸中,泡了九天夜,缸缸蓝靛水,用来染布匹,
布匹染透了,拿到河里清。
自从那以后,世间有蓝靛,姑娘织了布,就用蓝靛染,
布匹颜色多,做各种衣衫,做各种衣衫,做各种褶裙,
姑娘针线好,姑娘巧打扮,穿上新衣裙,像花开满山。

布依族手工织布工艺复杂,从种植棉花,收获棉花,压棉条,捻棉线,纺纱,染色,上线管子,排经线,穿经线,上织布机等工序需要半年多的时间。织造一匹三丈多的布还需要一个多月的时间,总共一年才能完成一匹布。正是因为这种复杂耗时的工艺和织布妇女的全情投入,才使得布依族的织艺有一种人性色彩带来的温软,任何工业产品无法取代和仿制。

(三)花纹色彩

布料织成后,有些可直接裁剪成各式服装和其他用品。有些则需要进一步染绘成各种花色品种、富有装饰性的图饰花布。

布依族土布的花纹有斗纹、斜纹、虾纹、米粒纹、梅花纹、格花纹、旋涡纹、同心圆纹、锯齿纹、三角纹、菱形纹、太阳纹、水波纹、云雷纹、蝴蝶纹、花枝纹、八角纹、铜鼓纹、方块纹、条纹、辣子花纹、花椒纹、鱼刺纹、石榴纹等图案,多达200多种。

服饰色彩多为青蓝色底上配以多色花纹,有红、黄、蓝、白色等,既庄重大方,又

新颖别致,反映了布依族纯朴善良、温和热情的性格。

(四)蜡染技术

布依族土布的花布制作还有使用蜡染技术的方式,其成品用于服装制作。

(1)制作器具和设施。轧花机、脱子车、弹棉器、赶棉秆、纺车、挽线器、布线器、布线支架、分线器、小竹筒、织布机、大活轮、小活轮、梭子、竹块等。

(2)印染器具、设施及原料。原料有靛蓝、枫香根和叶、鲜牛屎、石灰、土碱、白酒等;器具有木桶、煮缸、染缸、搅棍等。

(3)土布制品、扎染制品。白土布、青蓝土布、大小花格土布、笆折布、反纱布等。主要缝制衣、裤、围腰、长帕、垫单、棉被、背带,各种花纹的扎染垫单等。

布依族土布的制成品类型多样:有织成的花布,有织、染、绣一体的各色花布,它们的用途也有多样的区别,如有各种年龄段的区分,老年人、青年人、小孩的用布着色皆有不同。不同物品的区分,如服装和床上用品布不同。有社会功能的区分,如婚嫁用小花格布、丧葬用大花格布等。

四、传承发展

布依族土布制作的全流程,从原材料种植到最后成品,都是由布依族妇女实施。布依族女性从小就参与到这个流程之中,成为传承主体,终其一生。布依族土布制作的多样性更多体现在女性服饰和女性用品的范围,因此,布依族土布制作所显现出来的文化风格具有鲜明的女性化特征。

布依族土布做工精致,风格典雅,其有鲜明的布依族艺术风格,与其他地区其他民族的相似品有很大的差异性,因此人们往往购置以为馈赠佳品。

安顺镇宁布依族苗族自治县六马一带生产的"布依布",在20世纪80年代,曾远渡重洋,销往日本、美国、加拿大及东南亚等10多个国家,获得较好的声誉。

五、文化价值

在布依族地区,布依族的婚俗、丧葬习俗和礼俗的延续,与棉花和棉布的生产具有紧密的关系。

婚俗。布依族举行婚礼,对姑娘的陪嫁物品中有多种,都需要棉布与棉花(如表1)。

表1 布依族婚礼女方陪嫁品用棉布、棉花统计表

名称	数量	用布情况	备注
蚊帐	2笼	(帐底6幅+帐身30幅)×2=72幅	客房1笼
床单	8床	6幅×8=48幅	

续表

名称	数量	用布情况	备注
被子	5床	(被面4幅+被套8幅)×5=60幅	娘家3床(客房1床)+舅家2床
		棉絮6~8斤,按6斤计算,共用棉36斤	
新郎衣	2套	上装3.5幅+下装2幅+套头2幅=15幅	
枕头	3套	(洞房2套+客房1套)×2幅=6幅	
合计		用布折棉125.6斤+棉絮36斤=161.6斤	

注:吕燕平根据马启忠先生资料统计。

布依族男女青年在谈情说爱阶段,也用布依布作为互相馈赠的"信物"。姑娘们长到七八岁就学会纺花,十几岁学会织布,制作蜡染布。到十七八岁,每个布依族姑娘即积累几匹,甚至几十匹布依布和蜡染布。每逢节假日、场期或酒期,男女青年们自然邀约于村前、街道两旁,互相观察,物色意中人,如果哪位小伙子看中哪位姑娘,便请本寨中或家族中的姐妹作"银雀"(媒介),带着自家姐妹制作的蜡染、扎染布或布依布手巾,"飞"到女方身旁,唱道:

我替兄弟传情意,这块蓝靛送给你。
望这蓝靛染出色,盼这蓝靛放光彩。

并指姑娘认这小伙子,若姑娘心中有意,便送给小伙子一匹布依布给"银雀"带回。即回唱:

我织这布表表心,经线纬线都配均。
哥是经线朝前走,妹是纬线随后跟。

两人即邀约到向阳不背阴处对唱情歌,互表钟情。如果姑娘不中意,不接男方礼物,也不赠送布依布。布依族的"信物"馈赠也需用不少棉花来制作。另外,布依族每遇婚礼和建造华堂喜事,姑舅、姨表家都得互相"挂红",即用4匹布依布,用大红纸写上贺词,标上贺者姓名,祝贺亲友大红运气,洪福齐天。这一礼俗也需要一定棉布。

丧葬习俗,也需用大量的棉布。在"古谢王"(布依族丧葬仪式)中,亡人整个家族的子、婿、孙、重孙等都得穿白棉布长袍孝服,一般都是60~100套,多者还要上百套。按每套长袍5幅,套头2幅共7幅,折中按60套计算,孝子贤孙用布达420幅。加上布摩8套,共用布476幅。还有在"赶鬼场"时,亡人家族的女儿、孙女、重孙女等,都得戴孝帕。穿孝裙,着盛装,打花边伞吊花包出场。每人用布至少都是18.5幅,按40人计算,用布740幅,整个丧葬用布至少1216幅,折棉达760斤。

布依族习俗礼仪消费的大量棉布,促进了棉花生产的发展。历史上,布依族地区棉花的大量生产提供布依族习俗礼仪消费的需要,布依族的习俗礼仪又为花山棉花的生产提供消费市场。

六、传承保护

民国时期,布依族地区的棉纺织业仍在发展,初具工场手工业规模的棉纺织号增加,紫云有韦起贵号、韦兴光号、韦华清号、杨顺吉号、杨云臣号,兴仁朱开榜号;关岭有韦春光号。具有资本主义工业性质的棉纺织厂也在增加,生产人员、机械纺织机、纺纱量、织布量均有增加。根据1942—1944年的统计,贵州布依族地区棉纺织业的发展概况如表2所示。

表2 1942—1944年贵州布依族地区棉纺织业的发展概况

县名	厂数	纺织户数	纺织机(架)	纺纱量(斤)	织布量(匹)
惠水			17500	70000	80000
贵定		351	1107	48000	48000
龙里					10000
镇宁		500	1900	105000	60000
紫云		36	623	19702	9410
独山					25000
罗甸		3000	28	50000	20000
都匀		600	1600	5000	20000
荔波		9100	49120	19500	120000
平越			3550	48000	22500
施秉	1	1000	1093	40000	40000
兴义					480000
兴仁			2000		260000
安龙					11400
望谟					25000
关岭		120	580	15000	7000
贞丰					31400
晴隆			764		5450

续表

县名	厂数	纺织户数	纺织机（架）	纺纱量（斤）	织布量（匹）
普安		240		3000	6000
册亨		7000	26000	15000	7500

1949年后，布依族地区的棉纺织业继续向前发展，建设了许多纺织和色织厂家。机械化和工业化的程度大有提高。在安顺一带建设起来的棉纺织厂有"镇宁自治县民族工艺织锦厂""安顺布依地毯厂""关岭布依地毯厂"等，说明随着社会的发展进步，布依族地区棉纺织业也有大大的发展，有的产品已经打入国际市场，受消费者欢迎。如日本专用布依族蓝白相间的"柳条布、壁笆布"制作和服，显得庄重大方，深受日本消费者喜爱而畅销该国；"鱼刺布"是法国人专用制作外套、衬衫、牛仔裤，有爽身贴切之感，成了抢手货；"花椒布""桂花布""水纹布"等，是东南亚地区华侨最赏识的故乡布。可见，布依族纺织业的优势如同其他名优产品一样，已在国际市场显露头角。

根据马启忠先生对镇宁、关岭、紫云、贞丰、望谟、册亨、安龙、兴义等县市布依族地区的考察，当地布依族妇女们为适应市场经济的需要，将红、黄、蓝、白、青五色线，加上五色毛线或丝线进行巧妙的配制，采用布依族制织斗纹、斜纹、鱼刺纹、桂花纹、花椒纹、格花纹、辣花纹等传统工艺，依照美、英、法等国织渣的方块呢、条格呢、大花呢、小花呢等形式，织造出多种纹样配置其间的三色、四色、五色大条布、小条布和二种纹、三种纹、四种纹、五种纹样所组成的大花格布、小花格布，还有条格兼配，纹嵌其间的绚丽多姿的布依布50多种。

据调查，关岭、镇宁、贞丰3县的布依布就有20种之多。按照现代消费者的需要，制作西装、夹克、短上衣、短外套、马夹等服装，进入国内外市场销售，深受消费者青睐。特别是为适应现代旅游业的需要，加配五色毛线或丝线，织出多种图案的布依族织锦，参与布依布制作坐垫、长短沙发罩、电话机罩、门帘、窗帘、大小提包、旅游包，编织有黄果树瀑布、龙宫、西双版纳、张家界等许多旅游胜地图案的布依族织锦包、双环包、子母包、大中小壁挂等旅游产品进入旅游胜地销售，深受国内外旅游者欢迎。就镇宁、关岭、紫云3个自治县和贞丰县来说，凡从事布依布家庭纺织和用布依布加工旅游产品销售的布依族人家，年纯收入都不低于2万~4万元，成了布依族的一条致富路，纺织业已成为布依族生产生活的主要源泉。

2007年，关岭县申报的布依族土布制作技艺，列入贵州省第二批省级非物质文化遗产代表作名录。

苗族蜡染(平坝县)

平坝县苗族蜡染在当地又称苗族重彩蜡染。蜡染在贵州世代相传,具有深远的历史性、广泛的人民性和强大的生命力,它是贵州苗族、布依族、水族、瑶族等民族民间文化的重要组成部分,也是他们代代传承的智慧结晶。一般传统的蜡染为蓝白二色,而多色的苗族重彩蜡染工艺,主要流传于平坝县城安平社区高铺子苗寨,该寨居住有操苗语西部方言、普定土语和中部黔东方言的两个苗族支系。

一、历史渊源

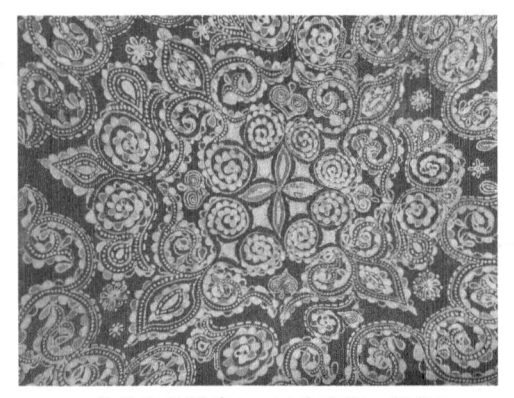

苗族彩色蜡染(一)(朱启贵 提供)

1987年夏天,贵州省考古队对平坝县齐伯乡桃花村苗族棺材洞洞葬原址进行考古发掘。在这里出土了最为珍贵的一条彩色蜡染百褶裙,经中国科学院地球化学研究所进行C14同位素检测,结论认为该裙最迟为11世纪(北宋)之物。该裙虽经历近千年时光的销蚀,布料已朽损脆弱,但是彩色的图案花纹却艳丽如新。这是至今发现存世最早的第一件彩色蜡染实物,在推演苗族蜡染史上具有重大的意义。由该件蜡染实物的制作工艺水平,可以想象早在那时苗族蜡染工艺就发展到了很高的地步,现作为国家级文物,收藏于贵州省博物馆。

相传早在战国楚怀王时代,从黄河流域迁徙到长江流域的蚩尤后裔的一支苗族先民,参加了"庄蹻暴楚"的农民大起义(即《商君书·弱民》中所说的"庄蹻发于内,楚分为五",导致楚国没落的大起义)。因

苗族彩色蜡染(二)(朱启贵 提供)

参加"暴楚"受到迫害,这支苗族先民的一部在公元279年左右,随楚将庄豪经夜郎攻滇(今云南滇池附近),庄豪入滇称王,号庄王。而一部分苗族先民在进军途中,因地处夜郎腹地的平坝土地平旷、物产丰富、山川秀美而定居在这里。为了不挤占早先定居在坝区的另一支苗族先民的地盘,这支苗族先民辟地定居在平坝县北部的斯拉河沿岸。据平坝县志记载,斯拉河畔高耸入云的峭壁上的悬棺,传达了他们当年定居的一些信息。正是这支苗族先民带来了重彩蜡染技术。

二、生存环境

平坝县,以"地多平旷"得名,地处云贵高原斜坡中部,苗岭山脉北侧,县内气候属北亚热带季风湿润气候。年均气温13.3℃,1月平均气温6.0℃,极端最低温度-7.4℃。7月平均气温23.5℃,极端最高气温31.8℃。降水充沛,全年无沙尘天气,无台风影响,紫外线辐射强度较低,气候温和。

平坝县境内大部分地区为峰林谷地和丘陵地貌地势平坦,最高海拔1645.6米,最低海拔963米,平均海拔为1250米。县境北部为河谷地貌,地势起伏较大,齐伯苗族乡位于该地区。

三、基本内容

苗族重彩蜡染工艺制作用具主要有陶瓷碗、木炭、糠壳、天然蜂蜡、铜制蜡刀、火炉、剪刀、尺子等。原料:杨梅汁、黄栀子、板蓝根等数十种天然植物和重彩复合染料,一般用真丝绸、绢等来制作作品。现在流传的作品有乔奇、东风纱、双绉、乔绒、烂花绒等15个系列,一百多个花色品种。

苗族制作彩色蜡染(朱启贵 提供)

苗族重彩蜡染工艺是在传统蜡染工艺的基础上传承创新,与传统蜡染工艺的画蜡前的处理、点蜡、去蜡、彩染等一脉相承,又在重彩着色工艺上创新突破,其关键工艺在于植物配色制色、重彩着色。五道重彩着色工艺用环保的植物染料以特殊固色方法进行加工制作完成,使作品达到了耐磨、耐洗、柔软且不脱色的效果。

四、文化价值

苗族蜡染寄托了苗族人民对美好事物和幸福生活的向往与追求,是其他民族了解苗族的重要途径之一,同时也是苗族各支系之间、苗族和其他民族感情联系和文化交流的重要媒介。

与传统苗族蜡染工艺相比,重彩蜡染工艺既继承了传统工艺,又解决了真丝无法固色的难题;与其他民族的蜡染工艺相比,重彩蜡染工艺既有重彩着色的突破,又创新了真丝着色工艺。

苗族重彩蜡染工艺利用的是天然染料着色,其色彩丰富、质地柔软、永不褪色,各种花纹和图案记载和蕴含着苗族对历史、自然、人生和宇宙的解读,这与普通的苗族蜡染工艺有着极大的差别,是一门失传多年又重现人间并加以创新的传统民间手工艺术。

五、传承保护

真丝彩色蜡染旅游商品(朱启贵 提供)

目前,平坝县苗族重彩蜡染工艺仅流传在县城东南一带,这里能系统完整地掌握重彩蜡染工艺的,只有安平街道办事处高铺子苗寨平坝东方民族蜡染厂的法人代表杨正华。

苗族重彩蜡染工艺传承面临极大的困难,主要体现在:一是掌握此项工艺的人数极少,现在已出现明显断层;二是工艺环节多、要求高、难度大。三是缺乏投入,生产工具原始,生产场地狭小,难以形成批量生产。

2014年12月,平坝县苗族蜡染工艺同纳雍县、织金县的苗族蜡染作为第一、二、三批省级扩展项目,进入第四批贵州省省级非物质文化遗产代表性项目名录。

卷八 民俗

国家级非物质文化遗产

苗族服饰

苗族服饰,凝聚着苗族人民勤劳智慧的结晶,是苗族文化的重要组成部分,它真实地记载着苗族的历史,反映着其经济、文化与艺术水平,以及苗族人民的生产生活、民族性格和审美情趣,具有独特的民族性和丰富的文化价值、民俗价值、美学价值与实用价值。苗族服饰可按三个方言区分为三大类型服饰,即湘西方言服饰、黔东方言服饰、川黔滇方言服饰。

安顺近郊的苗族服饰(吴彪 摄)

一、历史渊源

安顺苗族历史悠久,文化底蕴浓厚。相传大约在春秋战国时期,苗族就已居住在安顺了。据专家考证,其族源可追溯到黄帝时期的"九黎",尧舜禹时期的"三苗"。

苗族自古"好五色衣裳"。三苗时就有"髦首"之俗,用染麻或假发与头发相掺在一起,盘髻于头顶,就是后来所说的"桩髻"。唐代,黔中男装为左衽衣,椎髻、赤足;女穿"洞其中而贯其首"的衣裙,称"通裙"。之后,随社会经济发展,服装发生变化。宋时,"男未娶者,以金羽插髻,女未嫁者,以海螺为数珠挂颈上"。元、明以后,诸如《贵州通志》《安顺府志》《续修安顺服饰》《安顺地区民族志》等各类地方志和著述对苗族记述详细,把苗族服饰的色彩和差异分为若干种。

安顺境内苗族分布广泛,因其支系较多,语言差异较大,故其服饰亦是种类繁多,异彩纷呈。苗族女装有30多种样式,共性是上装短而宽大,下着裙子,有盛装和便装之分,服饰均有刺绣或蜡染镶边,服饰颜色或蓝,或白,或青,或红等。

二、现状

安顺市经济技术开发区操川黔滇方言的苗族所着服饰是安顺苗族服饰的典型代表,主要分布在安顺市经济技术开发区西航办事处、宋旗、幺铺;西秀区东关办事处、华西办事处、轿子山镇、蔡官镇、旧州镇、双堡镇、七眼桥镇、大西桥镇、龙宫镇、新场乡、鸡场乡、东屯乡;镇宁自治县城关镇、丁旗镇;普定县城关镇、马官镇、白岩镇。

该地区苗族服饰主要为川黔滇型"安普式",有便装与盛装之分,但其设计款式是一样的,即上衣下裙,穿长裤,系围腰、腰带。上衣形制为"蝙蝠式"短衣,交领对襟,前长后短,腋下开衩,色彩以红、青、蓝色为主。下裙为青色或黑色长裙、长裤。腰系白布长围腰。服装上衣、围腰上纹样多为蝴蝶、龙、报喜鸟、稻穗,以及各种花草等。刺绣以平绣和绒绣为主,多饰于上衣的前胸、后背、前臂和后摆及围腰边缘。盛装只是在制作工序、用料和用途上有讲究。盛装主要以红为主,其布料丝绸软缎,用红、紫、绿、白等色丝线刺绣而成,图案主要是蝴蝶、龙为主。盛

紫云县水塘镇的苗族服饰(一)
(吴彪 摄)

装的用途比较神圣、华丽,久负盛名,一生只穿两次:一次为出嫁,一次为入葬。现在的盛装已经从神秘中解脱出来了,可用电脑、缝纫机等制作,进入市场,用于节日、文艺表演等。

苗族男装,头上包步帕或戴帽,身着布制长服或蜡染服,长至小腿部,两襟无扣,斜相交,一丈二尺长麻腰带固定。

苗族服饰的传承方式主要是家族传承和师徒传承,以大众和工匠持有为主。随价值观念的变化,家族传承和师徒传承方式逐渐从"传内不传外,传男不传女"的内部教授,发展到今天的"人人可学,人人可传"的资源共享。

三、表现形式

(一)服饰式样

1.头饰部分

头饰部分大致分为木梳、帕帽两个类型。

木梳类型比较典型的有6种。

(1)月梳形。用八寸长红色中间有齿月牙形的木梳别发髻于头顶,绾麻发、青色毛线、银链数圈(外用1~2圈红毛线为饰),外坠银珠,木梳两端露于发外,脑后插花鸟图案或几何图案银簪,坠5根银链及银铃耳坠小型几何图案菱形银饰,戴银项圈7~9个、银锁一把。梳佩这种头饰的苗族,主要分布在安顺市西秀区城郊及其部分乡镇及普定县的小竹林和镇宁自治县的旧堡一带。

(2)右梳型。发往右梳,用四寸长的红色、青色相间有齿的小弧形木梳别于右耳上侧的发髻上,耳饰圆形或菱形银坠,戴银项圈2~3个,银锁一把。梳佩这种头饰的苗族多数分布在普定县,部分分布在镇宁自治县上坝和关岭自治县、西秀区、平坝县的一些村寨。

(3)顶梳形。姑娘时绾髻于脑后,发往右梳。用4寸长的小弧形红色木梳别于额前顶端,叫"收头"。梳佩这种头饰的苗族居住于镇宁自治县梁子上一带。

(4)大梳形。用一块长2尺5寸、两头尖弧2寸,中宽3分,开十多齿的木梳置于头顶,以发固定,然后用假发和毛线杂以头发反复缠绕木梳。让木梳的两个尖角露于头的左右,形牛角状。戴银项圈。梳佩这种头饰的苗族分布于平坝县境内及镇宁自治县空洞河一带。

(5)截梳形。将一把长8寸的月牙形的木梳截成两半,用线绑在两块长1尺5寸、宽1寸的竹片两头。一端绾髻于头顶;另一端平伸于左右,左长右短,超肩宽。将长发分为3绺,分别悬于外端梳齿上,从右梳角绕发下坠齐肩,吊发蓬松。梳佩这种头饰的苗族妇女分布于西秀区、紫云自治县及镇宁自治县三县(区)交界的江龙、岩腊一带。

(6)紫梳形。头发绾于紫木梳后往下散披,发髻上系花布带,别7支细银簪,分大小两头,大头坠响铃或小银钟,上插一支高5寸的银花树,分3层:第一层分小孔架十字,插4枝彩石桃花枝,花

西秀区岩腊乡的苗族服饰(一)
(吴彪 摄)

枝上饰以4只银蝴蝶，能转动；第二层的中心为圆形银质空球，上插4枝花枝，各饰一银蝶；第三层只插一花枝，饰一银质喜鹊或凤凰，能转动。中间有一笔直空管插发髻，下端露出2寸，颈戴银环及项圈。这种头饰分布于平坝县的凯洒、新寨、林卡等地。

帕帽类型比较典型的有10种。

（1）花青帕形。头包绣花青布帕，脑后像撮箕口，耳朵后上部留出3寸左右帕角往上翘，额上包一块不外露的汗帕，戴钩形耳环，生孩子后头饰改变分布于紫云自治县的四大寨一带。

（2）周公帕形。少女用一块青帕从头顶蒙到前额，在帕的上方打髻、称"周公帽"，额前缀缨须，用刺猬杆做成米花形缀以响铃，戴银项圈6~12个。有的用一根竹棍前面画成扇状，后面用七八寸长的布料前后配套，再用一块四方形的青紫色花巾从脑后拖到肩膀，旧时称"尖尖帕"。盛装时，胸前加2寸宽的色布条。婚后剃发，头顶留少量头发束髻插簪，戴高而尖的帽子，内撑圆锥形竹箩，外蒙青布，后拖长而插银饰，帽前系有3串"瓷球"（玻璃或瓷质，黑白色），上下并列于额首。老年妇女不戴帽，只用一块青布蒙头。分布于平坝县、西秀区、紫云自治县等地。

紫云县水塘镇的苗族服饰（二）
（吴彪 摄）

（3）绣花青帕形。绣花青帕形有两种：一为帕长1丈2尺，宽5寸，外层绣有各种花纹图案，分布于镇宁偏坡一带；一为帕长4尺，宽2尺，外层佩一块2尺长绣花纹图案的花帕。分布于镇宁自治县锁头坝一带。

（4）巾帕形。全身青色，一尖戴青布斤3块。一块呈只角形垂于脑上缀百余颗鳞片式的银泡，一块缀丝线缨须围头一圈吊于前头上用银链绾扎，再插一块银扁，两根银簪，耳坠为大而圆的或瓜米形的银耳环，颈挂3~7道的银项圈。主要分布在紫云自治县喜妹村和镇宁自治县、平坝县、关岭自治县部分村寨。

（5）纯青帕形。头戴青色帕，将发辫包于帕内，戴银项圈。主要分布在紫云自治县纳容一带。

安顺开发区的苗族服饰（一）
（吴彪 摄）

(6)银泡青帕形。用一块长3尺5寸的青帕围头一圈,前面包成圆形,钉上银花泡150个,用银链绾发,再插杆、银簪。主要分布在镇宁自治县马厂一带。

(7)银伞花帕形。将形如伞的"银伞"放于头顶,用5尺长的花帕围头一圈,再用一根长8寸的牛角簪固定。主要分布在镇宁自治县大寨一带。

(8)锅圈大帕形。头戴锅圈形青布,颈戴银项圈。主要分布在于紫云自治县羊场、新民及平坝县境内。

(9)青蓝帕形。挽髻于后脑顶,戴木梳,不外露,头帕外沿坠数串银珠子,耳戴银环。主要分布于镇宁自治县一带。

(10)蜂角青帕形。包青布帕,形同蜂角,剃发脚,脑后披青布一块,系3条飘带,额上装饰的青帕自上而下排列,绣3朵小花,颈戴银环、项圈;姑娘蓄长发或辫发辫垂于脑后,妇女挽髻于顶,用一支小银筷或木棍穿一拳头大的银碗插在髻上,再用数尺青布折叠成菱角布条缠于头上。主要分布在紫云自治县青海、紫松、白云等乡和镇宁自治县杨柳一带。

安顺开发区的苗族女孩服饰
（吴彪　摄）

2.服饰部分

安顺苗族服饰大致分为和服、旗帜服和妇母装3个类型。

(1)和服式。此服式无领、无扣,或无襟、无扣,或有领无衽,或无领有扣,或两襟交叉无领无扣。在襟边、袖口和背部都如衣各种花纹图案,或镶以蜡染布条。如市郊南马、大山脚苗族服饰,两腋肥大,衣有盛装、便装之别,盛装以红缎或红布裁定,领、袖多为蜡染图案,前胸及背面挑有写实和写意花鸟鱼虫图案,鲜时华丽,是结婚等隆重场所礼服。便衣多为蓝布裁定,以蜡染图案为主。穿这种和服的有普定县、镇宁自治县、紫云自治县、西秀区等地的部分苗族村寨。

(2)旗帜服。该服无领无扣,前后封口,颈处留1尺5寸左右的空口,用长宽各3寸的白布折成双层在空口边沿边裹一圈,形若旗杆模样,用1尺5寸长的青布做旗角前襟长1尺5寸,后襟长3尺5寸,衣袖顺肩上接块布过腋下再做上袖口。该服无

西秀区岩腊乡的苗族服饰(二)
（吴彪　摄）

对襟,前后封闭,穿时由头上往下套,胸前及背后各有一块像旗角样,故称旗帜服。穿这种服饰的有镇宁自治县旧场坝一带的苗族妇女,以及平坝县马场镇林卡操平凯土语的部分苗族妇女。

(3)妇母装。苗族的妇母装款式与当地汉族服装大同小异,所不同的是在衣襟袖口及背部绣有各种花纹图案。穿这服装的有镇宁自治县的大寨、偏坡、锁头坝、紫云县的白云杨柳等地的苗族妇女。

3.裙饰部分

苗族裙式有长裙、短裙之分,有花裙、素裙、青裙、白裙之别,有围裙、裤裙、百褶裙之形。长的长到小腿、脚跟,短的短至膝或膝盖以上。裙面有的绣花,有的挑花,有的镶花,有的蜡染,有的素净无花。裙里有的配衬裙,有的无衬裙。裙外有的配围腰一块,有的则前后各一块。裙间有的系麻织花腰带,有的系多色飘带。其款式多样,大致可分为3个类型。

(1)百褶裙。百褶裙有长短之分,穿着范围比较广。穿长百褶裙的有镇宁自治县的马厂、旧场坝、上坝的苗族妇女;安顺的凤凰山、长树、石头、上板、下板、新花等地的苗族妇女;紫云自治县的座马河、克卜、羊场、新民、猫营、黄土一带的苗族妇女;平坝自治县的部分苗族妇女;关岭自治县的操西部方言川黔滇次方言的苗族妇女;普定县的补郎、硝洞、贡打等地的苗族妇女。穿短百褶裙的有紫云自治县的紫松、青海一带的苗族妇女;有镇宁的锁头坝、梁子上、空洞河等地的苗族妇女;有安顺的汪家山、胶泥坝、上下寨及旧州、双堡一带的苗族妇女;关岭县的尾纳村一带的苗族妇女;平坝县的下坝、包包上的苗族妇女。

紫云县水塘镇的苗族服饰(三)
(吴彪 摄)

安顺开发区的苗族服饰(三)
(吴彪 摄)

(2)围裙。围裙为多幅双层布横拼而成的,外有裙围,多为自织麻布裁定,正中素净,四围镶有蜡染、刺绣花鸟鱼虫图案。穿此裙的有镇宁自治县的革利、旧堡的苗族妇女;西秀区的沙子坝、罗家园、南马店、黑石头、紫家苑、大山脚、孙家庄、高寨、青山、大板坡、本寨、各升、平桥河、宁谷、蔡官及旧州、双堡、鸡场、新场等地的苗族妇女;普定县的滥坝、三块田、潘家庄、讲义寨、小竹林等地的苗族妇女。

(3)裤裙。由筒裙演变而来。有镇宁自治县的大寨、偏坡的苗族妇女,紫云自治县的纳容、松山和操麻山次方言紫宗土语部分苗族妇女。

(二)银饰部分

苗族普遍喜戴银饰,男女皆然,以青年妇女为最。明代,郭子章在《黔记》中对黔中苗族曾这样记载:"以银环、银圈饰耳。"至清代,苗族人民佩戴银饰普遍及数量之多为其他民族所罕见。

安顺苗族的银饰主要有银项圈、银链子、银背牌、银手镯、银铃铛、银发簪、银锁、银花、银耳环、银戒指等。安顺苗族妇女均戴银饰,头戴银链、银簪,项饰银圈,身着银衣,手佩银镯,以多为美,以重为富。在苗族银饰中,处处洋溢着写实艺术。如银插花、银牛角、银帽、银梳、银簪、项圈、耳环、披肩、压领、腰链、衣泡、银铃、银手镯等,均有马、牛、羊、鸡、鸭、蛇、蝴蝶、燕、鸟、鱼、虾和鲜花等实物图案,是典型的写实艺术手法。苗族银饰既是生活的真实记载,又是高于生活的艺术精华。在长期的生产生活中,苗族人民把能反映自己民族意识的大自然物象在头脑进行综合加工,创造出幻想艺术的杰作。龙与凤图案是其中的代表。

安顺开发区的苗族服饰图案(一)(吴彪 摄) 　安顺开发区的苗族服饰图案(二)(吴彪 摄)

安顺开发区的苗族服饰图案(三)(吴彪 摄) 　安顺开发区的苗族服饰图案(四)(吴彪 摄)

紫云县水塘镇的苗族服饰图案
（吴彪 摄）

紫云县水塘镇的苗族服饰男装
（吴彪 摄）

西秀区岩腊乡的苗族服饰（吴彪 摄）

苗族服饰是活着的艺术瑰宝，以其绵延不断的艺术魅力、特有的地域文化形态生存和发展，蕴涵大量的人类社会发展进程的历史信息。其造型艺术形象主要来源于对自然形象的模仿、象征与自然形体结合、历史形象与臆造、工艺技术的造型。

苗装图案每一部位和配件都是苗族妇女的精工细作。方寸之间，储存了延续千年的古老记忆和苗族妇女对生活美好的追求。苗族的服饰纹样主要用在衣裳、配饰、银饰及背儿带、被面及床上用品等方面。所使用的装饰图案种类丰富、绮丽多变。这些饰纹图案一般主要是绣在上衣的肩、领、襟、背、袖等部位，配件如腰带、飘带、围腰、围胸兜、头巾、帽子、围裙、鞋和各种银饰，以及衣裳之外的背儿带等。

苗族服装图案纹样类型，大致可分3类：几何纹、动物纹、植物纹。

苗族服饰中大量的几何纹饰主要有十字纹、锯齿纹、水波纹、云雷纹、回纹、井字纹，以及几何化的自然物像太阳纹、铜鼓纹、星纹、卷草纹、八角花纹等。

动物纹样是苗族服饰中使用较多的图案纹饰。心灵手巧的苗族妇女使各类型动物纹饰夸张变形，显现出独有的韵味和魅力。这些动物造型主要有龙、鱼、蝴蝶等动物及无名走兽纹饰。所有动物形象都是超现实的造型，除了一般常见的变形、夸张、简化、程式化等变体方式外，还普遍有这几种特殊的变体形式：动物与植物合体，似蝴蝶似花、似鱼似花；变体动物纹似青铜纹饰兽面纹。

苗族服饰中的植物纹饰主要有菊、石榴、葫芦、鸡冠花、蕨菜、折枝等。这些纹饰主要用于服饰的领沿、袖口等边沿有时则以植物纹与动物纹交叉绣制。动植物纹饰表现技法基本上概括了所有能掌握之织、染、绣、贴、补等工艺。由于不同的地区掌握工艺情况的不同,纹饰的造型也呈现出不同的个性和地域性特色,从而也就构成了安顺苗族服饰地域性风格和类型繁复的现象。

苗族男装,古代崇尚包头系腰。"改土归流"后,用丈余长的青布帕缠绕头部,前后包成人字形或锅圈形。普定男子包头时,在额头上顶端露出发髻,谓之"鬃髻",身着无领无扣两襟交叉的长服,系麻质花腰带。民国时期,"打套头"穿长衫或对襟短衣,着宽大的长裤,系布腰带,穿草鞋,年长者着长衫长裤。紫云自治县洗鸭河一带的操滇东北次方言的年纪较大苗族男子,衣外套一件白麻布披袍。

西秀区岩腊乡的苗族服饰男装
(吴彪 摄)

四、传承状况与保护建议

经调查、分析,目前苗族服饰传承和保护面临的主要问题和困难是:第一,苗族服饰许多传统技艺濒临消亡,依靠口传心授的服饰文化内涵正在弱化。第二,法律法规建设的步伐不能与非物质文化遗产保护的紧迫性相适应,由于苗族服饰保护工作不能纳入国民经济和社会发展整体规划,与保护相关的一系列问题不能得到系统性解决,保护标准和目标管理及收集、整理、调查、记录、建档、展示、利用、人员培训等工作相对薄弱,保护、管理、资金和人员不足的困难普遍存在。第三,对苗族服饰的保护意识淡薄,重申报、重开发、轻保护、轻管理的现象比较普遍。第四,适合保护苗族服饰工作实际的整体性、有效性工作机制尚未建立,尤其是政府主导的有效性亟待体现。另外,甚至少部分人对苗族服饰任意篡改,损害其作为非物质文化遗产的本真性。由于苗族服饰缺乏保护性措施,散落在民间家庭中,在老化中消亡。

为突破苗族服饰所面临的传承困境,寻求传承和保护苗族服饰的路径,显得尤为亟切。

一方面,要建立政府为主导,民众为主体的苗族服饰传承与保护机制。第一,政府应努力抓紧做好苗族服饰抢救性普查与研究工作,认真做好苗族服饰的搜集整理工作,将原有制作工艺、纹饰图案内涵及寓意等以文字、音像方式记录保存下来,建立博物馆、研究所等设施场所保护,集中收藏,分类展示。第二,建立和完善苗族服饰市场保护与扶持机制。在现代社会中,为迎合外国人和研究者的传统需求市场和普通民众的现代需求市场,政府应提供诸如低价店面场地及交售平台和税收减免等优惠政策,制定苗族服饰奖励扶持机制和市场机制,为服饰生产者所生产的苗族服饰提供保障。第三,苗族服饰制作者在保存苗族服饰文化内涵的前提下,可充分利用化学染料、化学色布,以及丝线等现代服饰制作材料,引入现代苗族服饰制作工艺与设备,改进苗族服饰工艺,使苗族服饰制作工艺得到保护和发展。第四,充分开展民俗活动,重塑苗族服饰传承空间。民俗活动是传承和保护苗族服饰的重要载体,是苗族服饰功能发挥的主要体现。民俗活动的举办,以政府为主导给予相应支持,以苗族人民为主体,共同传承苗族服饰,增强苗族人民的凝聚力和向心力。

  另一方面,要实现苗族服饰文化与旅游功能的转换。现今,安顺苗族服饰的生存环境发生了变化,要使苗族服饰适应当代社会的生存与发展,则需发挥其特有的功能和效用,这样才不会退出人们的日常生活领域。因此,要实现苗族服饰文化功能的转换,打造苗族服饰的旅游功能是转换其文化功能的主要途径,精湛而内涵深刻的苗族服饰可作为一种旅游产品为游客服务,激发游客体验、参与民族风情活动的欲望,亦可将其作为国内外、省内外交流会礼品互送的载体,提升宣传力度,达到保护非物质文化遗产的目标。

  然而,尽管安顺苗族服饰面临着生存空间日益狭小、异化明显、传承价值观念嬗变,传承人少、文化含义弱化、传统服饰老化等诸多客观现实,但苗族服饰要适应当代社会的生存与发展,需建立以政府为主导,民众为主体的苗族服饰传承与保护机制,实现苗族服饰文化功能和旅游功能的转换,正确处理好开发与传承、现代与传统的问题,构筑良好的生存空间,保护苗族服饰有效的传承与发展。

苗族跳花节

  "跳花节",又称"跳花",流行于云、贵、川三省苗族聚居区,是苗族人民的传统节日。其历史悠久、影响深远、流布广泛,在苗族人民中具有深厚的社会基础。"跳花节"全面、真实反映苗族人民的生产、生活习俗,是了解苗族人民生产、生活状况的重要窗口。围绕"跳花节"而形成的一系列文化事项是苗族文化的重要组成部分。时至今日,每年春暖花开之际,云、贵、川三省的苗族人民都会举行"跳花节"活动。尤其是在贵州省安顺市,每年农历正月间都要举行盛大的"跳花节"。

农历正月安顺近郊野狗洞跳花坡盛况（吕燕平　摄）

一、"跳花节"的起源

"跳花"，苗语称之为"欧岛（道）""阿作""咕拨"等，在诸多历史文献中称之为"跳月"，又叫"跳厂（场）""踩花山""踩坪""踩山坪"等。

关于"跳花"的记载，最早可追溯至明朝时期。明朝弘治年间《贵州图经新志》载："'东苗''西苗'，其俗，婚娶，男女相聚歌舞，名为跳月。情意相悦者为婚。"明朝嘉靖年间《贵州通志》载："春月，以木马为神，召集男女，祭用牛酒，曰木马鬼。老者坐饮马旁，未婚男女俱饰衣服，吹笙唱歌，旋木马舞，谓之跳月。"

至清朝时期，各相关文献中关于"跳花"的记录则更加具体、生动。如陆次云《峒溪纤志》载："苗人婚礼曰跳月。跳月者，及春月而跳舞求偶也。""其父母各率子女择佳地而相为跳月之会。父母群处平原之上，子与子左，女与女右，分别于原阴之下，原之上，相宴乐，烧生肉而啖焉；操匕不以箸也。漓咂酒而欢焉，吸管不以杯也。原之下，男则椎髻当前，缠以苗悦，袄不迨腰，裤不蔽膝，裤袄之际锦带束焉……彼负而去者，渡溪越涧，选幽而合，解锦带而互系。相携还于跳月之所，各随父母以返。而后议聘。聘以牛，牛必双；以羊，羊必偶。"

另如《广舆胜览》《贵阳府志》《黔南识略》《黔记》《黔南职方纪略》《苗俗记》《苗疆见闻录》《安顺地区民族志》《贵州少数民族节日大观》等地方史志材料亦有相关记载，皆生动、形象的记载苗族"跳花节"的情况。

与丰富、翔实的地方史志记载相呼应的是在民间社会广为口耳相传的传说故事。一说是为纪念开拓创业、兴建家园的祖先而举行；一说是为纪念蒙难首领杨鲁而形成；一说是为纪念苗族青年男女美丽曲折的爱情悲剧而创生；一说是为祈求祖先神灵庇佑苗族后世子孙繁荣而设立，如此等等，不一而足。

在对诸多关于苗族"跳花节"的传说故事进行分析之后，发现"青年男女的爱情故事"和"民族英雄杨鲁"是构成整个"跳花节"节日传说的两个主要文化要素。

传说一把能打开一座金山的钥匙藏在黄瓜中，杨鲁得知后，立即回家耙地种黄瓜。待到黄瓜将成熟时，杨鲁因有要事外出，便嘱咐两个勤劳能干、能歌善舞、如花似玉、貌若天仙的女儿在家看守，以防被盗。

杨鲁的大女儿叫悠，小女儿叫样。一日，样要摘黄瓜解渴，悠先是不同意，后因口渴难耐而答应。此时杨鲁心神不定，预感地里黄瓜被偷吃。于是立即返回家中，质问两个女儿是否知道谁偷吃黄瓜？姐妹俩因为害怕被父亲责骂而不敢承认自己偷吃黄瓜的事实。于是杨鲁便认为不是两个女儿偷吃黄瓜，则发毒誓道"谁偷吃了我的黄瓜，老虎就会把他吃掉"。此话被正在杨鲁屋后的老虎听到，并围着房屋昼夜打转，要吃悠、样姐妹。姐妹俩被此种情形吓破了胆，便主动向父亲跪拜认错。但是，此前发出的毒誓已无法收回，为保证两个女儿的安全，杨鲁便在一座山上用石头给姐妹俩修建新房。

终日居于狭小石头房子中的姐妹俩，每天只能靠唱歌来排解心中的苦闷，这种情况延续相当长的时间。直到有一天，身材魁伟、武艺高强而性格直爽的苗家后生黑人庆路过山上的石头房子，听到里面传出悦耳悠扬的歌声，便吹奏起他那动听的芦笙恋歌。于是，悠、样姐妹俩将吊梯放下，走出石头房子与黑人庆相会，并且姐妹俩同时爱上黑人庆。临别时，约定在第七天天黑时相见，以剑击树三声为号。不妨暗号被老虎偷悉，于是在第七天天黑时，老虎抢先黑人庆一步来到石头房子前，并用剑击树三声。此时悠、样姐妹俩误以为是黑人庆来了，便立即放下吊梯准备迎接。怎知吊梯刚刚落地，老虎一跃而上，一口就吞食了悠。此时，样听到房外响声异常，知道发生意外，急忙爬上房椽躲避才没有被老虎吞食。待黑人庆赶到时，只见石头房前一摊血迹，并大声喊道："这是谁的血流在地上呀！"话音刚落，老虎向他猛扑过来，黑人庆拔剑与恶虎大战三个回合，将虎杀死。

刚回过神的黑人庆转身就看见样悬身于房椽上，于是急忙将她救下。样向黑人庆哭诉悠被害的过程，并感谢黑人庆救命之恩。在样的再三央求下，黑人庆在石头房子里陪伴她一个晚上。第二天分别时，黑人庆将一只鞋和剑鞘送给样，以作纪念。

待杨鲁知道是黑人庆救下自己的小女儿之后，便决意将小女儿许配给他，但无奈总是无法打听到黑人庆的下落，难以完成自己的心愿。经过七天七夜深思之后，确定于正月初六日在石头房子前的山坡上举行"跳花"活动，并宣布若以"剑能配鞘，脚能合鞋"者，就将女儿许配于他。远近的苗族男青年都知道杨鲁的女儿聪明能干、美貌动人，成千上万的男青年都争先恐后到花场上碰运气。在"跳花"活动连续举行七天之后，仍没有找到与鞘相配的剑、与鞋相合的脚。

而此时黑人庆则因没能保护好悠、样姐妹俩而闷闷不乐，成天以蓬头乱发示人。虽然已经知道杨鲁在举行"跳花"活动来为样寻找夫婿，却无心思去参加。但黑人庆的七个妹妹一直都在劝说他能去参加"跳花"活动，以便早日将样娶回家来，更好地照顾她。到第八天时，黑人庆拗不过七个妹妹，才答应妹妹去参加"跳花"活动。于是，他带着宝剑，吹奏起悠扬动听的芦笙，他刚到花场边，突然云消雾散，天空放晴。他径直走到放置剑鞘和鞋子的地方，直接将自己的剑插进剑鞘，并穿上鞋子。此时，花场一片沸腾，他在全体男女老少的祝福声中将样娶回家。

从此，"跳花"便成为苗族人民的一个正式且隆重的节日，特别是苗族的青年男女都希望通过参加这样的活动来挑选到自己的意中人。这种活动一直流传至今。

对于与苗族"跳花节"相关的传说故事，不管是文献记载，还是民间流传，其群众性和神奇性，都使"跳花节"的内容变得更加充实、丰满，给平淡无奇的节日增添了许多离奇浪漫的色彩，给"跳花节"的世代传承提供一道无形的保障线。

二、表现形式

"跳花节"作为苗族人民日常社会生活中的重要日子，艰难曲折的发展历程赋予其丰富多彩的节日内容，具体包括节日准备工作、节日日期与习俗、节日仪式三方面内容。

1.节日准备工作

在中国社会中，勤劳朴实的劳动人民在面对每一个传统节日时，都会根据节日的特点而充分做好各种准备。以安顺苗族"跳花节"为例，其节日准备工作大致由两部分构成。

其一，布置花场。所谓花场，即跳花之场所，位于村寨附近之山巅或山腰，或在平地，一般为地势开阔的荒坡。花场所在地之主人称之为"花主"，其必为德高望重的寨老或有权有势者，同时也是"跳花节"的组织者和主持人，各花场地点一般为永久性质。

花场必须提前一天布置，其中最重要的一项工作即"栽花树"。由德高望重的寨老主持选择高大挺拔的青松、柏树或香樟树。"以树顶枝叶青葱翁郁为最佳，并以盗自他人山园中，而被失主骂者为最吉"。花树选好后，由指定的青年芦笙手将其砍下,然后削去枝叶、剥去树皮,并用七种万年青树枝、九种彩色布条❶缠于树上,装饰得五彩缤纷,"由花主领导吹奏唢呐,迎花树立于花坡",晚上则由九位未婚青年持花棍守护。

其二,"花树"立起来之后,花场附近村寨的苗家青年男女及其父母都在做着各种准备工作。如此前已经认识的青年男女会相互告知跳花的消息,同时,女青年的父母还会邀请亲朋好友聚在一起,为女儿整理金银首饰,共同审定蜡染刺绣背扇扇面。

2.节日日期与习俗

节日即"一年当中由种种传承线路形成的固定的或不完全固定的活动时间,以开展有特定主题的约定俗成的社会活动日"(乌丙安),由此看来,节日日期和节日习俗是构成节日必不可少的两方面内容,但可能由于居住地域的不同,节日日期和节日习俗亦存在一定的差异。

流传至今而不衰的安顺苗族"跳花节",其举行时间主要集中在正月,但也有四月、七月举行"跳花"活动的,具体举行日期各花坡则稍有不同,"以首次立花坡时所定之日期为准,以后即例行不改"。

通过查阅相关文献资料,在当前安顺地域范围内,每年农历正月初三到二十一日,各花坡会相继举行"跳花"活动(见表1),持续时间1~3天不等。

表1 安顺地区举行"跳花"活动

地点	跳期	地点	跳期
东门外东门庄	正月初七至初九日	岩松菁	正月初四至初八日
南门外上寨	正月初十至十三日	普定等堆	正月二十至二十一日
北门外跳花山	正月初四至初六日	普定沙锅花场	正月二十一日
旧州	正月初六至初九日	普定普祥坡	正月十四日
蒋家马龙	正月初六日	普定轿子山花坡	正月初六至初七日
平寨	正月初六日	普定潘家花坡	正月初八至初九日
仲羽山	正月初十日	普定猛舟花场	正月十一至十二日
野狗洞	正月初七至初九日	镇宁革邦坡	正月初八日
高坡	正月初四至初八日	镇宁荒田坝	正月初九日
下寨	正月初四至初八日	镇宁坪上坡	正月十二日
羊补纳	正月初四至初八日	镇宁革利坡	正月十三日

---

❶ 相传杨鲁有七个儿子、九个女儿,于是"七"和"九"就成为苗族人民的吉利数字。同时,"七"和"九"也是一个泛数,"七种万年青树枝"表示开枝散叶、多子多福,万古长青;"九种彩色布条"象征美丽漂亮的苗族女性。

续表

地点	跳期	地点	跳期
三股水四家寨	正月初四日	镇宁比箕坡	正月十四日
娄家庄	正月初四至初八日	紫云	正月十一至十三日
莲花塘	正月初四至初八日	平坝马场、羊昌河	正月十二至十四日
关岭永宁、白岩等	正月初三至初五日		

资料来源：根据《苗族文化史》《西南民俗文献——贵州安顺县苗民调查报告》《黔中雄郡——安顺》整理而成。

在"跳花节"期间，花场附近各村寨的男女老少都会相邀去参加，对青年男女而言，其意义显得尤其重要。"一般青年男女各背包袱而往，至花坡相近处解开包袱，男子更换新衣革制钉鞋，腰插短笛，后佩革囊或木荚皮荚，项插雉尾，绕以衫布飘带，手携五管或六管芦笙。女子亦更易新衣新裙及新衫等。……至花坡后，男子皆绕花树成圆形，随行随跳随吹，但听芦笙声，各人皮鞋底之牛乳钉格格响声喧震耳鼓。绕行后，即成对而行……皆按芦笙之节奏以为起止，男吹笙于先，女吹口琴于后。均绕花树而舞，有跳数周者，有跳十余周者。场外或吹唢呐或吹芦笙或吹短笛，各自成组，女子往往各自为政，有围圆观者，有散而歌唱笑语者，有吹口琴者，场中声音嘈杂，其情状极为热闹。跳毕场上老者、壮者皆分组聚饮，但一般青年男女，则于此特散布鸟阜鱼穴间，高歌细语，其家人亦不之禁也。"❶

3.节日仪式

流传至今的苗族"跳花节"，除以上专门的习俗之外，还有一套完整且规范的仪式，是苗族文化在现实生活中的真实显现。

（1）待花树立于花场中央后，下置一方桌，以摆放香烟、香茶、美酒、芦笙等物品，同时，寨老杀鸡献祭，给花树敬上一杯美酒。

（2）跳花开始时，由有权威的寨老或"花主"向前来参加跳花的人敬酒，祝福。并燃放铁炮九响，花主宣读颂词，接着"男吹芦笙于前以为导，女振铃以应之（或吹口弦，或执帕）"。随着喜悦欢快的芦笙舞曲响起，若干青年男女跟随，围着象征团结、繁荣、吉祥的花树绕圈翩翩起舞。

（3）跳花达到高潮"回场"时，芦笙队要舞至第一排的寨老和贵宾面前，摘下用翎毛做成的英雄帽，放下芦笙，单腿下跪，向左前方扑地叩拜，再戴帽取笙起身歌舞，如此反复三次，以表示向先辈和各方朋友的敬重与谢意。

---

❶ 骆小所.西南民俗文献[M].兰州：兰州大学出版社，2003.

(4)跳花结束时,"若在附近花坡之苗寨中,有久不生子之户,愿大宴众客,欢迎花树至家,花主必乐为答应,将花树送往"。若无人接花树,花树则必然被送到一个清静且不被牲畜践踏的岩洞中,途中需有仪仗队开路,且行且鸣鞭炮、吹芦笙。待花树安放完毕,花主要面对花树颂念:"花树送到石旮旯,快长快发快开花。花树送到大岩洞,开花结果保苗家。"

三、"跳花节"的文化价值

神秘悠远的节日传说、丰富多彩的节日习俗和烦琐细致的节日仪式,在不断赋予苗族"跳花节"丰富文化内涵的同时,也表征出其特有的文化价值。

1.丰富苗族人民生活

在苗族"跳花节"漫长的发展历程中,为苗族人民在维持社群交往、延续苗族社会、抵御自然不可控因素等方面发挥了重要作用。

(1)为苗族青年男女的婚恋创造选择机遇❶。历史上苗族青年男女的婚恋对象多半是在跳花时选择的。"苗族不跳花,儿女不成家","苗民子女婚姻对象大多在跳花时选择,多数家长必使其子女参加,并亦跟从前往,观得某人满意,事后则请媒求婚"。所以,"跳花节"是苗族未婚青年男女的盛会,在节日期间,他们会将自己最钟爱的服装穿上,盛装打扮,通过积极参与各种习俗活动来寻觅自己的意中人。

(2)为社群祈求丰收。"苗族不跳花,谷子不扬花",表征出苗族人民通过跳花活动来为社群祈求农作物丰收。在传统中国社会,务农是苗族民众的主要职业,较少有从事其他职业的。由此看来,如一旦遇到由自然灾害导致的荒歉之年时,则难以维持其基本生活需求。为此,淳朴的苗族民众便"每年正月农暇之时,为预祝本年大有,遂举行跳花为乐,且可使当年雨水调匀、五谷丰登"。另有每年农历四月插秧前,在安顺白岩镇都会举行"跳花节"活动,以祈求天降大雨,为保证插秧时节能有丰富的雨水,满足秧苗正常生长的需要。

2.促进商品交换和商品经济发展

自给自足的自然经济社会属性,导致中国封建社会的商品经济极不发达。但是在一些年节期间,商品交换的行为却时常发生,为促进年节活动举办地的商品交换和商品经济发展做出贡献。文献记载,在安顺各地苗族民族举办"跳花节"活动时,"当地汉族各乡之商民亦在场旁设摊贩卖各种糖食菜品及儿童玩具等"❷。实

---

❶ 通过田野调查,"跳花节"为苗族青年男女提供婚恋的机遇的功能正在逐渐消失,但每年在"跳花节"期间仍会有众多苗族人民去参加。因此,"跳花节"仍有维持社群交往的功能。

❷ 骆小所.西南民俗文献[M].兰州:兰州大学出版社,2003.

地调查还了解到,在位于现安顺经济技术开发区的"野狗洞"[1]花坡,每年正月初七至初九"跳花节"期间,会有附近苗寨成千上万的苗族人民来参加,同时都会有诸多小商贩来此摆摊设点。

2008年,安顺苗族跳花节已被列为第二批国家级非物质文化遗产名录。

屯堡"抬亭子"

"抬亭子",实则叫"抬菩萨""抬汪公""迎汪公""迎春""迎神""迎菩萨",在屯堡社区是颇为盛行的民俗活动,只是各村的举行时间、习惯叫法略有差异。比如,西秀区九溪村是在农历正月初九进行,该村称之为"抬亭子"。正月十六、十七、十八,则是西秀区狗场屯、鲍家屯、吉昌屯、五官屯、西屯,以及普定县张官屯等村举行的"抬汪公"。二月十五,西秀区中所举行的是"抬岳飞"。五月十九,在西秀区二铺场举行"抬关公"。六月十九,在西秀区旧州镇举行"抬城隍"。总体而言,"抬汪公"涉及村落较多、影响范围较大,最具代表性。

一、历史渊源

屯堡社区民俗信仰的形成有着特殊的背景。由于特殊的历史背景,数百年来改朝换代的沧桑巨变,带来了生活环境的改变。屯堡人为求生存,对神灵的崇拜自然形成。他们信仰对象有家族神、民间神、英雄人物神,也有自然的神灵。相较而言,屯堡人对古代忠君为国、泽惠黎民的贤臣良将似乎爱戴有加,敬为神圣,供奉祭祀。他们所敬奉的英雄人物主要有:关羽、岳飞、汪公、闻太师、郭子仪、杨老令公、包拯等,其中供奉关、岳二圣的遍及屯堡人各家各户。而举行盛大庆典活动,又以部分村寨"抬汪公"最为隆重热烈,是为祭典汪公的诞辰日而举行的民俗活动。

在屯堡社区,有许多抢抬汪公的传说和故事。吉昌屯(鸡场屯)与狗场屯、鲍屯共抬一尊汪公神像,循环接送。清末兵乱,三屯分别抢得神像和祭祀仪仗、肩舆。此后,三村各自祭祀。九溪村原来抬汪公在村中流行,主要是大堡片区的人抬,有一年传说抬汪公到小堡,抬不动了,只见空中有两只老鹰在打架,村民以为是汪公和五显神在打,所以就不敢再向前抬了。从此,九溪村改为抬亭子。

---

[1] 苗语称为"獐子坡"。

清道光《安顺府志》载："正月十七日汪官屯迎汪公至浪风桥,十八日夜放烟火架。狗场屯、鸡场屯共迎汪公。"除此之外,在鲍屯、狗场屯、东屯、九溪、西屯、张官屯等众多村寨也举办此活动。又因农历正月正是新春开始之时,诸寨又把迎接新春到来的古老文化技术活动并而实施,统称"迎春盛会。"《札记》中记:"立春之日天子亲率三公、九卿、诸侯、大夫,以迎春于郊。"迎接新春的到来,寄托一年的希望于神灵护佑,这种朴素的心灵祈祷在屯堡社区年复一年沿袭下来。

"抬汪公"之汪公是实有其人的。这位被司马光在《资治通鉴》中称"歙州贼"的人物,是《徽州府志》所记:"汪华,字国辅,又字英发,世家新安……华生至德四年,幼颖慧,孤而贫。"宋人罗愿在《新安志·祠庙》记:"新安之神,讳华,姓汪氏。绩溪人,少以勇侠闻。大业之乱,以土豪应郡募,平婺源寇有功。寻为众所推,保据郡境。时四方割据,建号者众,乃稍以兵取旁郡,并有宣、抗、睦、婺、饶五州,带甲十万,建号吴王。为政明信,远近爱慕,部内赖以安全,凡十余年。"唐初武德四年"甲子,遣来使来降拜歙州总管"(《资治通鉴》)。"高祖下制曰汪华往因离乱,保据州乡,镇静一寓,以待宁晏。识机慕化,远送款诚,宜从褒宠,授以方牧,可使持节总管歙、宣、杭、睦、婺、饶六州诸军事。"(《全唐文·歙州重建汪公庙记》)如此,封为上柱国越国公。贞观年间,唐太宗又几次赐封为左卫白渠府统军、忠武将军、右积福府折冲都尉、九宫留守等职。贞观二十三年去世后,追封为"徽州府主越国公忠烈汪王"。南宋乾道四年,孝宗皇帝又感其功德,晋封为"信顺显灵英济广惠王"。

汪华在大乱之年,坐镇一方,保据郡境,使生灵免于涂炭;为政明信,护佑子民,使民众得惠于斯。难怪人们感其恩而奉为神明,乃至苏辙祭他"神有功斯民,世享庙祀"。一时备受荣宠的汪公神绩不断传颂,朝廷不断进封,以至汪公神庙在歙州城乡并发展到安徽各地大量修建,地方官吏也在发生天灾人祸时到汪公庙致祭。明朝洪武年,更命官府春、秋时致祭。

在民间传说中,更把汪公神化。一说是:某日,汪公陪皇上弈棋。忽然端起茶杯将茶水往身后泼去。皇帝惊问其故,答曰"五凤楼失火"。惊诧间,门官来报"适才五凤楼失火,突然天降大雨,将火扑灭",皇上惊异汪公之神。另一说是:清兵攻破徽州,是夜,总督张天禄夜梦一红脸长髯的神人告诫他"勿伤我百姓"。起初他还以为是关圣显灵,乃至进入汪公庙拜谒时,看见神像恍然大悟。急下令严禁杀戮,使徽州百姓免遭到血光之灾。此二说,在祭祀汪公赞辞中就有"凤楼救活,赫面辉煌"的概括。

二、表现形式

在屯堡社区,吉昌屯是近年来"迎汪公"最热闹的村子之一,最隆盛、最热闹是在正月十八日。这一天,村头寨尾大街小巷遍插彩旗、高搭彩门,一如唐时古风"戴春蟠胜"的盛况。特别是沿着汪公出巡路线的道路两旁,更是三步一旗五步一帜,节日气氛浓郁。沿街,家家门前放一张小方桌,桌上燃点香烛,摆放糖食果品;房梁上高挂数串长达数米的鞭炮,迎候汪公赐福。寨中心的大街尽头是高筑的戏台,披红挂绿,装饰一新,戏台左侧不远处是汪公庙。

每年的"抬汪公"活动,由于内容丰富,涉及多方人员的参与,工作量大,因此需要做好充分的前期准备工作:一是组建活动筹备组,由寨中村民推选能力强、无私心的人组成,分头担任各项事务,正月初三前后就要开始工作;二是组成唱礼班,约十来人,由寨中德高望重且具有一定文化水平的寨老参加;三是筹措活动经费,主要是由村中个人捐款和汪公庙的随喜功德钱;四是组织文艺表演队,即地戏队、舞狮队、旱船队、秧歌队、腰鼓队、花灯队、彩亭队等,以及以青壮年为主的服务队;五是制作彩亭,又叫"扎彩车"。旧时,是将铁杆绑扎在方桌上,以幼童绑于杆端,装扮成《三国》《白蛇传》等人物故事,由人抬着随汪公沿街巡游。现在,已改用汽车运载;六是将存放于汪公庙的汪公座轿、仪仗等清洁干净。

经过近半月的准备工作,一切基本就绪后,"抬汪公"活动进入祭祀阶段。正月十七日凌晨,在事先择定时辰,四位赞礼先生(即唱礼班人员)进入汪公庙,其他人不得入内。先"打素坛",即准备脸盆一个、艾水一盆,投入红煤一块,趁热气喷散时跨盆而过,据说可冲掉秽气。然后,四位先生把汪公请下神座沐浴,换上信士还愿送来的新袍。汪公归位后,全体唱礼班人员进入庙内,举行祭祀仪式。仪式分:

献祭。即由主赞礼官领诵,次赞礼官随颂,众赞礼官先生齐颂。主祭人为汪公上香、献帛(纸钱)、献食(米饭)、进羹(豆腐)、唱赞,献果糖(水果和糖食)、献香茗(茶)。

唱赞。即由赞礼先生唱颂汪公功德的赞辞,其辞为:

大哉汪公,辅佐皇唐,徽州显业,越国声扬。
凤楼救火,赫面辉煌,乌卿山下,万古流芳。
乃圣乃神,乃武乃文,丹心不昧,忠武将军。
满地洒泪,凤阁垂动,云岚山顶,日月照临。
赫赫厥灵,濯濯厥灵,荣封宠钦,集采黄金。
威灵感应,恺泽如春,已享以祭,庙貌常兴。

唱毕,赞礼先生在大殿右侧红烛前跪读祝文,恭告:

龙旗飘荡招来甘雨和风,凤盖飞扬驱除魑魅魍魉。

驱水火盗贼瘟疫而悉尽,佑士农工商老幼而咸安。

唱礼班奉祀完毕,进入宗族和村民祭祀程序。吉昌屯主要是由田、石、汪、胡、冯五大姓氏和其余姓氏组成,按惯例,每年的祭祀先由五大姓抽签决定顺序先祭,再由村民自由祭祀。宗族祭祀时,需供三牲祭礼:刚鬣(肥猪)、翰英(熟鸡)、腥尾(鱼),祭祀仪式也是献祭、唱赞、读祝,但赞辞内容不同,主祭者为族中长辈。其他村民祭祀,程序简单得多,形式较为自由。全天祭祀直达深夜。

正月十六狗场屯"抬汪公"(李立洪 摄)

公祭。清晨六时许,汪公庙内铓锣声起,两锣手沿街敲响,告示村民汪公将出巡。是时,由胡、田、冯、汪、石五大姓按照抓阄的顺序,先后将宰杀好的大肥猪佩戴红花,在腰鼓队的簇拥下抬到汪公庙,举行公祭。公祭由司礼班主持,在香烛纸钱的烟雾缭绕中,司礼班颂唱汪公的德政功绩。三献——初献爵、亚献爵、终献爵。公祭毕,在庄严肃穆中恭请汪公入舆。此时,庙外戏台前,各腰鼓队、歌队、龙狮队、花灯队、地戏队、彩车队陆续入场。彩车系由小孩装扮成《白蛇与许仙》《武松打虎》等故事中人物,高扎在铁杆上,即如清光绪《普安直隶厅志》所述:"立春先一日,扮小优人为仙童彩女,盛饰之立铁架上,轿夫抬之",只不过如今不用轿夫,而改用汽车。

出巡。中午时分,汪公在众首翘望中出巡。是时,大街小巷,阳台屋顶,村边地头,人头攒动,人流似潮。铁炮声声,地动山摇,锣鼓铿锵,鞭炮脆响,烟雾弥漫。出巡的汪公端坐轿中,由龙凤彩旗引导,仪仗队高举"肃静""回避"牌、斧钺、大刀、日月、狮印、葵扇、罗伞,以及写着越国公爵、徽州府主、忠烈汪王、八九相公的牌子各一块。仪仗后,是由公推的二十二位村老,四人抬轿,十八人手持纸包扎的烛香前后左右保护汪公。随后是彩船队、腰鼓队、秧歌队、花灯队、地戏队、彩车队边舞边走。每当汪公走到一户农家门前,随着一声"高升!"轿子停下。主人家燃点鞭炮礼迎,烧起纸烛,虔诚祈祷。这家鞭炮刚停下,下一家响声又起。汪公的轿舆在极缓慢地挪动中不断地"高升"停歇。以致从寨中心到汪公巡游歇脚的"神台",相距不到五百米却要走上两三个小时。

正月十七鲍屯"抬汪公"(李立洪 摄)

从"神台"歇脚后,汪公还要在仪仗队的护拥下,穿小街、过小巷施福于众村民,直至下午四五点钟,才荣返汪公庙回归神位。

三、文化价值

汪公,作为徽州地区的保护神,在"调北征南"背景下,发展成为屯堡军民"自己"的神,这与其具有多种实用性或功利性的功能相关。作为屯堡社区独特的民俗活动,"抬汪公"代表性地反映了屯堡人的人文精神内涵,具有多重的文化价值。

汪公崇拜,反映了屯堡人的价值观。汪公崇拜是屯堡人对历史人物造神崇拜独特的一面,它与崇拜汉民族关羽、岳飞等英雄人物忠信仁义有共同性,同时又有报德感恩的差异性。汪公不只是汪姓神化的祖先,也是屯军成民尊崇的圣贤。从史料记载和口碑传说,可以了解屯堡人对他如此隆祭的心态特征。表面上,透过汪公信仰,可以看到屯堡人对英雄崇拜的真谛,了解到屯堡人质朴淳厚的心理素质。

但从另一点来思考,为官者明信于民施惠于民,老百姓是会永远铭记他纪念他乃至神化他的。

"抬汪公"是屯堡人生存适应的选择。作为一种文化现象,汪公信仰从徽州移植到西南边陲贵州屯堡,并且跨越时空600年延续至今,"抬汪公"庆典确认了屯堡与徽州的直接联系。大明王朝是汪公信仰在安徽最热烈、汪公庙宇建设得最多的时候。而此时大量的徽籍将士入黔屯田戍边,他们把能"保据州郡,镇静一隅""水旱疫病,有祷则应"的汪公信仰带来贵州是非常自然的事情。在宗法思想的维护下,历经千余年的发展,"汪公信仰"从母源地安徽来到黔中安顺,从一姓人的崇拜发展到多姓人的崇拜。

汪公以其特殊的身份,在屯堡社区,成为国家与社会之间的中介,参与了屯堡移民社会的建构。汪公由徽州地区保护神,发展成为屯堡军民"自己"的神,是与它具有多种实用性或者说功利性的功能相关。汪公由一姓的祖先崇拜,发展到地方保护神,又随移民从徽州传播到屯堡地区,扎根于且耕且战、军事色彩浓厚的异乡土壤,发挥了整合地域秩序的作用。在屯堡社区,"抬汪公"将迎神赛会、傩事仪式、地戏融汇在一起,加入了鲜明的军事气息,这些明朝时代所赋予屯堡的东西,至今虽不能说一成未变,却是惊人地流传了下来。

作为仪式,"抬汪公"具有重要的象征意义。首先,象征着忠君行为模式或准则在屯堡的确立。就崇祀的意义说,汪公集三重意义于一身:祖先崇拜——英雄崇拜——神灵崇拜。汪公本身是一种理想模式,在人与神的关系上,作为神,人们祈求汪公保护;作为人,汪公又是现实生活中人们的楷模。有功于国,有德于民的道德典范,是古代"圣王之制祀"祭祀人物的特点,忠义的提倡,本身就是传播忠君爱国思想的一种有效方式。建立忠义的楷模,就是为了让人们仿效,这是国家教化的重要内容之一。其次,营造出一种祥和与安全的秩序氛围。今天见到的仪式祝词,充满了人们对安定美好生活的期盼与歌颂。祝词是地方上"文化人"家族世代传承的,他们随时代变化而加入合于时宜的语汇,可是,屯堡人对安定美好生活的期盼与歌颂是不会变化的。当年在屯堡,通过仪式,把保卫国土,巩固边陲与忠君爱国联系在一起,成为屯军的职责所在。这种正面引导,使官民的对立在此得到统一。伴随汪公的崇祀,官方的伦理道德在屯堡深入人心,而这种道德和安全象征的树立,正是移民社会稳定的基础。因此,汪公忠君保民楷模与国家教化的推行在屯堡融为一体。正是在这种崇祀中,培养了移民社会对国家王朝的认同感。

汪公作为屯堡人们信仰的神,成为地方权力的象征,与人们生活密切连接,被用来组织人们的社会生活。屯堡将汪公看成救世和守护之神,求福免灾,抬汪公活动规模远超出某个村落,成为跨村寨的纵向和横向的联络组织,每个村民都卷入这个组织的活动,人们共同供奉屯堡的守护神,由此产生了凝聚和动员、整合的力量和作用。汪公庙的普遍建立,成为屯堡村社活动的场所,成为一种社会组织发挥作用。表面上看,这一传说很像是信仰分歧,实际上这正是因为征南来的大堡人与后来的移民小堡人之间争夺权力的事例,结果是妥协解决,权力共享,新秩序建立起来。

在屯堡社区,通过汪公仪式的象征,使村民建立起对国家的具体感,形成了共同参与的空间。汪公信仰在屯堡使爱国思想深入民心,发挥了巨大的社会教化功能,产生了对个人观念行为潜移默化的作用。同时,大众文化和信仰为正统权威树立提供了场所,这样形成的社会,是有共同意识的社会,也是具有深刻文化内涵的社会。国家概念,在汪公信仰的普及中得到了具体化,爱国思想观念在一次次抬汪公的仪式中逐渐养成,并根深蒂固地存在于屯堡人心中。重要的是,随汪公信仰逐渐遍及屯堡,屯堡社会意识逐渐发展成熟,进而形成一种社会行为,凝聚为一种社会结构。个人通过这一活动中介和整体社会发生关联,爱国思想深入到屯堡民间社会现实生活中,将屯堡社会整合成为一个具有特质的社会。屯堡特质文化保持至今,正说明了这一社会文化整合的力量。

四、保护传承

"迎汪公"民俗活动,在 2008 年于广州举办的全国性民间文艺大赛中,勇夺"山花"大奖。如今,此项民俗活动很多屯堡村寨都在每年汪华诞辰日举行,已成盛事。

2007 年,西秀区屯堡"抬亭子"被列入贵州省第二批省级非物质文化遗产代表作名录。

省级非物质文化遗产

大狗场吃新节

吃新节是仡佬族较为隆重和有特色的节日,以邀请全村各姓祖先共同前来参与受祭的大众形式,显示它是以地缘为纽带而非血缘为纽带的组织活动,具有自我整合、身份强调、记忆传承、文化展演等功能。每年的吃新节于农历七月的第一个龙日举行,据说龙日举行吃新节,一是吉利,二是龙为管雨水的大神,寓意风调雨顺。

一、历史渊源

仡佬族是居住贵州最古老的民族,渊源于上古时代的"濮人",这在仡佬族地区及其毗邻地带的考古发掘和民间习俗中都得到印证。据古文献记载,仡佬族的形成大致经历了濮人、僚人、仡佬族三个历史时期。濮人是我国古代人口众多、支系纷繁、分布辽阔的庞大族群,称"卜"或"百濮"。早在殷商时期,濮人就活动在西南、中南广大地区。历经春秋时期、魏晋南北朝时期、隋唐时期的融合、演变,至宋初始有"仡佬"的称谓。明清时大量的汉族移民到贵州,改变了民族居住的格局,形成多民族杂居的状态。仡佬族散居各地,慢慢形成了不同的支系,有红仡佬、白仡佬、青仡佬、花仡佬、打牙仡佬、剪头仡佬、披袍仡佬等。

仡佬族具有悠久灿烂的文化,以村寨共同体为单位举行的吃新节是其独有的民俗,最具代表性。仡佬族在信仰文化上,广泛存在着万物有灵和灵魂不灭的观念。其信仰主要表现在崇拜自然、祖先、鬼神上。信仰普遍,却没有具体的神祇作为主要崇拜对象。祖先崇拜是该族信仰的主要内容,渗透于社会生产和生活各个领域,吃新节是体现这一文化最传统、最重要的集体仪式,体现了该族崇拜祖先的信仰文化。

二、现状

在安顺以平坝县大狗场村和西秀区湾子村两个仡佬族村寨的吃新节最具代表性。

大狗场村属于原平坝县高峰镇,村子靠大山,前临田坝,有沟渠从田坝中穿过,是一个有山有水、风景秀丽的村庄。

大狗场村的吃新节由于种种原因,曾经在很长一段时间内停止举办。1978年,在各级党委、政府高度重视和关心下,大狗场村举办了自中华人民共和国成立以来的第一个吃新节。据说,这年的吃新节有省、市、县各级民委领导的光临,有来自安顺、普定、镇宁、务川和道真的仡佬族代表和附近村寨的各民群众参与,规模极大,盛况空前。

吃新节在大狗场仡佬族人的心里极为重要,仡佬族语"吃新节"为"喝谋母"意译为吃新米。其是纪念祖先和庆祝丰收而举行的"吃新祭祖"活动,据说已有近千年的历史。一年中,除了春节就是"吃新节"最为隆重。

三、表现形式

大狗场仡佬族在举行吃新节仪式之前,先要杀猪、宰羊、杀鸡、杀鸭,做好祭祖的供品,搭建简单的祭台,做好仪式准备。仪式全程分为:迎宾、开荒劈草、采新、迎请祖先、祭祖先(请神、祭神、送神、娱神)、送祖先、扫寨等。仪式结束后,全寨集中吃"新"。

1.迎宾

大狗场村仡佬族在举办吃新节前,要邀请亲戚朋友前来参加,无论是本族人还是其他民族。其意义有见证仪式、团结亲友、新交朋友等。早晨,全寨男女都衣着盛装来到寨中的古皂角树下,祭台就搭建在这里,是祭祖仪式的场所。村里的青年男女就从这里出发,提着酒,端着酒杯,到村口迎接亲朋。他们唱着悠扬甜美的迎宾歌,向到来的亲朋敬酒,并鸣放土炮以表达对来客的热忱。吃新节开始了。

2.开荒劈草

仡佬族相传是贵州土地上最早的开拓者,很多地方还流传着"仡佬仡佬开荒辟草"的说法。仡佬族老人过世丧时不丢买路钱;还有许多其他民族住的地方有叫仡佬田、仡佬地、仡佬坡等的地名,都从一个侧面印证了仡佬族人民是贵州这块土地上最早的民族。仡佬族人民把"开荒劈草"作为象征不忘祖先开拓之功的仪式列入吃新节,是较为重要的仪式。

清晨,在寨老的安排下,村里青年男女来到一处荒坡上,用锄头、镰刀等工具进行象征性的开荒,还要带上一块腊肉,到开荒辟草的地方烧吃,意为带上干粮出门劳作一天,以示祖先早出晚归开拓的辛苦。"开荒劈草"仪式中要唱开荒歌,歌词大意是:"刀西楼"来"岳西楼",劈山挖土开大田。鸡鸣三遍出门去,月亮出来才回家。冷天热天要出门,大坡小坡我们挖。大路小路我们修,大陇小陇我们种……("刀西楼""岳西楼"是仡佬族语老祖公、老祖太的称呼)。仪式的意义是通过劳动来纪念祖先们开荒劈草的功德。仪式除了不忘祖先开拓之功外,还为参与仪式的仡佬族男女青年提供了相互认识、相互了解的场所。仪式上他们可以自由地唱山歌寻找对象,表达爱情,自由地恋爱。

3.采新

在开荒劈草仪式进行的同时,留在村里的果珠(祭司)和寨老们在祭坛前组织准备工作。就绪后,进行采新仪式。

首先,唱《采新词》,寨老唱完采新词后,带领全寨男女(原是每户一人)到附近的田地里采摘成熟的谷物、瓜果、蔬菜等到老树下敬祖。采新的队伍中有老年、青年男女,人很多,排成长长的队伍。年长的男人敲锣打鼓,吹泡桐(用树皮裹成牛角样,能吹响的物件);青年妇女有的手提菜篮,有的背上背篓;身体强壮的小伙子,手里拿着状如铁叉的武器,名叫"档扒",象征性负责保护采新队伍的安全。队伍随意走到哪家的田地里采摘成熟的农作物,没有人反对。采新队伍采了少些辣椒、玉米、西红柿、葵花、大豆等农作物后,从另外一个方向回村。

4.迎请祖先

采新队伍回到祭台,组织仪式的几位老人,把采来的粮食、蔬菜、瓜果等选少数挂放在祭台上。点燃蜡烛,燃上清香,请祖仪式开始。一寨老手持鹅毛扇,站在进寨路口,左右分站两小童,一名擂鼓,一名敲锣。寨老念《吃新迎祖词》:

今天是七月初×,
是个好日好时辰,
田里地里新已采,
家里猪羊鸡鹅已杀,
新米饭、糯米粑,
美酒摆在桌子上,
地盘列祖古老前人。
山神、树神、牛王、龙王,
今天请你们来尝新。
迎祖先,迎众神。

然后喊:"击鼓,打锣!"两小童分别敲锣、打鼓。一个寨老燃香插于路口,几个老人站在身后。

5.祭祖先

大狗场仡佬族的祭祖先由3名果珠(祭司)主持,全村人按辈分排列,跪拜祖先。果珠身穿青布长衫,头围青布套头,一手执鹅毛扇。两名助手同样身穿青布长袍,围青布头巾,手拿一根竹竿,顶端系一个葫芦。几个男性老人围坐祭台四周。

果珠喊:"吹唢呐、打铜鼓、鸣炮,请地盘列祖,古老先人上坐!"做手势,请人入席状。

合唱:米天公、米天婆,
你们为人间造新谷。
你们使禾苗成菁林,
又让风调雨顺好年景。
儿子儿孙听分明,
地盘立祖是忍勒,千秋万古要记住。
吹泡筒,打铜鼓,
……

果珠念:今天是好日好时,新米饭做好了,糯米粑桌上摆,肥猪、肥羊、肥鸡、肥鹅样样有,还备美酒摆桌上,十盘八碗敬祖先,陈年美酒敬众神。

场上参与执事的老人,此时向桌上摆的三十六只大碗斟酒。酒上完后,果珠手提一只活鸡,手掐鸡冠,让冠血流出,以此血点天地四方。用鸡血染桌子、供品、老树等,边染边说恭贺寨里人畜平安的话。点完后,寨老抱鸡绕桌子、老树,凡三圈。点鸡结束后,寨老回到桌前,行三献礼。寨老手端一碗酒,敬祖。另一执事者在旁喊礼:一叩首……二叩首……三叩首。寨老随着执事喊话,虔诚地向大桌子行叩首礼。叩首毕,执事者指着桌上供品,向祖先一一介绍今年所供的祭品。供品介绍完毕,请寨老向地下三奠酒。礼毕,退位。寨老端着空碗退后,旁人再向碗里斟酒。酒斟好后,执事者又呼寨老端酒上前,进行第二次敬祖,整个过程是第一次的重复。如此,重复三次。

祖先敬毕后,进行请神、祭神、送神仪式。

祭神由三名果珠主祭。老果珠唱祭神词,两名助手请神。据说他们主要祭山神、树神、水神、日月、雷神、龙王、牛王等众神,但从祭神词来看,主要祭祀的是土地神,感谢土地无私地给予仡佬族人的衣食,这与他们祭祀祖先是统一的,那就是感恩。祭神词是这样的:

七月八月要吃新,忍勒要祭土地神。
土地神有八兄弟,个个都会显神灵。
大哥坐在天门内,叫他天公土地神。
二哥坐在天门口,叫他天门土地神。
三哥坐在山关口,叫他山关土地神。
四哥坐在桥头上,叫他桥梁土地神。
五哥坐在龙头上,叫他龙王土地神。
六哥坐在田坝中,叫他秧苗土地神。
七哥坐在寨门口,叫他寨门土地神。
只有八弟年纪小,叫他家中土地神。
八个兄弟受封赐,镇守四方忍勒地。
忍勒辈辈敬你们,保佑年年有收益。
四盘八碗年年敬,保佑忍勒得安宁。

唱完祭神词,果珠就介绍敬供的各种食品,请神享用。待神享用完毕,果珠把所敬的酒泼洒于地,用筷子夹饭、菜洒于树周围。在这一系列动作中,果珠口中祈求神灵保佑村寨安宁清泰,来年有好收成。此时一小童双手捧着筛子里的公鸡走离神坛,走在前面,随从燃起大把清香,边跟着走边向路的两旁插清香。唢呐队、铜鼓队和众人跟随其后送神。全寨老幼一直送神到寨子山脚下,意为送神到了神界。祭神、送神仪式完毕。

"吃新节"达到高潮时,果珠带领穿戴整齐的寨里人唱古歌、耍武术、打花脸、咂酒、打铜鼓、放土炮、吹泡筒等娱乐活动,是为娱神。通过这些娱乐活动来沟通人与神的关系,使双方和谐相处,从而得到神的庇佑,保村寨平安、六畜兴旺、五谷丰登。实际上,也是通过这些活动来增加村寨凝集力,达到族人自我整合的目的。

6.送祖先

送组仪式里要有放生,所以要准备一只小盆,里面装水,放活鱼,一般是小鲫鱼。要宰鸡一只。在村口将10根青蒜、36个红辣椒,拴在24根竹竿上,插在5块田的边沿。10根青蒜代表一年有10个月,36辣椒代表每月有36天,剩余的5天留着过年过节,24根竹竿则象征24个节气。一切就绪,果珠主持送祖仪式:

祖先们、众神们,十盘八碗已敬你们,陈年美酒你们已饮,你们就要回去了,我们有马送你们上路,有船渡你们过河,你们要跟着鸡走,鸡走高你们走高,鸡走低你们走低,鸡过河你们过河。你们要对着大路走,不晓得的人家不要去。不要走小路,要走大路,一直走到自己家。你们去了不要回来,在那里好好过生活。要保佑全寨老小平安,无病无灾;保佑六畜兴旺、五谷丰登。到明年过年、三月三、七月我们会接你们来。

果珠念完后,由一小童双手捧着筛子里的公鸡,和端着小鱼的另一小童走在前面,果珠在后,两名助手紧跟,一名年长者用竹篮提着筷子跟在两名助手之后,后面是寨里人及客人,形成浩浩荡荡的送祖队伍一直送到村外一个龙潭边。队伍行进途中,一边撒筷子,一边放炮。到了龙潭边,助手点上香、蜡,烧纸,果珠接过小童手里的鸡,嘴里默念,完毕,端鱼的小童把鱼倒入潭中。送祖仪式结束。

7.扫寨

在大狗场仡佬族的吃新节的扫寨仪式里,要用雄鸡两只,母鸡一只,鸭子一只,要准备各色纸做的12杆小旗和红、白伞各一把。准备一把筛子,里面放一碗水饭。扫寨仪式开始,由果珠唱扫寨歌:

七月龙日八月蛇,是我忍勒吃新节。
吃新祭祖要扫寨,妖魔鬼怪全扫尽。
不干不净扫出去,伤生害命扫出村。
这里不是安身处,打到岔路去藏身。
三灾八难扫出去,清静平安扫进村。
虫灾病难扫出去,五谷丰登扫进村。

牛瘟马病扫出去,六畜兴旺扫进村。
摆子百病扫出去,安居乐业扫进村。
天瘟扫到天上去,地瘟扫到地埃尘。
要是那样扫不到,神灵带去九霄云。
自从今天扫过后,寨邻老幼得安宁。

唱毕,果珠手持长刀一把,巴毛杆一根,由上寨到下寨扫遍每家每户,并不断地念扫寨词。拿鸡的、抬筛子的、吹泡筒的和其他人等一行人跟着,一直到走完每一户。扫完后,参加扫寨的人群和果珠一起走出村寨,将巴毛杆、纸旗、纸伞烧掉,把水饭倒掉,带回鸡鸭做熟食用。扫寨仪式结束,全寨集中吃新。

2005年,平坝县大狗场吃新节被列为贵州省第一批省级非物质文化遗产代表作名录。

屯堡服饰

1902年,日本著名人类学家鸟居龙藏博士途经天龙屯堡考察时,就注意屯堡"男子的装束,与先进居住在贵州附近的汉族相比较,也没有看出有什么不同的地方。至于妇女的装束,所看见的就大不一样了",不仅如此,身着屯堡服饰的"凤头鸡的地理学分布,是西自安顺府开始,东到安平县为止"。因此,屯堡服饰主要是以屯堡妇女穿着的服饰为代表。

根据已故范增如先生所考证的安顺明代屯堡分布图,安顺明代屯堡的分布在东迄平坝,西至镇宁,南起紫云猫营、长顺广顺,北抵普定的一长条带状区域,但显然身穿以长袍、大袖、天足为特色的屯堡服饰的屯堡人则主要居住在从安顺城往东至平坝天龙之间的区域。

然而较为奇特的是,在这一区域的南部边缘一带,即安顺城东南近郊的罗仙村、安顺城南近郊水塘村、安顺城西南近郊的尚新村、歪寨村的布依族的也穿着屯堡妇女服装。

一、历史渊源

关于屯堡人的来源及其服饰特征,安顺方志多有记述。

《安顺府志·地理志·风俗》云："郡民皆客籍,惟寄籍有先后。其可考据者,屯军堡子皆奉洪武敕调北征南,当时之官,如汪可、黄寿、陈彬、郑琪,作四正。领十二操屯军安插之类,散处屯堡各乡,家口随之至黔。妇人以银索绾发髻分三绺,长簪大环,皆凤阳汉装也。故多江南大族,至今科名尤众。余皆勤耕务本,男妇操作,风俗皆同。"

《镇宁县志》记载："屯堡人:一名凤头籍,多居州属之补纳、三九等枝地。相传明沐国公征南,调凤阳屯军安置于此,其俗与汉民同,耕读为业,妇女不缠足,勤于农事,间有与汉民通婚者。"

《永宁州志》："屯堡(人),即明洪武之屯军。妇女蓝衣白袖,男子衣服与汉人同。男子善贸易,女不缠足,一切耕耘多以妇女为之。繁花、六保汉人村寨附近居多。"

道光七年(1827年)《安平县志·民风》记载："妇女青衣红袖,戴假角,以铜或银作细练系簪上,绕髻一周,以簪绾之,名曰假角(原注:一名凤头笄)。女子未婚者,以红带绕头。已婚者,改用白带……男子善贸易,女子不缠脚。一切耕耘,多以妇女为之。"

光绪十六年(1891年)《百苗图咏·凤头鸡》卷五载："原籍凤阳府人,从明傅友德征黔流寓于此。男子衣服与汉人同,女子燕尾梳于额前,状若鸡冠,故名。头披青帕,腰系大带,足缠白布,善织带子,多在路旁腰店贩卖蔬饭茶酒营生,性朴厚,畏官守法。"

《安平县志》："屯堡(人),即明洪武时之屯军。妇女青衣红袖,戴假角(以银或铜作细练系簪上,绕发髻一周,以簪绾之,名曰假角,一名凤头笄)。女子未婚者,以红带绕头上。已嫁者,改用白带。男子衣服,与汉人同。"

从以上方志记载看,身着屯堡服饰的屯堡人来源清楚,在安顺地区族群结构中,独树一帜,早就引人关注。然而在社会生活中,屯堡女子天足的装束往往受到排挤,屯堡女子也因此被略带歧义地称为"大脚妹",加上长袍大袖的服装特点,以及特殊的头饰,以致使屯堡女子的服饰在长时间内被类同于少数民族服饰误读。

1902年12月,日本著名的人类学者鸟居龙藏博士在途经安顺屯堡,进行考察时已记录有"凤头鸡""凤头苗"的说法。

"凤头鸡的家庭,一般相当于当地后来的汉族的农家,没有看到有什么不同之处。男子的装束,与先进居住在贵州附近的汉族相比较,也没有看到有什么不同的地方。至于妇女的装束,所看见的就大不一样了。首先,最突出的就是前面记述的头饰发型,这在全中国现代妇女中所见不到的一种变容的挽发髻方式。其次,就是她们佩戴的耳环比较大,头包白布帕,衣服保留明代江南的古风,衣袖很大,颜色有紫红色的,也有墨绿色的。脚比一般妇女大而发达,而其他汉族妇女缠足的也不少。在气质方面,男女都一样,性格开朗,平易近人。再则,生计的经营方式也多种多样。……凤头鸡的地理学分布,是西自安顺府开始,东到安平县为止。"

晚于鸟居龙藏一年到达安顺考察日本学者伊东中太,在与镇宁知州的笔谈中也记录了关于屯堡服饰的记载:"凤头苗,头裹五色布,高而大身,发前扎往上梳,身穿汉人衣,足穿花鞋,白布缠肘。"

1903年,鸟居龙藏的同事伊东忠太先生旅行到安平县(今平坝),与镇宁知州的笔谈为:"凤头苗,头裹五色布,高而尖,身发前扎,往上梳,身穿汉人衣,足穿花鞋,白布缠肘。"并绘制了当时屯堡妇女头饰和部分服装的样式。

《方氏族谱》:"妇女服饰上,仍保留着丰富而明显的中原地区明清服饰和胡服服饰特色,如长裙衣、镶边宽袖、系腰带、包头帕、腕发结、尖头翘鞋(名为凤头鞋,鞋尖翘起形似凤头),19世纪二三十年代还有梳清代三绺头的妇女,这也是中原文化的遗风。"

清末安平(平坝)附近的"凤头苗"

民国二十一年(1932年)《平坝县志》记载:"妇女头上束发作凤阳装,绾一笄。……即蓄发盘作圆髻于脑后,着角质、银质等簪。"1990年重修《荥阳郑氏族谱》(原谱为咸丰五年修):"早期,妇女梳三绺头即凤凰头,又称凤凰汉族。后来,服饰发生了变化,子孙多有不知。"

民国时期屯堡服饰

尽管安顺方志中诸多记载表明,屯堡人来源于明代江淮地区,但目前在江淮地区母源地尚难以找到依据。根据屯堡服饰长袍的特点,屯堡人的来源被认为有蒙古人的可能。然而,同屯堡人历史背景和服饰文化类似的人群,在贵州省内外大有存在。

1. 贵州省内类似族群

在贵州省,分布在北盘江流域的"喇叭人"和分布在毕节地区的"穿青人"与屯堡人有着类似历史背景和服饰着装。

(1)"喇叭人"服饰。"喇叭人"主要居住在北盘江中游的晴隆县、普安县北部与六枝、水城、盘县交界地区,人口10万余人,1982年经国家民族识别后认定为苗族,即"喇叭苗"。旧时方志

晴隆长流乡喇叭人服饰（吕燕平　摄）

中,"喇叭人"被称为"老巴子""湖广人""喇叭苗"等。"喇叭人"于明洪武十四年(1381年)在湖南邵阳地区被编入傅友德率领的号称30万征南大军中,成为其中的劲旅。入黔后奉命留军屯田。今"喇叭人"聚居的中心地带晴隆、普安就是沐英镇守线上往来云、贵、桂的咽喉地带。"喇叭人"说的是"喇叭话",系古代湘西南部通行的汉语,经过几百年的演变,至今仍保持着"老湘语"的语言特征。"喇叭人"妇女的穿着长袍、大袖、镶边、尚蓝、天足,屯堡服装类似。

(2)穿青人服饰。穿青人以身着青色服饰得名,主要分布在黔西北毕节地区的纳雍县、织金县,在安顺地区也有零星分布。《永宁州志》记载:"穿青:喜着青布。其先与汉族不同,今则无异。惟妇女不缠足,着大花鞋,腰带头垂须一簇。此族又与凤头籍异。凤头籍或作凤头鸡。"

旧时,穿青人妇女不缠足,喜穿细耳草鞋,脚扎青色绑带,穿三节衣,两节袖的滚花边大袖衣,拴腰带,戴大勾耳环,梳三把头。

六枝郎岱穿青人妇女服饰（吕燕平　摄）

三节衣,两节袖的花衣服。即衣身用青蓝二色的布接连拼凑而成,上节青色至腰。下节蓝色至小腿。衣脚用寸许宽的白布镶边,衣襟镶寸许宽的云勾花边;衣袖的主袖之外套两层活动套袖,一层比一层短,袖口大,外面套肩袖口更大,形如古代武士的护肩甲。每一层袖口均绣有云勾花边,看去如三节连成;衣袖是活动的,有二三层,穿时钉上,翻二留一或全翻于肩上,故有"反托肩"或"外托肩"之称。

穿青人姑娘的服饰与穿青妇女的服饰不同之处是:不用青蓝二色连接,用全青色或全蓝色,白布镶边,云勾花边镶衣襟,白布或云勾花边镶袖口,衣袖不上套袖。

2.省外类似族群

历史上,卫所屯军之地全国普遍,因此与安顺屯堡人历史背景、服饰特点相似的情况也并非罕见,在西南云南、西北青海甘肃等地也有类似服饰的族群。

(1)云南保山与镇雄。保山为明代金齿卫,"屯兵垦田者的家属,她们以南京妇女装饰为尊贵和光荣。她们崇尚京蓝——京即南京,蓝为南京的靛蓝。身穿京蓝布缝制的长袍大裓,袖宽一尺二寸以上,胸襟则滚宽边花边,系大围腰,围腰上有两条乡花飘带,裤脚紫绸带,头上包二寸宽的黑色双层泡绸带,也叫包头,脑后梳圆髻,插梅花簪,两耳垂挂金银耳坠"。这种南京式的妇女服饰,一直沿袭到清代末年。

《镇雄县志·生活民俗·衣》记载:"(南京人),男女宽衣大袖,其长过膝,妇女不挽发髻,发辫盘于头,包青、蓝布帕,袖载灰蓝色花边,肩部嵌花。腰系半围裙,以青布二方缠腿,不包小脚,穿白色袜,鞋两块合成,尖翘花鸡嘴,双侧镶白云。未婚女留一发辫披于脑后。男子发辫盘于头顶。"

(2)西北青海甘肃。民国时期,著名记者范长江游历西部甘南、青海湟水一带,在其所著的《中国西北角》记载:"下山即达湟水北岸……乡村中常见有高髻弓鞋之妇女,颇富古味,此种妇女谓之'凤阳婆',乃明初皖军平定西北时,随军带来妇女所遗留之风俗。记者于秋间游洮河上游,见岷县、临潭一带妇女,亦多高髻弓鞋之习俗,盖亦明军西征时之遗留。"

他在文中还提到甘肃省临潭县,也生活有明代屯军后裔,与安顺屯堡历史背景相似:"明代沐英率军西征和移民迁徙等诸多因素的影响,逐步使临潭形成了具有江淮遗风的头饰、发型和服装,而洮州跑旱船、18位龙神进城等庙会文化,也是通过江南龙神赛会等活动演变而来,实为江浙一带底蕴。"

安顺屯堡人的服饰曾被誉为"凤阳装",屯堡人也被称为"凤头籍""凤头苗",加之天足,使得屯堡人的服饰不仅有别于一般的汉族装束,与本地少数民族的服饰也迥然不同,构成了独特的服饰景观,保留了汉民族的服饰遗存。究其来源,尽管在其母源地已无实证,但从异地类似历史背景的人群身上的服饰也几近相同方面看,其源流与其母源地及迁徙后所在的环境不无关联。

二、生存环境

1.自然生态

在安顺一带,碳酸盐岩石广布,喀斯特较为发育,由喀斯特丘陵和开阔的喀斯特盆地宽谷或槽谷组成的复合地貌类型——丘原比较显著。丘陵高于盆地或谷地大多低于200米。盆地、谷地平坦且基本连通,便于交通、联系。气候温和湿润,土地平整,耕地连片,历来是贵州主要粮油产区之一,也为区域社会、经济文化的发展提供了较为优越的自然环境基础。以安顺为中心的黔中一带,河槽坝子较多,土层深厚,耕地集中连片,气候温和湿润,有利农耕,为江南农耕经济、文化扎根贵州高原奠定基础,也是安顺屯堡文化形成的根本之一。

2.人文生态

安顺市主要的少数民族有布依、苗、回、仡佬,其人口占全市总人口的39%。作为多民族聚居的地区,仡佬族、苗族、布依族、回族等少数民族在这片古老的土地上繁衍生息,形成了独特的文化习俗。由石瓦、石墙、石门窗构成的石头村落比比皆是,与高原风光融为一体,充满异域情调。民族头饰、服饰做工精细、色彩斑斓,蜡染、刺绣、挑花等传统工艺图案精美,工艺独特。民族节日丰富多彩,古风犹存。布依族的赛马、赶表,苗族的跳花、对歌等表现出特别的民族情趣。

三、表现形式

屯堡妇女服饰特征表现为右衽、大襟、大袖、长袍、尚蓝、系腰、天足,穿着尚有礼仪性要求和审美要求。以下把屯堡服饰分成体服饰、首服饰、足服饰三个方面进行叙述。

1.体服饰

(1)服饰原料。屯堡妇女服饰具有"长袍、大袖、大襟"的特点,浅蓝色长衣突出。长衣的领、袖、襟边均缀上花边,并钉上一条布作衬底,俗称"押条"。袖子过肘关节显得很短,而袖口则有尺余显得很大,"大袖子"因此得名。"大袖子"长衣是屯堡妇女独有的服饰标志。袖宽一般在一尺左右,袖口折挽至肘关节与腕关节之间,通常在劳动时带有袖套,因此并不影响劳作,村民们认为身着屯堡服装劳动时比较方便。袍长可及小腿肚,两侧开叉。务农之家有穿短衣和长衣者,衣料多为棉布。

(2)服饰纹样色彩。屯堡妇女喜欢穿浅蓝色长衣,俗称"水月蓝"。长衣的领、袖、襟边均缀上花边,并钉上一条的布作衬底,俗称"押条"。

(3)服饰形制。屯堡妇女系的腰带俗称"丝头系腰",长约丈余,中间部分用棉线和麻线编织成板块状的硬带,两头则缀着数十根长约1尺的丝线(俗称丝头)。在腰间包扎成圈后,在身后打结让两头的丝线整齐同长。行走时,丝线左右摇摆甩出鱼钩状,有一种动感美。

屯堡妇女服饰后背影(李立洪 摄)

2.首服饰

已婚妇女发式为将头发分为三绺,挽成发髻盘在脑后,用马尾编织的发网罩着,插上玉石或银制的长簪,呈"十"字交叉,一般称为"梅花管簪",最后用青纱、青布或白布折成宽约一寸半的布条包在头上。中老年妇女在冬天较冷时,通常还要用一方巾对折成三角形包在头部。

未婚女子头饰简单,即梳成一独辫垂于身后。

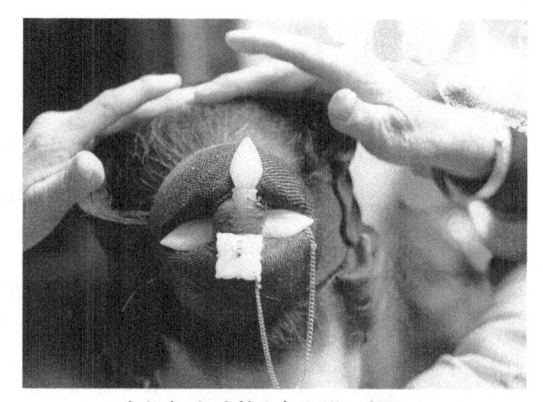

屯堡妇女头饰(李立洪 摄)

3.足服饰

天足、凤头绣花鞋、绑腿是屯堡妇女足服饰的主要特色。屯堡妇女由于长期以来就有下田劳作的习惯,一般不缠"三寸金莲"而是天足,所以被后来迁入的汉人称为"大脚妹"。《平坝县志》记载:"凡住居屯堡者,工作农业,妇女皆不缠足。"

屯堡妇女所穿的鞋为鹰嘴一样尖头绣花鞋,一般是自己制作,鞋头两边绣花后

屯堡妇女绣花鞋（李立洪　摄）

又用丝线在中间加工出一个上翘的尖尖角,最后再把鞋帮和鞋底用麻线联上,一双绣花鞋才算做成。穿上尖头花鞋,鞋上绣着彩色鲜艳的花纹图案,并配有16厘米的白鞋腰,如古装戏中的靴子一样。小腿部包裹脚布（绑腿）,内白外青。

4.其他

屯堡妇女的绣制品主要有:枕头、袜垫、袜溜根(上在线袜后跟部)、背扇及孩子的帽兜等。背扇分为内外两层,分别绣着花卉、鸟兽、文字图案等,颜色绚丽多彩,制作精细工艺讲究。未婚姑娘只要10岁以后,每到农闲,就在家中纳袜底、做花。以备结婚时送给男方之家,引来众多妇女的观赏,从中看出姑娘针线活上的聪明和心灵手巧。

屯堡妇女参与"佛事"活动频繁,届时肩垮黄色布袋,头身上布条包帕插上黄色"佛籤",成为一道景观。

屯堡妇女服饰主要特征可概括为"头上一个罩罩,腰间一个调调,脚上一个翘翘"。

5.服饰礼仪

屯堡服饰的穿着,因身份、年龄和场合的不同,在一些方面体现差别:如未婚女子除头式与已婚明显不同外,不用"丝绸系腰"。妇女随着年龄增大,襟、领、袖边的镶边色彩逐渐变得平淡、简单,额头上包头布带的颜色也由白色变为青色,腰布也由用价值昂贵的"丝绸系腰"改为用青色布腰带。这些区别就是要体现年轻与年长的区别,做媳妇和做婆婆的不同。屯堡女子服饰的细微差别的形成,正是受传统礼制的影响。

四、传承状况

屯堡妇女服饰在历史上曾面临强制改装的命运,后来得以恢复。2000年以后,年轻妇女很少穿着传统服饰,屯堡服饰需求减少,特别对屯堡服饰的一些重要工艺——如丝绸系腰的制作工艺的传承构成挑战。鲍屯为系腰的主要生产的专业村落,但由于旅游开发、新农村建设文化活动的开展,年轻女子在节庆或展演时才穿着。

屯堡妇女服饰正面(李立洪　摄)

五、保护对策

屯堡文化具有独特的汉民族亚文化体系，从旅游资源的角度，不仅拓宽了黔中旅游资源的内涵与外延，而且有助于品牌的形成与延伸。安顺市西秀区政府将屯堡设立为保护区，大力发展旅游业，有效地利用当地的文化资源和生态资源，推动地方经济的发展。当传统文化本身成为资源，人们也就乐于保持这种传统。因此，在保住环境和传统的同时，增加了农民收入，提高了生活水平。以屯堡天龙村为例，其充分利用屯堡文化的优势，形成"政府+公司+旅行社+农民旅游协会"的发展模式，实现了经济和社会的双重效益。自2001年以来，旅游综合税收收入共计113万元，旅游公司直接门票收入420万元，各旅行社总收入786万元，农民旅游协会收入34.4万元，全村旅游综合收入达1380万元。可见，天龙屯堡旅游模式具有开发投入少，经济效益显著；农民参与程度高，受益面宽；带动性强，综合效益明显；扶贫持续效果好，能有效解决村民的脱贫致富等优点。更为重要的是，在屯堡传统文化保护与现代产业开发之间形成了良性互动的关系。然而，旅游保护模式在实现屯堡旅游资源与社会经济的可持续发展和屯堡文化世代传承的同时，也不可避免地带来一些问题。如，旅游使当地人的生活方式和生存意义发生了变化。传统文化变成一种被观赏的资源，使文化活动带有一种表演性质等。也即是说，旅游保护模式尚未从根本上解决文化保护的问题。

在教育中增加传统文化的内容，让屯堡的传统文化课程与制度化教育体系中原有的课程具有同等的地位。增设的课程可以称之为"地域文化"，它既包括本土的传统文化，又不局限于其中。地域文化教育的目的就在于知道并认同自己的历史，那么，即使经过几代之后，生活方式已经发生了很大的改变，屯堡文化仍可以在新的生存状态中得以延续。

布依族"六月六"

农历六月初六，是布依族隆重的传统节日，是布依族地区祭祀盘古、社神、山神、水神、田神，纪念祖先及大禹治水功德及本民族英雄人物的一个祭祀性和纪念性融为一体的传统节日，俗称"六月六"，布依语叫"更金索诺"，意为"过六月年"或"过六月节"。布依族"六月六"主要分布在黔南布依族苗族自治州、黔西南布依族苗族自治州，安顺市镇宁布依族苗族自治县、紫云苗族布依族自治县、关岭布依族苗族自治县，安顺市西秀区、安顺开发区照样有此浓郁的节日习俗，尤以关岭县和贞丰县布依族的"六月六"甚为隆重。1981年6月11日，国家民委正式认可"六月六"为布依族传统节日。

一、历史渊源

"六月六"作为传统节日，汉文献早有记载，如清人李宗昉《黔记》卷三说仲家"以六月六日为大节"。爱必达《黔南识略》卷二十七载："六月六日插秧已毕，又宰祭分食如三月，呼为更将，汉语过小年也。"道光《安顺府志》卷三十五《地理·风俗》也说：仲家"以六月六谓之过小年"。又陆次云《峒溪县志》上卷说：仲家"以六月六日为正旦"。以上记载，从各个不同的角度反映了布依族人民很早就把"六月六"作为一个重大的节日来欢庆。

"六月六"节的来历，有很多传说，但各地传说不一。或曰祭奠创造并传授水稻栽培技术的盘古；或曰庆贺栽秧上坎，完成栽插任务的欢聚；或曰纪念祖先反抗斗争胜利；或曰怀念古代一对青年男女为追求婚姻自由殉情而设立；或曰战胜虫害，保护庄稼的庆贺，等等。每一种说法都是一个动听的故事，都有一段美丽的传说，但流传广、极具代表性的有两个。

一是祭祀盘古的传说。相传远古时候布依族祖先"盘古王"发明水稻栽培技术，颇受人们称赞，但因家境清贫，孑然一身，生活十分困苦。一日，盘古出门干活，偶遇龙宫的龙女，知道盘古勤劳善良、孤单一人，龙女产生同情之心，二人结成夫妻，男耕女织，过着幸福生活。次年生一男儿，取名新横。新横自幼聪明勤奋，随父学习水稻栽培技术,后因年幼任性,冒犯生母龙女,龙女怒返龙宫,再也没有回来。盘古只有续弦,后又生一男孩,取名新顺。在一年的夏历六月初六盘古不幸病故,新横从此失去亲生父母,依附后母生活,不断改进水稻生产技术,连年获得丰收。无奈因后母心狠,企图独占家产,经常虐待新横。新横十分气愤,上告天庭,并要毁掉庄稼,断其后母生路。后母对此甚为焦急,遂向新横认错,求其宽恕,答应只要新横不毁庄稼,她愿待他如亲生儿子,并于每年六月初六,杀猪、杀鸡、包粽子祭祀盘古。新横见后母有所悔悟,表示同意,由此水稻栽培技术得以传诸后代。后来,人们每年六月初六都杀猪杀鸡包粽子祭祀盘古,祈求风调雨顺,农业丰收。

二是祭祀先祖大禹治水的传说。相传布依族先民(古越人)运用盘古发明水稻栽培技术种出来的水稻长势好,连获丰收。但遇到几年的洪水灾害后,一切尽灭,颗粒无收,越地大闹饥荒,人烟稀少。正在这节骨眼上,大禹治水来到越地。禹大功告成。治水成功了,布依族先民(古越人)种的稻谷既有水灌溉,又避免了洪水灾害的损失,获得丰收,度过饥荒,生活有了好转。这时布依族先民深知,在治水中,古越人虽然出了大力,但如果没有大禹来领头治水,当然也不会成功。因此,不应该忘记自己先祖及大禹治水的功德,应当连年祭祀。该族一致选定大禹生辰的夏历六月初六这天为祭祀日。

二、表现形式

布依族"六月六"传统节日的形式多样,内容丰富,大部分布依族地区都过,但各地的过法略有不同。布依族"六月六"以祭祀活动为主线贯穿始终,集合了民间歌曲、民间舞蹈、民间器乐曲、口头文学、民间体育、民间游戏、服饰、饮食等多文化形态,表现了布依族文化的绚丽多姿。"六月六"这一天,在安顺一带的布依族除了包粽粑、杀猪、杀鸡敬神和祭田之外,青年男女成群结队地穿着民族盛装,唱歌娱乐,寻找对象,热闹非凡。

其基本程序是:早晨,各家用白纸剪成纸马、纸人或三角旗,染上鸡血,插于稻田中,奉祀"白马"(即布依族陈的"天王""虫王""田公""田母")。布依族先民认为"白马""天王"是主宰病虫害和五谷丰登的权威,插上白纸幡祭祀,是对他们的尊敬,他们自然会保护稻田丰收;布依族认为"天神"和"水神"是主宰人间雨旱的,过节这天,家家户户用酒菜、鸡肉、刀头、香纸、烛到天河边、塘库边、水沟边、和稻田水口祭祀"天神"和"水神"。白天,要举行"议郎活动",即由寨老主持,与众乡亲商订每年保护庄稼和社会公益事业的乡规民约,共同遵守;中年妇女把家里用过的衣笼垫被等物,全部挑到、塘边、沟边等清流水之处洗净和沐浴,并有"六月六,龙晒服,打湿龙袍晒龙衣,清干洗净人康福"的念词。意为这天是龙的洗澡日,将龙洗过澡的水来洗各种污物和人身上的污垢,可避邪安康。晚上,中年男女歌师歌手聚集于寨中,举行对歌赛活动,唱古歌、叙事歌、风俗歌、诉苦歌、盘歌、红军歌、新民歌等,内容丰富,种类繁多。一唱一和,一起一落,大显身手,歌声不断,每每通宵达旦,一连数日,气氛热烈,蔚为壮观。青年男女则成群结队邀集于旷野或寨中,进行对歌、浪哨(谈恋爱)、丢花包等活动。

丢花包是贵州布依族亲年男女非常喜爱的一项游戏活动。早在宋代朱辅《溪蛮丛笑》中就有记载:"岁节数日,野外男女分两朋,各以五色彩囊豆栗,往来抛接。"清朝康熙年间《贵州通志》中载:"仲家……于孟春跳月,用彩布变小球如瓜,谓之花球,视所欢者掷之。"丢花包选择在村寨附近平坦宽阔的地方。在丢花包开始之前,青年男女互相对歌,在相距二三十米,站成两列,这时姑娘们手握提绳将花包左转右转向自己的如意郎抛去。后生接到花包后,即掷回给心爱的姑娘。如此往返抛接,投掷,花包左右穿梭,为青年男女传情达意。到若干回合后,便一对对地悄然离开,另寻一处叙衷肠唱情歌去了。丢花包是布依族青年男女最喜爱的一种娱乐活动,也是一种独特的社交方式。通过丢花包,他们可以各自选择自己满意的对象来谈恋爱,称为"浪哨"。在浪哨中如果双方情意相投,便可结成终身伴侣。丢花包的来历还有一个动人的故事:

传说,古老的时候有一个青年叫韦索刚,他栽的稻谷苗壮穗大,颗颗饱满,收成很好。在河的对面住着一个女孩叫金珠弹花爱,她独自生活,靠种棉、纺纱、织布为生。他们俩在一条河的两岸隔河相望,时常对歌传情,心里暗暗相爱,可惜不能过河相聚。韦索刚很羡慕金珠弹花爱种的棉花,也想种棉花,却没有棉花种。金珠弹花爱很赞赏韦索刚栽的五谷,也很想种五谷,却没有谷种。于是,韦索刚把最大最好的谷穗用头帕包着,捆成四四方方的一包,甩到对岸给金珠弹花爱;金珠弹花爱也解下围腰,把自己的棉花种子包好,同样捆成四四方方,抛到河对岸给韦索刚。两人互唱着感谢对方的歌。第二年,韦索刚种上了棉花,金珠弹花爱也开始种粮食。可是,韦索刚种的棉长得很矮很细,棉花小朵小朵的,一大块棉田收来还不满一箩。金珠弹花爱种的稻谷,也长得叶小苗细,颗粒不饱满,一大块田,都收不到一挑。他们两个只好年年都交换种子,天长日久双方相爱更深了。后来他俩每年总要到秋收时节隔岸相会,并经常对歌对到太阳落山。四面八方的青年男女听到歌声,也纷纷悄悄走来听他们对歌,看着他们甩种子包。

金珠弹花爱和韦索刚这对相爱的人隔河思念,盼望团聚。可是那滚滚奔流的河水,使他们不能相聚。他们坐在河两岸上相思相念,谁也不愿离开河边。他俩丢了九十九天的种子包,对了九十九夜的歌。歌比天上的星星多,种子包比地上的石子多。忠贞的爱情感动了天上的神仙,为他们在河中架起了一坐彩虹桥。彩虹桥发出耀眼的光芒,照亮了整个布依族村寨。一个从东岸踏着彩虹桥走来,一个从西岸踏着彩虹桥过去,两人相聚在彩虹桥中,结为终身伴侣。

布依人为了像韦索刚和金珠弹花爱那样得到自由美满和幸福的婚姻,把丢种子包作为寻找伴侣的重要活动,代代相传遍及整个布依族山寨。种子包也从原来简单的布包,绣上花朵、花纹和图案,缝上彩带,丢在空中,如龙飞凤舞。布依人称它为"花包"。

"六月六"即将到来,每家都要制作新衣,到过节时打扮一新。节日成为服饰的展览,服饰成为节日内容的一个组成部分,为节日增添光彩,渲染气氛。

是日,寨寨杀猪或杀牛,户户杀狗,宰鸡鸭,包粽粑,做卷粉作节日祭典、盛宴。拿粽粑喂牛,表示农忙已过,牛可以清闲了,故有"四月八粑粑喂牛,牛发愁;六月六粽子喂牛,牛点头"的农谚。各村寨宰猪祭神,订立保护庄稼和村寨的《乡规民约》,成年男子欢聚,各户分一份祭品,故有"又宰祭分食如三月"的记载,开始的两三天内,男女老幼盛装出行,玩山访友,欢度佳节。

三、活动内容

安顺市境历史形成的几个主要的"六月六"聚会点有:镇宁扁担山一带的红运"温家潭",安顺黄腊的孔陇场、龙宫等。在六月六节期间,每个聚会点都有成千上万的青年男女到那里去玩山娱乐,对歌恋爱,吹奏唢呐,敲打铜鼓,文艺表演,篮球比赛等。尤其以扁担山红运的耍龙、黄腊孔陇场的赛马、龙宫的拉龙最具特色,观者数万人。

"汪巳""汪当"是"六月六"中必不可少的祭祀活动。

"汪巳",杀牛祭祀"读巳"。布依人认为大树、高山和深潭中都有"读巳",它是布依族人民的保护神,因此"六月六"活动时,首先要举行集体性的"汪巳"活动。

布依族"六月六"活动大致有三块,在三天进行:初六谓之"汪巳",初七谓之"昂嘎",初八谓之"汪当"。活动的重头戏在第一天——"汪巳",以祭祀"巳神"(大禹的母亲"修巳")为主。整个祭祀活动除了展示布依族人的多神崇拜信仰外,还隐含着族源和农耕文化的诸多信息。

布依族"六月六"节,祭祀社神、水神、山神、大神,与水稻种植有直接关系,是人类图腾崇拜的体现。在长期的稻作生产中,布依族自认为社神(即土地神)可保佑沃土长出嘉谷;水神可乘"龙鱼",不涌水危害稻田,避除水灾,还可引水灌田,避除旱灾,还可以引水灌田,避除旱灾,丰收可望;山神能祛邪消灾,保持山上泥沙不下滑淹没稻田,不藏病虫损害水稻,从而获得好收成;天神给水稻带来阳光、雨露,保佑风调雨顺,稻谷丰收;雷神,能劈天下雨,告知稻农急避暴雨,不受身体伤害等。

四、文化价值

其一,"六月六"再现了布依族古老的祭祀文化。通过歌舞娱神的形式保持,延续了布依人的族源、文化根基,具有人类学、民族学、民俗学、民族文化的研究价值。活动中展示的歌、舞、乐,都是布依族人传统艺术之精粹,其艺术特征和文化内涵具有艺术学各科之研究价值。活动中演唱的《摩经》《古歌》等口传文献,集历史、生产、生活之大成。活动中的民族盛装,展示了布依人的审美观;高超的纺织工艺和各种刺绣、银饰,具有多种美术、工艺研究价值。

其二,"六月六"布依族传统教育的载体。布依族"六月六"举行族规家训教育,极有意义节日之夜,老年男女将少年男女集中起来,以"摆古"(讲古老故事)、编唱民歌、使用谚语等形式,对族内少年进行族规家训教育。"摆古"是通过讲述祖先的功德伟业和唱古歌,将古老的布依族历史及文化一代一代传下去,以启迪后人。其中渗透着以勤劳和善为美的思想,这是布依族村寨世代安宁和谐的重要原因之一。用编唱民歌进行生产技能和行为规范教育,具有浓郁的生活气息。比如广为流传的《刺绣蜡染歌》《种稻歌》就把蜡染、种稻的全过程唱出来,既好听又好记,还美化了劳动,增加劳动的欢乐,有利于生产。如《刺绣蜡染歌》唱道:

什么花最美丽?什么花花最芳香?不说人人也知道,就是世界上的两种花,一种花开会落,长在高山的草坪上;一种花开不会落,绣在姑娘的衣裙上,染在妈妈的被面上。

刺绣的花为什么这样美丽?蜡染的花为什么这样芳香?因为我们劳动花才美,因为我们勤快花才芳香!花的美丽,是我们刺绣的成绩,花的芳香,是我们蜡染的结晶,这是祖先的心血,这是老辈的积累。

2007年,关岭县与贞丰县布依族"六月六"节庆活动,被列入贵州省第二批省级非物质文化遗产代表作名录。

竹王崇拜

竹王崇拜,是安顺一代苗族民间的独特信仰,主要分布在镇宁布依族苗族自治县、紫云苗族布依族自治县、西秀区三县(区)交界处。在这个山峦重叠,沟壑纵横的方圆约 600 平方千米的深山里,以镇宁县革利乡为中心,居住着一支神秘的苗族,自称"蒙正"。"蒙正"苗族不信神,而是敬奉祖宗竹王,传说夜郎竹王是他们的老祖宗。竹王成了维系着一个家庭的人身依附,活着需要得到竹王的保护,死去要得到祖宗竹王的承认。"蒙正"苗族有独特的头饰、服饰,分布在 11 个乡(镇)、68 个村、162 个自然寨,人口 25000 多人。至今老百姓家里都还供奉着夜郎竹王的偶像,千百年来,他们笃信夜郎竹王就是自己的祖先。

一、历史渊源

(一)历史文献

黔中安顺一代,古人类活动遗址丰富,从普定县穿洞、白石岩洞,西秀区猫猫洞、象鼻洞、还愿洞等多处古文化遗址中,出土了大量的石器、角器、骨器和人的头骨化石,足以证明一万年前,古代先民早已在这一带燃起了文明的灯火。平坝飞虎山古遗址出土贵州第一片彩陶上,可瞥见先民智慧的光斑。西秀区宁谷汉墓群出土的文物中,足见安顺一代历史脉络的清晰。

随着历史长河的流淌,在安顺一代先后出现了许多松散的小部落,经过长期的争夺兼并,形成了部落联盟,逐步成为大小不等的邦国或邑域,其中最大的是牂牁国。牂牁一名,最早见于《管子·小匡》,齐桓公称霸时,已有一个表示降服的"南夷之国"牂牁,是古濮人的居地。《贵州古代史》载,古牂牁国"其北部辖地占了贵州近一半地盘,它的政治中心叫夜郎邑(今安顺)"。因此春秋时期的贵州,多以牂牁代之。

随着牂牁国的衰弱,其西北面兴起了另一支濮人的部落,其南面又兴起了南越部落,逐渐形成了北、南两股强劲势力,对牂牁形成了北、南夹击之势,迫使牂牁放弃了大量辖地,牂牁的君长被压到夜郎邑东北部的一个小邑且兰(今福泉、黄平一带),反而成为受大夜郎国统驭的一个小邦。《史记·西南夷列传》中所言"西南夷君长以什数,夜郎最大",指的就是这时期的大夜郎国。《贵州古代史》言明:"夜郎国的政治中心,仍在夜郎邑(今西秀区)。"夜郎国的强大,使汉王朝侧目,赐封夜郎王多同"夜郎王印";而夜郎国的强大,也让夜郎王与汉王朝争夺"孰为大"留下了历史的印记。

元鼎六年(公元前 111 年),汉王朝征服南越后,扬言"南越已灭,会还诛反者",夜郎王表示归顺汉王朝。是时,夜郎国地盘已大为缩小,与前之夜郎国相比已变为受制于汉朝的"小夜郎国"了。古牂牁国存在约 540 年,古夜郎国存在约 250 年,标志着这一地域奴隶制社会的终结。

两汉时期,汉朝势力的插入,逐渐形成了由封建贵族领主(大姓)与受其严密控制下的依附农民相对立的封建社会生产关系,标志着封建社会开始滋生。这一时期的历史印记,在西秀区宁谷镇的古汉墓遗址获得了文物佐证。宁谷镇的大寨、龙潭、上苑、潘孟、白泥、沙坝等一代,经省文物考古所发掘的各种陶器、铁器、铜器、钱币、汉砖、汉瓦等文物,证实宁谷不仅是汉墓群多,而且还发现了古建筑遗址和古窑址。这说明安顺市一带在西汉、东汉时期就是一块繁盛之地。

(二)民间传说

在《华阳国志·南中志》和《后汉书·南蛮西南夷列传》中,记载着一个美丽的传说:

古时候,有一条叫作遯水的江,从云南花山东山麓流经贵州册亨东面,它就是今天的北盘江。遯水流过的地方,上游一段多是山地,山势重峦叠嶂,奔腾的江水在山间峡谷中咆哮,令人望而生畏;只有下游江而宽阔,水流平缓,能够通行船只。

在遯水岸边的村寨里,住着一个不知名的姑娘,她聪明伶俐,美貌动人,勤劳善良。一天清晨,姑娘拿着衣裳到遯水边浣洗。忽然一段异常粗大竹筒顺水漂来,不偏不倚,刚好漂到她的两腿间。她感到非常奇怪,用力推开竹筒。过了一会儿,竹筒又漂回来。一连好几次,竹筒总像有一根无形的绳索牵引着一样,不肯离去。姑娘把竹筒捞出水面,发现竹筒十分沉重,里面似乎还有声音,仔细一听原来是婴儿"哇哇"的啼哭声。姑娘又惊又喜,立刻把竹筒抱到河滩,然后捡来一块锋利石片剖竹。

大竹剖开,一个白胖男孩奇迹般地出现。在姑娘的精心照料下,小男孩一天天成长起来,但一直没有名字,既然孩子是随竹筒漂来的,就以竹为姓。春去秋来,姓竹的孩子成年后,不但身材魁梧、臂力过人,聪明勇敢异常。当时,遯水两岸人烟稀少,满山遍野都有狼虫虎豹,人们上山狩猎、下河捕鱼,得成群结伴而行。姓竹的小伙子却独来独去,一人也能捕获许多猎物。久之,赢得了大家的尊敬和拥护,成为一方领袖,被尊奉为"竹王"。不知何时候,在姑娘当年丢弃破竹的地方,长出了一片茂密的竹林,人们在竹林盖了一座"竹王祠"。

竹王常和他的仆从们到深山里打猎,在他们往返的路旁,有一块硕大的巨石,如同一个天然石凳。竹王每次经过那里,总喜欢坐在巨石上休息。

那时候,在贵州的西部和南部有许多大大小小的部落。竹王的势力一天天强大,使那些部落首领们日夜不安,一些人知道自己不是竹王的对手,忙不迭地归附于竹王,表示俯首听命。对于那些迟迟不来归顺的部落,竹王便不断对他们发起进攻。结果,这些部落都被打败。竹王就这样不停地吞并周围的弱小部落,终于成为一个雄踞一方的霸主。

但竹王并不以统治附近的部落为满足。随着统治区域的扩大,他的野心也不断膨胀,时常梦想把势力伸向更远的地方。后来,他甚至连"王"这样的称号也感到不称意了,当他得知其他地方有"侯"这样的称号时,觉得蛮不错,便自称起"夜郎侯"。根据这一点,有人认为,竹王统治过的那片地区,很可能就是当初古夜郎国的所在地。

透过竹王传说,可见古代贵州也同其他地区一样,经历过知其母不知其父的母系氏族社会,先民们曾将竹王当作图腾崇拜,有过祭竹风俗。

二、表现形式

(一) 供竹王

革利地区苗族不信它神,只敬奉竹王,传说竹王是苗族的老祖宗。竹王偶像成了维系着一个家庭的人身依附。活着,需要得到竹王的保护;死去,为得到竹王的承认。因此,男性成人都要举行仪式供竹王,死时用供奉竹王的竹片陪葬,有了竹片为证,到阴间祖宗才承认。主要体现在两个方面。

(1) 安竹王位。供"竹王"是蒙正男性成年人一生中的大事。一般在成家以后,首先要杀只母猪来先祭给竹王,然后才能举行供竹王仪式。杀头母猪祭给竹王的时间是二三月间花开时节,其程序:

祭床。祭床由祭祀师制作,用4根木棒,做成3尺长、3尺高、1尺5寸宽的两层祭床。上层用13条竹片、13块杉树皮铺成,在杉树皮摆一块蜡布。下层用3条竹片、3块杉树皮铺上,在杉树皮上摆上3个土碗,祭床做好后,把事先准备好的母猪的4只脚捆起,抬到堂屋里,用根木杠子压着。祭祀师坐在堂屋中间面对祭床,女婿身着衣裙坐在祭祀师的左侧,伴为一对夫妻。祭祀师念祭词,女婿边撕麻边回答,并上粮敬供竹王。

用母猪肉祭供竹王。祭祀师念完祭词,把母猪肉煮熟后,第一次用奶肉13块摆在祭床上祭供竹王。祭祀师口中念念有词,祭完把奶肉收起,分给在场的每人吃一块;第二次用脖颈肉摆在祭床上祭供,祭祀师口中念念,祭完把脖颈肉收起,分给在场的每人吃一块;第三次用胛孔肉13块摆在祭床上祭供,祭祀师口中念念有词,祭完把胛孔收起,分给在场的每人吃一块,第四次用13个粑粑祭供,祭祀师口中念念有词,每个粑粑上放上一片河上菜;第五次用13碗血稀饭祭供,祭祀师口中念念有词,祭完后收下,由女婿来分给在场的人吃。分得什么吃什么,有的吃血稀饭,有的吃粑粑,有的吃奶肉,有的吃脖颈肉,但每人要吃一片河上菜。河上菜很苦,每人吃上一片意为提醒人们记住苦的味道;第六次用肉两腿,3只筷子穿好的3串肉(肉、心、肝、肺、肠、腰子各一块和猪尾巴)祭供。祭供完毕收下,第六次祭供的不是当场分吃,通过祭供竹王后分给主人家、祭祀师、女婿。主人家得一腿,祭祀师得一腿,女婿得猪尾巴带点肉,3只筷子穿好的祭供的3串肉(肉、心、肝、肺、肠、腰子各一小块),主人家、祭祀师、女婿各得一串。最后,由女婿把祭床抬丢在三岔路口。祭祀师口中念念有词,完毕返回,安竹王位仪式到此结束。

（2）束供竹王偶像。供竹王要到当年的冬腊月间，由主人家择定日期，再由家族来举行供竹王仪式。对于竹王特别崇拜，革利苗族认为：活着的人供了竹王，死后拿着竹片到祖宗那里报到，得到祖宗的承认，才能回归宗庙。如果一生中没有"供竹王"，死后没有拿着"竹片"到祖宗那里去报到，哪怕是80岁的老人。也得不到祖宗的承认，只能拿当小孩看待。

蒙正苗族供"竹王"，系由家族自己来办理，不用祭祀师。通过供竹王的认可，同时也确定家族中祭祖截止名单。其程序是：

打糍粑祭供竹王。用30斤糯米蒸熟后分三槽打。第一槽打好后放在簸箕里，先掏一个大的为竹王的放在一边，其他的掏下捏成小粑粑待冷后装作一袋；第二槽打好后掏下捏成小粑粑待冷后装作一袋；第三槽打好后掏下捏成小粑粑待冷后装作一袋放好，待第二天用于摆祭竹王。

掩口舌活动。为保证第二天祭供竹王活动的安全顺利。晚饭后首先用一只大公鸡来掩口舌。其做法是：在堂屋中烧一炉火，家族中都围坐火边，每人一只手提竹卦，一只手提一只大公鸡，一人手里拿着5棵竹签，边摘暴格蚕叶子（女贞树叶）穿在竹签上，边掏下几片暴格蚕叶子丢在火里烧炸，口中念念有词，意在保第二天祭供竹王活动的安全顺利。

请竹王到家来首座。把掩口舌和扫屋程序做完后，正式请竹王来堂屋里首座，由家族中一人手里提竹卦，祭毕就起鼓起笙，两人吹芦笙，一人击鼓，一人唱古歌。

第二天首先用粑粑、酒、猪、羊祭竹王。在堂屋里举行祭供竹王仪式。堂屋神龛下面摆放一块竹席，首先在竹席上用粑粑摆祭给祖宗，摆成5排，每排11个，共55个。在每个粑粑上面放小竹片，粑粑前面摆放一对竹卦。第一个大的为竹王的，其家族中死去五代各祖宗的，逐一请到各祖宗来就位，用粑粑摆祭3次后；接着给竹王祭酒，同时也要请家族中死去五代的祖宗来陪竹王喝酒；祭酒后先用一头猪祭给竹王，然后再用一只羊祭给竹王。边祭祀边念祭词。

束竹王偶像。"竹王"偶像是刺竹来做。砍竹时很讲究，须由家族中有经验的人砍，进了树林，要找长成一排对齐的砍（3棵、5棵、7棵）。用一棵（3节）长1尺5寸的刺竹作为主竹，5块大竹片，50块小竹片，竹挂一对合在一起，用姑妈家送来的半斤园麻将主竹、竹片、竹挂捆在主竹上端，麻尖留一尺长作为"竹王"的胡须做成竹王偶像。"竹王"偶像束好后，就请去供在堂屋楼上，平时不能动着；如翻盖房屋及新建房屋，首先要用一只仔鸡祭祀竹王并通说清楚，然后才把竹王的偶像揭下来放在一个干净的竹簸里。房屋修建完毕，立即将竹工偶像请回原位。

欢庆竹王表演活动。竹王偶像束好后立在一个竹簸里，请竹王老祖公坐堂屋神龛中间，看子孙们表演摔跤舞。摔跤舞3人组成，一男人吹芦笙走在前面，一人跟在后面边走边舞,一男扮女装的身挎一竹兜,竹兜里装着稻草,两只手端着一竹筛跟在后面,边走边舞,用竹筛去碰面前男人的屁股3次后,走在面前的这个男人调转回来,女的把竹筛放下,两个抱起就摔跤起来,摔跤舞摔3次,其中,女的要倒两次,男的只能倒一次。如扮女的劲大就摔不倒下去,站在旁边的都要帮忙男的,伸手去拉女的脚,站在旁边的男女老少哄堂大笑。

供竹王偶像。举行摔跤舞活动结束后,就请竹王偶像去供在堂屋楼上,竹王偶像在竹筛里,一人两手端着往楼上走,边走边问,一人在楼下回答。

竹王撒银。竹王偶像在堂屋楼上供好后,把头天打好的糯米饭粑粑拿到楼上去,一人在楼上边念边把粑粑一把一把地撒下来,意即竹王老祖公撒银子下来了,堂屋的大人、小孩争抢粑粑,抢得多表示谁财运好。粑粑要双不要单,参加的人抢的粑粑最后自己数,如是单数,由撒粑粑者补为双数,以示吉利。

(二)丧葬习俗中的竹崇拜

革利苗族老年人"寿终正寝"的葬礼隆重,其中,竹王崇拜的表现有:

(1)"破竹卦胆"。死者不论男女,把尸停好后,拿事先准备好的刺竹来做竹卦、竹卦做好后用刀由竹卦中间向准"竹胆"一划两破,破竹胆后说明死者已离开了人世间,这对竹卦就是代表死者。死者的整个丧葬程序都要用这对竹卦来做。

(2)用竹筛把供的竹祖偶像取下。男性成人在世时供有竹王偶像的。人死停尸结束后,家族中端一个竹筛到楼上,面对所供的竹王偶像念念有词。一念完把供的竹王偶像取下来放在竹筛里,端下楼来摆在棺木,中间下面,供来的客人祭奠。

(3)做竹王宫。在出丧的头天,家族中的主要任务是去找一块平的场地做"竹王宫"。"竹王宫"主要用一棵杉树,框架用竹做,外面用草盖,外形像一把伞,为3层,每层为四方。"竹王宫"前面用一棵竹子弯为弓形,意为大门;用4棵竹子插在"竹王宫"外面东、西、南、北四方,表示竹王城。

(4)男性揣竹证在胸间回归祖宗。男性成人死后从"竹王像"里要取出两块竹片,家族中一老人手提着竹片面对死者说:"亡人,要把你胸间的竹片揣好,到祖宗那里去报到,祖宗问你,你要把竹片拿出来给祖宗看,有了竹片作证据,祖宗才承认你。"念完把竹片放在死者胸间,然后盖棺。

(5)坐竹马。盖棺后,要由祭祀师来给死者开路,指引死者回归故土,砍4棵小竹量与棺木长,架斜捆起叫"竹马"。众人把棺抬起来,把竹马放在棺木底下,意为给死者坐上竹马后,在回归故上一是走得快;二是祖先看见坐竹马容易识别。

(6)用猪祭竹王偶像。在出丧前家族中一人用竹筛端像走在前面,一人提着装着一头小猪的猪笼走在后面,走到寨边选一平地停下来,面对竹王偶像念词。念完就当场把这头猪杀来祭给竹王,用猪血淋在竹王偶像和竹筛上一起烧掉。

(7)抬棺绕竹王宫3转。抬棺进竹王城,由芦笙开路,抬棺、牵牛、拉猪、抱鸡等跟在后面绕竹王宫3转,才把棺放在竹王宫门前面,以示死者已回归到宗庙。

(8)倒竹王宫。家族中祭祀程序做完后,把棺木盖好,抬灵柩出"竹王宫"。灵柩抬出"竹王宫"后,倒"竹王宫"由女婿来完成。此时,家族中的媳妇都准备好火把在"竹王宫"两边等着,待大女婿去"倒竹王宫"时,媳妇们就放火去烧"竹王宫",让火烧着大女婿取笑。

(9)接竹王。晚上家族中安排两个胆大的悄悄到死者坟边去把"竹卦"拿回家放在堂屋里,叫接死者的"魂魄"。意为接死者来与家人、亲戚再坐一夜。

(10)做灵魂。安葬死者后的第二天早晨,家族中用竹条做成一个人的框架,意为死者(死者是男的穿男衣,是女的穿女衣),把由坟上接回来的"竹卦""竹人"(均代表死者)放在竹簸箕抬到寨边的三岔路"做灵魂"。做灵魂仪式完后用一只小鸡在"竹人"头上绕3圈,把鸡摔丢到山上,叫"放生",意为人鬼分开。

(11)送灵魂。放生完后,一人抬着"竹人"回家,此时家里已关门。一人佯为死者叫开门,屋里的人问是谁,死者自报名字,屋里回答不让死者回来了。此时死者在门外说明回家的目的(是给家里人送金银财宝、儿女、牲畜等来)。对完4句话后屋里的人才开门,抬死者影身"竹人"坐在堂屋中间。家族中又用一只小猪祭祀死者,祭祀完后一人抬着"竹人"走出大门,哭丧的跟在后面,送死者的灵魂(竹卦、竹人)送到三岔路烧掉,死者的丧葬仪式告结束。

(三)日常生活中的竹王崇拜

(1)搬家竹王走在前面。供了竹王偶像后,如要搬家,首先用一只仔鸡在竹王偶像面前祭祀竹王,并向竹王通说清楚,某人要搬家到某地,通说完后就把竹王偶像取下来放在簸里,然后才能搬动东西。参加搬家的人要把东西捆好后,把竹王偶像放在竹箩里,由1人背竹箩走在前面,一人大声喊说:"老祖宗已经走了,大家跟着走咯。"这时,参加搬家的人才扛着东西走在竹王偶像后面。

(2)迁新居首先要请竹王复位。建了新房,择定迁新居日期的这一天,第一件事是用一只仔鸡祭祀竹王偶像复位,说明祖宗已到新房里来了,这时主人家才能搬东西进屋、办酒请客等。

(3)女性竹王崇拜。其表现在头饰上,其做法是用一把8寸长的"月牙形"木梳截为两节,用线绑扎在长1尺5寸、宽1寸的2块竹片两端,掺假发绾髻于头顶,在竹片上两头露木梳角,右边长,左边短,右边的头发下垂齐肩。一是形似牛角,记载了5千年前蚩尤时代的牛角文化;二是两块竹片髻在头顶上,记载了对夜郎竹王至高无上的崇拜。

(4)送亲新娘的打竹伞。由新娘家"客头"(新娘的堂哥)左肩身挎一升米。鸡两只(公母各一),路上不能换肩,走在送亲客前面。新娘由姐妹们陪伴"打竹伞"走在客头后面,据说打竹伞能驱凶辟邪。

(5)离婚破竹。过去男女青年离婚,经过讲好后,到割断关系的这一天,双方老人要到指定的岔路口,用一节竹子划为两块,男女双方各持一块为证,并当众发誓:"从今以后断绝关系,互不干涉,如有那方反悔,有此竹块为证。"

(6)竹筒测雨水。为预测第二年雨水的好坏,以便好安排农活,大年三十吃过晚饭后,用一节小竹按顺序装上 12 颗黄豆,一颗代表一个月,然后灌满水,用布把口封好。正月初三小心地由一边把小竹筒划开,按顺序观看 12 颗黄豆,就可预测当年雨水的好坏。

(7)保命栽竹。小孩多病,就要请巫师来,用完鸡鸭后,在房前屋后栽两棵小竹,叫"栽根",保小孩健康成长。

(8)搭竹桥。小孩多病,就要请巫师来帮忙搭桥,竹桥有两种。一是用两棵小竹在大门口的石桥旁边弯为弓形,叫花竹桥;二是用一棵 1 丈 5 尺长的竹子弯为弓形安放在小孩睡的房间的门上。

(四)竹王传说

远古时期,苗族居住的地方竹子很多,到处都是竹林。有一个名叫谷汤的苗女长得很漂亮,四面八方的小伙都来向她求亲;谷汤一个都选不上,她母亲就骂她:"你一个都选不上,可能你要一个活龙(苗语指英俊的男人)。"谁知她家屋后的一棵大竹已经成精,这棵大竹听见了,一天晚上这棵竹精就变成了一个很英俊的小伙来向谷汤求亲,谷汤一见这个小伙就选上了。问他的住址和名字,这棵竹精说他家住在竹林寨,名叫竹。谷汤答应了竹的求亲,但向竹提出要竹一样东西作凭证,并约定第三天晚上要来与父母见面,征得父母同意后才能成婚。竹拿什么东西给谷汤作凭证呢?竹想了半天,脱下身上穿的一件衣服给谷汤,谷汤也送了一套衣裙给竹带去作凭证。谷汤拿竹送给她的那件衣服放存在枕头下。第二天起来谷汤就把此事给母亲讲了,谷汤的母亲很高兴。谷汤准备去把竹留下给她作凭证的衣服来给母亲看,上楼去把枕头拿开一看,竹送给她做凭证的衣服是一片笋壳。谷汤觉得很奇怪,没有拿给母亲看,也不好对母亲说。第三天晚上竹按照约定的时间来与谷汤父母见面。谷汤父母见竹长得很英俊,于是就答应谷汤与竹的婚事。谷汤与竹成婚一年后生下一个孩子,取名"多德"。多德长大后能文能武,称为苗族人民首领。多德带领苗族众人开荒辟地,发展生产,使苗族众人过上了安居乐业的幸福生活。

后来,多德到京城读书,因为聪明过人,引起了老师的重视。有一天,老师找多德去谈话,问他家里的情况,并问他父亲叫什么名字。因多德从来没有见过他父亲的面,也不知道他父亲是谁,对老师的问话多德答不出来,只好对老师说等回家问他母亲后再去向老师报告。于是多德回家问他母亲:"妈?我到学校读书,老师问我父亲是谁,您老人要告诉我,我好去向老师报告。"多德的母亲不好对儿子讲,就说:"你没有父亲。"多德对他母亲说:"妈?我怎么没有父亲呢?就是一只狗,您都要给我讲。"在多德再三要求下,多德的母亲谷汤就编造了一个故事说:"一天,我在河边洗衣服,当我洗完衣服准备回家时,水中有三节竹子向我漂来,我听见竹子里有婴儿的哭声,从水里把竹子捡起来看,突然竹子就破开了,里面有一个小男孩,我就把这个小男孩抱回家来抚养,取名多德,这个小男孩就是你。"多德就当着他母亲说:"我是从三节竹子里出来的,我的祖宗是竹。今后,我的后代是男孩的就要供竹祖,是女的要把竹片戴在头顶上。"

多德回到京城学校就将他母亲编造的故事向老师做了报告。后来,多德在京城无辜被害,他的后代为了纪念他,于是就按照多德说的,男的就用刺竹来做成多德的偶像来供在楼上,女的就用两块竹片来绾髻在头顶上。至今革利地区的苗族供竹祖和戴竹片的习俗就是这样来的。

三、保护传承

2009年,夜郎竹王文化及古遗址被列入《安顺市文化产业发展规划》。

2008年以来,至2013年,镇宁布依族苗族自治县已成功举办了六届夜郎竹王文化艺术节,亦称"竹王节"。"竹王节"为夜郎竹王后裔一年一度的祭祖传统节日,农历二月十二日举行。据一位蒙正苗族后裔同胞介绍到,夜郎国还未消亡时,每年的农历二月十二日,王室及民间都要举行隆重的祭祀夜郎竹王祖先的活动。

另外,镇宁苗族七月十二日举办跳"竹王坡节"活动,也是竹王崇拜的一种体现,预祝粮食有好收成。

2007年,镇宁县竹王崇拜被列入贵州省第二批省级非物质文化遗产代表作名录。

铁水冲龙

铁水冲龙,盛行于普定县城,是正月玩龙闹新春仪式的高潮。活动举行时观众成千上万、规模宏大,是普定县历史悠久的盛大传统民俗,也是在春节期间举行的庆祝旧岁人寿年丰、祈求新年六畜兴旺、五谷丰登的重要活动,同时又是普定城居民消灾祈福、荡除邪魔,以保庆吉平安的传统节日。

一、历史渊源

龙在中国象征着吉祥,是中华民族的图腾。玩龙的民俗始于盛唐,因民间有唐太宗梦到青龙的故事。

传说明洪武年间,普定民间开始玩龙。最初,由于生活艰难,条件有限,人们主要用稻草扎成的草把龙来作为舞龙的主要道具,后因条件变化,渐渐从草把龙变为节子龙,最后演变成做工较为精细的青龙。

普定正月十五铁水冲龙(一)(高守应 摄)

清光绪之前,冲龙民俗在普定还没有真正形成是较为松散的活动,没有特定的组织,也没有规定完成活动需要多少天。至清光绪三十年(1904年),由普定城关镇商人伍西堂组织舞龙队后,每年始有沿袭的舞龙队,并形成正月初二至十五为玩龙、冲龙习俗的固定时间。

民国以前,冲龙是用爆竹、烟花、黄烟,后采用威力较大的"通线地雷"鞭炮等。民国二十八年(1939年),普定城关镇人廖祝山发明用熔化的铁水冲龙,由于具有惊险刺激、

普定正月十五铁水冲龙(二)(高守应 摄)

奇美无比的效果,于是被沿袭下来。因此,普定的铁水冲龙民俗是从使用普通烟花爆竹冲龙民俗演变来。

二、生存环境

普定县地处黔中腹地,位于云贵高原东侧斜坡地带,距贵州省会贵阳120千米,东界西秀区,南交镇宁县,西靠六盘水市的六枝特区,北抵毕节地区的织金县,东西长51.4千米,南北宽40千米,总面积1079.93平方千米,总人口为50万人。境内,乌江上游三岔河自西向东横贯中部,属北亚热带季风湿润气候区,年平均气温15.1摄氏度,年降雨量1300毫米以上。地貌形态多样,自然景观奇特,与红枫湖、黄果树、龙宫、织金洞等一批国家级风景名胜区连成一片,是贵州西线风景区中心。

普定县有着悠久和丰富的文化沉淀。县城以西近郊的全国重点文物保护单位穿洞古人类遗址,是一万六千多年前的"穿洞人"故乡。唐朝建始安县。元宪宗七年(1257年),普里、普定归附,以其地置普定万户,不久改为普定府。元大德七年(1303年),改为普定路。明洪武十五年(1382年),置普定卫,旋升为军民指挥使司。明洪武十六年(1383年),升普定府为普定军民府。清康熙十年(1671年),改普定卫置普定县。民国元年(1912年),撤普定县并入安顺府。民国二年(1913年),恢复普定县,改安顺府为安顺县。民国三年(1914年),普定县移治定南(今普定县城),以原普定县部分属地为根本,划拨邻县插花地组成新的普定县,县名沿用至今。

普定正月十五铁水冲龙(三)(高守应 摄)

三、表现形式

冲龙活动中,每条龙需要60多人参与玩耍,观众成千上万,活动场面盛大、隆重,须精心组织。所以在旧年腊月尾,舞龙队就开始准备活动中需要的物件。首先是用竹子扎龙一条,分为9节。头、尾各一节,身体7节,每节长约2.8米,整条龙长近27米。龙身或为黄色,或为青色;引龙前行的引路宝四个(又叫"奉贺宝");纸扎鱼兵虾将;生铁4~6吨,用以熔化成铁水冲龙。

玩龙之前,要举行请龙和祭龙仪式。每年舞龙的第一天(正月初二),举行请龙仪式,即在一个宽敞的街面上,摆放一张八仙桌,桌上放一块上好的刀头肉、米酒,燃土香、点红蜡。桌子对面也摆放一张大桌子,桌子上立着精心扎制而显得威武的龙头。龙头后面60多人举着的龙身长长地横在看热闹的人群中间,很是壮观。一位年过古稀的老人双手执一只羽毛漂亮的大公鸡,先朝刀头(猪肉供品)方位作三个揖,转身朝龙头处也作三个揖,就开口说四句:

黄道吉日在此时,国强民富显壮志。
凭借诚心请祥龙,佑我县城永兴隆。

随后,杀鸡滴血入酒碗中,舞龙组织者、舞龙队成员、掌管本次冲龙的经济者,皆一一饮用碗中鸡血酒,以明对龙敬畏之心。仪式结束后,舞龙队举着大龙先在老街上行走一圈,后到玉皇阁,再到龙王庙,最后至城隍庙三处进行相应的祭祀活动,完毕,方才至县城的各街各巷,有时还要到邻近的乡镇或村里游玩。

此前,冲龙活动负组织人就把玩龙的帖子先送到单位、人家户或院落,接了贴的人家和单位就要准备冲龙所用的炮仗花、竹筒花等。请龙和祭龙仪式的当天晚上,舞龙队就敲锣打鼓地向接帖人家和单位走去,开始了简单小规模的冲龙。大龙进家入户时,龙头朝主家,龙尾不停地摆动,主人家就点燃挂在长竹竿上的鞭炮,围着舞动的龙冲耍。这就开始冲龙了,除龙头不能冲之外,炮仗、竹筒声等就回响在大龙的周围。这个时候,要有人说四句:

武龙降瑞除春寒,龙头先保真平安。
龙腾天空富贵还,功名利禄莫用盼。

吉利四句说完,主人家往往回应说:赶您老人家的金言!然后随自己心意送给舞龙队一个红包,这家的冲龙就算完成。接着又到另外的人家或单位。虽是小型冲龙,但往往会冲坏龙身,所以每日都就要迎龙归家,把龙身冲坏的地方修补好。一般坏得比较严重的地方是龙尾,因为县城人冲龙,喜欢冲尾巴龙。完全修复之后晚上又接着冲

普定正月十五铁水冲龙(四)(高守应 摄)

每晚都要玩转东南西北四条主要街道,反反复复一直要到正月十五那晚。

普定城正月玩龙分文、武两种玩法:文玩的龙叫"文龙",又称"彩龙",只供欣赏不能冲,舞龙时要变换各种动作,重在技巧;武玩的龙叫"武龙",又叫"火龙",是冲龙民俗中被冲的对象。玩武龙的时候除了进行各种玩龙技巧外,那就是在火星四射中,展现它刚毅、勇猛的一面。所以城里人讲,赏彩龙冲武龙,通常在正月十五,才是真正的玩龙活动高潮——铁水冲龙。

人们先把十余吨生铁运到体育场,把铁炉烧燃。这个时候,龙头大爷仍然带着十余条龙,分成不同的方向,沿街玩龙,迎接鞭炮的"冲喜"。等到各路彩龙从街上聚集到体育场,师傅们将生铁也熔成了通红的铁水。伴随着一声:"吉时到!"响亮的喊声,锣、鼓、钹一道敲起来,人们自觉腾出一片空地。龙就在人群中欢乐的舞动翻腾。此时,冲龙的小伙子们三三两两把熔化的铁水用铁桶抬过来,一人用铁瓢舀出来,高高抛出,另一人用木板把还未落地的铁水打向夜空。龙舞到哪里,鞭炮就紧跟着冲到哪里,铁水也紧跟着打向哪里。铁水被木板击散后,迅速扩散,在夜空

中形成飞金溅玉的奇特视觉。铁水除了有奇特的效果外,还有一种被摄人心魄的被烧灼的震撼,玩龙的人和看冲龙的人都感觉到特别地刺激,当然落在人身上的碎铁只有不会伤人的余热。

就这样不停地舞动数条长龙,不停地追着龙冲鞭炮,朝着龙打铁水。头上鞭炮齐鸣,空中铁水绽放,数以万计的观众随着龙奔跑、呐喊、狂欢,整个普定县城俨然欢乐的海洋。

四、文化价值

观赏性。打铁水的时候,铁水在夜空飞溅开来后,就像天上下起了红红的雪、也像空中绽开了红红的花,形成铁水飞舞、铁花开的壮美景观,极具观赏性。每年正月十五铁水冲龙的时候,都会有来自海内外的摄影、摄像团体到普定进行创作,形成大量的文学、摄影、电视作品。

参与性。因为铁水冲龙时,熔化的铁水打向空中后迅速冷却,落到人的脸上、脖子上和身上,虽有点烫却不会伤人。于是,看过铁水冲龙的观众,就随着龙的舞动,随着铁水花的盛开而涌动。没有看过铁水冲龙的,看到铁水冲龙"有惊无险"后,也参与到玩龙者与冲龙者之间,跟着舞龙奔跑,随着铁水花的盛开呐喊、欢呼,虽然玩龙者、冲龙者、击鼓者、烧铁水者加起来超不过百人,但冲龙的时候,参与到冲龙活动中的人却数以万计。

安顺屯堡文化

安顺屯堡文化(项目),原列入贵州省第一批非物质文化遗产"文化空间"类名录。屯堡文化作为安顺一带典型的地域文化,是在独特的历史条件和地理环境下,形成的在一定区域内的独特文化现象。黔中安顺一带200余平方千米范围内近300个村庄所呈现的屯堡文化,是历经600年积淀下来的目前国内最具特色的汉族生存的地域文化现象,至今仍然保持着中原汉民族已经消失的诸多特点,明显区别于当地土著居民和后移民,影响着贵州多元文化格局的形成。

一、历史渊源

屯堡文化来源于明初朱元璋"调北征南"和随后的"调北填南"。明朝军队征服南方过后,为了统治南方,命令大军就地屯田驻扎下来,还从中原,湖广和两江地区把一些工匠、平民和犯官等强行迁至今贵州安顺一带居住,随着历史的变迁,这些人在亦兵亦民的过程中繁衍生息,既不断吸收当地的先进生产方式,又恪守各自世代相承的文化生活习俗,久而久之,就形成了现在我们称之为"屯堡文化"的这样一种独特的汉族文化现象,他既执着地保留其先民们的文化特性,又在长期的征战耕读生活中,创造了自己的地域文明。

二、生存环境

区位条件。在历史上,安顺明显的区位优势,对安顺的发展曾经起着重要的作用。由于地处黔中腹地,自然条件优越,安顺是贵州历史上开发最早的区域,战略地位重要,被称为"滇之喉,黔之腹,蜀粤之唇齿"。贵州历史上第一条公路建在安顺,第一条高等级公路和第一条高水平的高速公路也建在安顺。

自然生态。在安顺一带,碳酸盐岩石广布,喀斯特较为发育,由喀斯特丘陵和开阔的喀斯特盆地宽谷或槽谷组成的复合地貌类型——丘原比较显著。丘陵高于盆地或谷地大多低于200米。盆地、谷地平坦且基本连通,便于交通、联系。气候温和湿润,土地平整,耕地连片,历来是贵州主要粮油产区之一,也为区域社会、经济文化的发展提供了较为优越的自然环境基础。以安顺为中心的黔中一带,河槽坝子较多,土层深厚,耕地集中连片,气候温和湿润,有利农耕,为江南农耕经济、文化扎根贵州高原奠定基础,也是安顺屯堡文化景观形成的根本之一。

屯堡村落——鲍屯村所在的地理环境(吴忠贤 摄)

人文生态。安顺市辖西秀区、平坝县、普定县、镇宁布依族苗族自治县、关岭布依族苗族自治县、紫云苗族布依族自治县,主要的少数民族有布依、苗、回、仡佬,人口占全市总人口的39%。作为多民族聚居的地区,仡佬族、苗族、布依族、回族等少数民族在这片古老的土地上繁衍生息,形成了独特的文化习俗。由石瓦、石墙、石门窗构成的石头村落比比皆是,与高原风光融为一体,充满异域情调。民族头饰、服饰做工精细、色彩斑斓,蜡染、刺绣、挑花等传统工艺图案精美,工艺独特。民族节日丰富多彩,古风犹存。布依族的赛马、赶表,苗族的跳花、对歌等表现出特别的民族情趣。

三、表现形式

1.建筑文化

村寨选址。屯堡村寨在选址上遵循传统风水理念:"左青龙,右白虎,前朱雀,后玄武",即是背有靠山,前临坝子,两侧流水曲折。安顺屯堡村寨选址基本上是按这一要求进行的。寨前多为良田,且水源充足,寨后紧靠青山,但村寨又不建在山上。依山不居山,临水不靠水,既能进可攻,退可守,又避免洪涝灾害。以九溪为例,背靠猫林坡,右为王家坡,左为詹家坡,前面有宽阔的九溪河,很符合中国人传统的风水观,其他如鲍屯、吉昌屯、本寨、雷屯等在选址上都有这些共同特点。搁置人们受到的这些传统文化的影响,单看屯堡村寨的选址,确实都是条件比较好的田坝区,一边是青山绿水,一边是宽阔的良田好地,这对于战争年代向军队的供给提供了保障,也使屯堡人形成了区别于其他人群的独立文化单元。

村寨布局。安顺屯堡村寨出于当初军事防御的需要都砌有围墙,使屯堡村寨成为独立的一个社会单元,围墙呈圆形或半圆形,随地势的起伏而修建,蜿蜒曲折,尽显历史的沧桑。在村寨前建有坚固寨门,俨然古城门,大有拒敌于千里之外的气势。

屯堡村寨的内部结构通常如此:经过寨门,通常有一条主街通向寨子尽头,两侧有数条小巷,在主街与小巷的联结网络上分布一个个的四合院、三合院。屯堡村寨内部的空间布局是在农业社会的条件下因遇战事而形成的一个个既能够防御敌人,又能够自给自足的社会单元。

屯堡村寨内部功能布局一般都比较合理,部分院落建有碉楼,高耸于石板房顶的建筑群中,军事防御功能可见一斑,成为屯堡村寨的标志性建筑,是屯堡村寨区别于其他村寨的重要标志。屯堡村寨内部一般一寨一庙,甚者一寨多庙,比如九溪有三座庙。庙是屯堡人实施教化和清除非群体意识的重要的精神圣地,是屯堡人增强凝聚力的重要场所。屯堡村寨内部一般都有公共用地,供屯堡人举行大型活动,比如迎春会、村民大会等。公共用地使屯堡人经常"演习"组织化的活动,增强组织性、纪律性,以便偶遇突发事件能调动大家积极性共同解决问题。

屯堡民居。屯堡民居一般为典型的三合院、四合院,大门不直接面对大路,为斜开且呈"八"字形,故又名"八字朝门",也不直接面对主体建筑的大门,故而屯堡民居又有"歪门邪道"的特点。民居内有"天井",一般呈方形,象征一颗官印,喻义儿孙大富大贵,入仕做官。如果地势受限,不便建成方形的天井,至少也要将其建成横长的,喻财路亨通。绝不能建成直长,直长像一具棺材卧躺家中,这是大忌。屯堡民居也遵循"左青龙、右白虎、前朱雀、后玄武"的风水理念,即正房必须要高,有石阶步入,石级必须是单数,正房的对面称"照面",须比正房低,左厢房的位置必须较右厢房高。子女结婚,长居左,次居右,次序严格,"长幼有序"的传统,丝毫不乱。

民居一般为三间,也有五间、七间,但绝无九间,"九五之尊"乃帝王待遇。安顺屯堡民居的构架均为穿斗式石木结构。我国传统建筑的山墙和后檐墙,一般都用生土和砖两种材料做成,生土可以就地取材,但牢固性差,不经久用;砖的牢固性好,但价格昂贵。屯堡人当初的生存条件和当地提供的自然条件使其舍去了这两种传统材料,选择了既价廉又坚固的石块砌墙。

茅草和陶瓦覆盖是我国民居的特点。而屯堡人既充分利用自然又有所创新,不用陶瓦和茅草,采用随处可取的石板盖房。

屯堡民居在整体上不过多粉饰。只在重点部位和醒目的构体上如柱础、门楼、窗户等处用雕刻加工装饰。一般雕刻寓意美好的传统故事,既能美化居室,又能教育家庭成员。当然,也有人家在雕刻自作诗句或古代名篇,如九溪一民居就是雕有自己作的诗,另一家则在木板雕刻阳文王羲之《兰亭集序》,让人感觉到文化的厚重。

2.服饰文化

服饰是一个民族的重要标志,汉族的传统服饰几乎消失殆尽,但屯堡妇女却默默地将其传承着,使得今天还能找寻到一部分历史的踪迹。屯堡人作为一个特殊的族群,与少数民族、其他汉族群体的一个重要差别表现在妇女的服饰上。

屯堡妇女的头饰和衣着婚前婚后有明显区别。在头饰上未婚女子长长的发辫垂于身后,与腰带的丝头自然连成一线。结婚的屯堡妇女则把头发挽成发髻盘在脑后,用马尾编织的发网罩着,插上玉石或银制的长簪,把青纱或青布折成宽约一寸半的布条包在头上。符号特征尤为明显。让人一看,立刻分辨得出。

屯堡妇女喜欢穿浅蓝色长衣,俗称"水月蓝"。长衣的领、袖、襟边均缀上花边,并钉上一条布作衬底,俗称"押条"。袖子过肘关节显得很短,而袖口则有尺余显得很大,"大袖子"因此得名。"大袖子"长衣是屯堡妇女独有的服饰标志。

屯堡妇女系的腰带俗称"丝头腰带",长约丈余,中间部分用棉线和麻线编织成板块状的硬带,两头则缀着数十根长约1尺的丝线(俗称丝头)。在腰间包扎成圈后,在身后打结让两头的丝线整齐同长。行走时,丝线左右摇摆甩出鱼钩状,有一种动感美。

系上腰带还要系围腰。屯堡妇女的围腰为下摆长约两尺宽1尺半的青布,上面连接着宽约5寸的蓝布(俗称围腰布的"腰"),两边连接着白布带做的扣眼,再用细长的围腰带把两个扣眼串起来系在身后,同样打结和丝头系腰的丝线等长垂于身后。围腰既是劳动的防护品,也是一种别致的装饰品,妇女不系围腰会被视为懒散和下贱。

屯堡妇女穿的鞋是自己制作的尖头绣花鞋。鞋头两边绣花后又用丝线在中间加工出一个上翘的尖尖角,最后再把鞋帮和鞋底用麻线联上。

今天的汉族应该说已没有自己的民族服装了,它不像少数民族大都有识别民族特征的服饰,即便是旗袍也不是汉族特有的服装,而是将满族的服装改造而成的,且并不是十分普及。汉族受西化的影响太大了,而汉族真正的传统服饰能保留下来,这大概应该在屯堡妇女的身上。因此,从某种意义上说,屯堡妇女可说是屯堡文化的重要传承者,功莫大焉。

3.饮食文化

屯堡人的饮食习俗受历史和自然环境的影响,形成了独具特色的内容齐全的饮食文化。一方面,既有江淮风格和便于战争中携带的特点,另一方面,又有贵州山间坝子所衍生出的一些特点。

屯堡人的饮食结构,以大米为主,杂粮为辅。屯堡区是田坝区,盛产水稻,屯堡人将大米称作主食,种植的玉米、麦子、小米、高粱、豆类等,称之为杂粮。屯堡人能将其做成众多具有地方风味的食品。

主食系列。屯堡人主要吃米饭。但屯堡人创造性的生产生活态度,也使大米做成各种风味的食品,如米粉、卷粉、凉粉和米酒。屯堡人喜吃糯食,有糍粑、甜酒、冻米(将糯米饭弄散晾干而成),冻米可以爆炒米花,还可以煮出甜糯米酒。最具特色的是用糯米和粳米磨成米面后做成的"糕粑",这是屯堡人为了应付突发战事和农忙季节而制作的快餐食品,是将江淮老家的"年糕"改造而成的一种新食品。吃法多样,可以煮着吃、蒸着吃、烧烤着吃,在没有水、火的情况下还可以冷吃,十分方便,贮藏的时间又长,只需泡在雪水或冷水里,就可以吃到第二年四五月不变味。因此,一到岁末,每户人家都要做百十斤甚至数百斤"糕粑",以应农忙的需要。

屯堡人喜吃甜食,且屯堡人的糖食果品都是自己做的。他们用糯米发酵成麦芽来做糖,而不是用蔗糖,可以做成枣子糖、窝丝糖、花生糖、葵花糖、丁丁糖等若干糖食,这些糖食多具屯堡特色,以九溪生产的最为有名。

杂粮系列。杂粮做出的食品更"杂",有苞谷饭、苞谷粑、苞谷花、苞谷烧、阴苞谷、黄粑、红稗粑、小米粑等数十个品种,让异乡人大叹屯堡饮食文化独具特色而又纷繁复杂。

副食系列。副食方面,为了备战备荒和农忙应急的需要,屯堡人采取干制、腌制等多种加工方法,做成很多副食产品,贮藏起来以备急需。

干菜。干菜的制作有两种,一是直接晒干,二是将毛菜用开水汆过暴晒并将水分晾干。食品有干辣椒、干瓜、干豇豆、干竹笋、干蕨菜、干萝卜、干盐菜、干豆豉等,这类干菜有的直接可食,有的需用水发胀再食用。

熏菜。熏菜是以猪肉、豆腐为原料,以食盐和五香粉等调味品将其腌透。用树叶烟火将其熏烤而制作而成。如腊肉、香肠、血豆腐、盐豆腐、牛肉干巴等。

泡菜和酸菜。泡菜,其制作是将食盐、花椒、冰糖、食醋等放进凉开水中制成泡菜水,盛在坛子里,将洗净而成块状的原料泡进坛子里,到一定时日即可食用,主要有泡萝卜、泡辣椒、泡紫姜、泡藠头、泡大蒜、泡蕨菜、泡洋姜、泡地串、泡豇豆、泡洋荷等。酸菜是将萝卜、莲花白、青菜等蔬菜在开水里汆过,置入盛有豆腐水的坛子,不几日即可食用。

瀑菜。瀑菜是将蔬菜洗净、晾干,用食盐腌透,洒上料酒放入陶制坛罐里压实,将稻草或苞谷封好坛子口,再将坛子口朝下匍在装水的钵盂内就可长期保存。瀑菜有瀑藠头、瀑大蒜、瀑椿菜、瀑洋姜、瀑地串、瀑萝卜、瀑大头菜、瀑盐菜等,是饮酒、吃米饭、喝稀饭的配套佳肴。

4. 农耕用具

屯堡区属于产粮区,再加上屯堡先民多来自江淮,带来了先进的农耕文明,他们使用大量农耕用具耕作黔中,创造了大量的社会财富。

屯堡人使用的农具种类大致可分五类:一是耕种农具,有犁、锄、锹、钉耙等;二是施肥农具,有粪箕、高箕、秧马等;三是灌溉农具,有筒车(又名高车,俗名水伞)、翻车(又名水车,俗称龙骨车)、戽斗(俗名水兜)等;四是收获农具,有镰刀、掼斗、撮箕、木耙、风车(俗名风簸)等;五是运输工具,有挑箩、扁担、麻布袋、花轮马车等。

5. 屯堡话

屯堡人的语言与其他人群语言的不同表现在语言、"言旨话"及农谚等方面,这也是屯堡人作为特殊族群的重要文化符号。

(1)语音。屯堡语音与安顺话和普通话在阴、阳、上、去四声有很大差异。比如屯堡人说"吃饭"的"吃"发音有浓厚的卷舌音,凡古入声字,如"不""日""月""出""脚""血""由"等,在屯堡语音中通读阳平。同贵州方言相比较,屯堡话更要接近普通话些。

(2)"言旨话"。屯堡人天生具有幽默感,善用语言表情达意,除使用一般常用的歇后语之外,还善于运用"言旨话"。"言旨话"按表达有单说和连说两类,但实际都是一种表达形式。单说的"言旨话"是指以常用四字成语或熟语,四个字只说前三个字,留一个不说,要表达的意思就在不说的第四个字上。有的是直接意思,有的是用谐音字,例如,青山绿(水)、两面三(刀)、细皮嫩(肉)、天长地(久,指酒)等。连说的"言旨话"即指将几个单独的言旨话连着表达一个相关的意思,比如,"你的嘟口嘟(嘴)上有一颗劳动模(饭)""上街去买点细皮嫩(肉),打点天长地(酒),来两卡一(吃)"等。

"言旨话"是一种特殊的社会语言,内容渗透于生活的每一个角落,屯堡人不论男女老少均能运用自如。"言旨话"是使他们区别于其他人群的特殊社会语言,这体现了屯堡人正直、开朗、自娱自乐的生活态度。

6.地戏

屯堡人最引人注目的民俗活动就是跳地戏,当地人称之为"跳神"。它与屯堡村寨的建筑、语言、妇女服饰等构成了屯堡人的形象识别系统。在安顺100多个屯堡村寨中保存有300多堂地戏。地戏的内容全是武戏,不演反戏,没有言情戏,这与屯堡人的先辈随着"调北征南"的大军征讨西南的背景有密切关系。据《续修安顺府志》记载:"黔中民众多来自外省,当草莱开辟之后,多习于安逸,积之既久,武备渐废,太平岂能长保,识者忧之。于是乃有跳神戏之举,借以演习武事,不使生疏,含有寓兵于农之深意。迄今安顺境内,盛行不衰。时当正月,跳神之村寨,锣鼓喧天,极为热闹。跳神者头顶青巾,腰围战裙,额戴假面,手执刀矛,且唱且舞。听唱戏文,或为东周列国故事,或取自封神演义、汉书、三国,或为仁贵征东、丁山征西、狄青平南、说唐、杨家将故事,都属武戏"。地戏一年跳两次,正月间跳半月,迎春纳吉;七月间跳半月,庆贺五谷丰登。一般而言,一个村寨一堂地戏,再多有两堂,当然,个别大村寨如九溪则有三堂。

(1)地戏的场地、服饰、面具。地戏多在露天场地表演,选择一块空地,置一桌两椅,插上一杆"帅"字旗,观众围成一个圆形即是舞台。地戏的服饰,一般着青、蓝、白、褐土布斜襟长衫、长裤,束青布腰带,穿布鞋,皆扎靠旗,系两块绣有多种花边的红、绿或其他颜色的布片将腰身围裹象征战袍。道具一般使用木制刀、枪、剑、斧等十八般兵器,除刀枪外,女将左手执手帕,男将则持折扇,不论什么角色,一律面蒙青纱,额顶面具。地戏面具,俗称"脸子",主要用白杨木雕成,大小与人的面目差不多。面具造型分文、武、老、少、女五大类,根据剧中角色的性格特征,精雕细凿,敷以鲜明的色彩而成。着色与京剧脸谱相似,通常以赤红表忠勇,以白垩表奸诈,粉红表文静,黑蓝表刚烈,黄色表老成,青绿表神异怪诞。头盔的雕饰因角色而异,女将头盔饰型夸张、神态逼真,充分展示出剧中人物的性格特点。

(2)地戏的表演。地戏的表演以说唱为主,伴以舞蹈。剧情的发展以第三人称的说白来推动,人物间的矛盾冲突,人物感情的起伏激越处通过唱的形式来表达。唱词以七字句为主,间有少量四字句、五字句和十字句。唱腔单一,发音高亢,常由所有场上演员和声帮腔。舞蹈有独特的套路,群体动作讲究对称,粗犷而又具有装饰意味。地戏的伴奏采用铜锣、皮鼓等打击乐器,营造杀声震天的战争场面。

地戏的主要功能还是给人们以娱乐、教化,人们将一头一尾的宗教仪式的目的看得很重,故而称其为"跳神",但实际上地戏作为享有"活化石"之称的剧种,它应该在以后的经济发展中会有大的作为。它依然有存在、改进和发展的价值。

7.花灯

屯堡花灯可能和地戏一样,都是"调北征南"的屯堡先辈们从江淮带入的。后与贵州山区的人文、自然环境结合在一起,形成了颇具特色的贵州屯堡花灯。

屯堡花灯的演出有明显季节性,一般是每年的正月和七月。农历正月,迎春纳吉;七月丰收,庆贺五谷丰登。屯堡花灯的演出活动,多在夜间举行。届时,花灯艺人手执自制各形各色彩灯,灯笼内点燃蜡烛,一则作行道和演出照明,二则作为"花灯"标志,伴以锣鼓之声,以招徕观者,同时也增添节日的喜庆气氛。

屯堡花灯多为"场子灯"(即"地灯"),其演出形式分为两类:一类为以演唱奉贺吉利之词为内容的集体歌舞(称"歌舞灯");另一类是以表演抑恶扬善、褒良贬莠、抨击封建婚姻等为内容的农村生活、男女情爱小戏(称"地灯灯夹戏")。

屯堡花灯形成了一整套严格而完整的活动形式。如"亮灯""散帖子""出灯""参果碟""刷盘子""参门神"等形式,体现了屯堡地区风俗习尚、屯堡人的聪明才智及风趣、幽默、诙谐、开朗的性格。同时,也造就了一代又一代能编善演的民间花灯艺人。然而,受"好女不看灯,好男不妆灯"的传统影响,自来无女演员参加,凡旦角均由男性扮演,以尖声(小嗓)演唱。

屯堡花灯的剧本多为农民自编,一类是根据历史小说来编写的,如《铡美案》《金陵记》《四下河南》《十五贯》;另一类则是根据现实编撰的,计划生育、遵纪守法、讲求孝道、申奥、迎港澳回归等内容均有,总之取材上可称得上"与时俱进"。

8.山歌

屯堡人喜唱山歌。屯堡山歌不受季节限制,只要在野外,一年四季均可唱。山歌的形式有对唱和独唱两种。对唱,除了音质要优美动听外,对唱双方要有问有答,内容和谐,中间不许有隔顿,否则就要算输。山歌是青年男女交际的重要方式。两人对唱尤其是男女青年对唱到难分高下的时候,很可能就是相互敬仰,爱慕最深的时候。屯堡青年男女对山歌轻松活泼,内容多为情歌。山歌能手,不仅要声音优美,还要有才学,借景生情,以物拟人。"文中取武",乃是其基本原则,既要唱得文明,又要对别人的进攻采取恰当有力的还击,歌词押韵,入情入理。"山歌无本,全靠嘴狠",讲的是山歌可以随口编来,你来我往,对唱如流,妙语连珠。屯堡山歌除男女情歌外,还戏说历史故事,贬扬历史人物,诉说世态炎凉,讲述人生哲理,内容十分广泛。独唱也是屯堡山歌的一种形式,一个人在田间地头让歌声在山野里尽情飘逸,排遣一个人在田间劳动的孤独。

9.民间信仰

庙宇寺观星罗棋布于屯堡村寨之中。一般一寨一庙,寨大的有三五个之多。这些庙宇寺观,供奉的各路菩萨、各家神仙、各位圣贤,把屯堡人引入到佛家"轮回"的心界、道家"入仙"的心境、儒家"仁义"的心仪。这种对神祇圣哲的偏执信奉和祈求,达到了家家有神龛,月月有佛事的程度,也正是这种痴迷的信仰心态,即使外来教也难以跨过安顺东大门而进入屯堡区。屯堡人的宗教信仰大致有以下几个特点。

儒、道、释诸神合一。走进屯堡寺庙,供奉有儒家的孔圣、关羽、岳飞、汪公、文昌帝君;属于佛教的有释迦牟尼、普贤、观音等;属于道家的有吕祖、财神、太上老君等。极少看见有专供一家神像的,有的寺庙之内同时供奉三教神像,如雷屯永丰寺前殿供关羽,二进院落中文昌阁供文昌帝君,二殿正殿供如来、观音,后殿供玉皇大帝,是儒释道三教合一的典型庙宇。如平坝天龙三教寺,正殿供有如来佛、玉皇大帝、孔子、观音、地藏王等,屯堡人这种泛神论的心态,把他们适应环境的应变性,对待不同事物的包容性的心理充分展示,同时也体现了屯堡人在形而上层面的实用主义价值取向。这种价值取向与他们的行为方面都是同构的。

祖先宗拜。屯堡先民来自江淮,他们将母源地的很多信仰带到贵州山区,恶劣的客观环境与当地土著的反抗更加剧了他们对宗教信仰特别是祖先宗拜的认同,这种形而上的东西世代承袭,使其与其他人相比,体现得更为强烈。

中华人民共和国成立前,在屯堡村寨不少大族建有宗祠宗庙,供奉历代先祖牌位。每年祭祖时节,合族祭祀,缅怀祖先,教化族人。如现今的天龙镇的郑家祠堂,詹家屯的叶家祠堂等还保留比较完整,祭祖、拜佛活动仍不断举行,只不过远不如从前声势,多为佛事活动。

屯堡人家基本上都有神榜和祖宗牌位,正中或写"天地君亲师位",或写"天地国亲师位"。神榜都以有"某氏堂上,历代祖先,远近姻亲",在他们的心中神灵不可少,祖宗不能忘。毕竟一脉相承,祖先在天之灵更会关注家庭的兴旺和发展。所以在一年的重要时日,都会合家举行仪式乞求先人的保佑。

屯堡妇女是屯堡社区宗教信仰的重要载体。屯堡社区性别分工截然分明:男主外,女主内。男子挣钱、做工,妇女喂猪做饭栽秧割谷,男子跳地戏玩花灯,女子特别是成年妇女礼佛。男子尽管也有宗教信仰,但一个家庭的很多佛事活动则是由妇女来完成的。男子去庙会时多是协助做些后勤工作。屯堡村寨几乎一年四季都有佛事活动,正月朝玉皇、二月观音会、三月蟠桃会、四月浴佛会、五月迎城隍、六月祭土地、七月敬祖先、八月团圆节、九月重阳会、十月祭牛王、十一月贺冬、十二月祭灶王。屯堡妇女把潜心修行和虔诚祈祷寄托于神灵的降福上,借此希望神灵保佑家人庆吉平安,家庭发财致富,农业五谷丰登、六畜兴旺。

10. 节日文化

屯堡人是多种信仰,这使得他们的节庆活动显得比较密集。每月都有,四季不断(见表1)。

表1 屯堡社区节日表

农历	节日名称	内容	备注
正月	春节	贴春联、贴神像、放鞭炮、"跳神"(跳地戏)、玩花灯等	
正月初九	玉皇会	举行声势浩大的"迎春会",要"抬菩萨""抬亭子"等,要将他们崇拜的玉皇大帝、"汪公"抬出来巡游村寨,同时以跳地戏、玩花灯、唱山歌等庆贺	
正月十五	灯会	制作各式各样纸灯,举行元宵灯会	
二月十六、十七、十八	抬汪公		汪华,唐受封越国公,后为徽州地方神
二月十九	观音会	观音诞辰,妇女戴上"朝山票",带上香、钱纸上庙焚烧,乞免灾难	
	过河会	龙、蛇、马年进行,为屯堡村寨最隆重的民俗活动(2000年九溪"过河会",村内外参与妇女近5000人,加上其他人员超过万人)	
三月初三	蟠桃会	王母娘娘举行"蟠桃会"的日子,屯堡妇女们都要到庙上过这一盛会,在"蟠桃树"摘取用面粉做的"桃子",牵起用线拴上的"小猪"(石头),高高兴兴地回家	
三月	清明节	各姓氏在本村或外村"上大众坟",本族男女老幼共同祭祀入黔始祖,然后再择日分支、分家自上高、曾、祖、显等的坟墓	
四月初八	开秧门	吃"乌米饭",以示赶季节栽秧子	

续表

农历	节日名称	内容	备注
五月初五	端午节	各家在门上、房檐、神龛旁挂菖蒲、艾草,象征驱邪的拂尘和宝剑;吃粽子,游"百病",喝雄黄酒,房前屋后撒上雄黄,用雄黄酒在小孩额上写"王"字,寓意"虎虎生气";用雄黄酒泡过的独瓣蒜做成香包,戴上小孩头上可避邪	
六月初六	秧苗会	老年男子的会口。男性老人们带上祭品到土地庙前祭拜土地和山神,祈求风调雨顺、庄稼丰收	
六月二十	马王会	养马的人家要祭祀三只眼的"马王菩萨"	
六月廿四	雷神会		
七月十四	七月半	从初一到十四,择日供奉祖宗牌位,奉请远在故土的祖先、入黔始祖、已故亲人回家过"节",以寄哀思;跳半个月的地戏;晚上,各家各户要"烧包";村内组织盛大的"河灯节",在九溪河上放各式各样的河灯	又称"中元节""鬼节"
八月十五	中秋节	"拜月""拜月亮婆婆";打糍粑,吃月饼、瓜果,吃"月亮菜"("偷"菜,不用买,被人骂是吉兆);婚后无子女者,亲友要"偷"瓜去送,以意"送子",瓜主发现也佯装不知	
九月初九	重阳节	家家户户要打糍粑,老协会(2005年有350多个会员)的老人们聚餐	
十月初一	牛王会	牛王菩萨诞辰。当日,有牛的人家不让牛劳动,喂好饲料、喂糍粑,表示对牛一年辛劳的感谢	
腊月初八	腊八节	吃"腊八粥",当日蒸豆食可经久不坏;女孩子在这一天穿耳朵眼	十五后择日"打扬尘"
腊月廿三	祭灶	祭"灶神",备糖食供灶神菩萨,使其嘴甜,到玉皇之前多说好话,除夕再接回	
腊月三十	除夕	三十日除夕之夜,吃年夜饭,"守岁";晚辈给长辈磕头拜年,长辈给晚辈"压岁钱"	

四、屯堡文化空间的价值

1. 屯堡人族群"文化空间"

在联合国公布的"文化空间"代表作中,有许多是以独特族群为基础的。我国有 56 个民族,汉族分布最广、移民最多,文化的内部差异实在不少。在汉民族的内部族群中,安顺屯堡人显然具有不同于客家人、惠安女等诸多文化事象,这些文化事象构成了铁皮人族群的文化空间。

2. 屯堡方言岛"文化空间"

语言在文化多样性中具有的基础地位,与生物多样性之于环境保护的意义一样。在口头遗产中,语言甚至是先决的、首要的条件。一种语言就是一个独特的"文化空间"。我国的汉语有多样的方言,由于汉语历史源远流长,在许多地域还形成了特别具有学术价值的"语言岛",语言岛其实就是文化岛,是真正的"文化空间"。屯堡方言是汉语西南官话贵州方言背景中的方言岛,也是保留较好"军话"方言岛。

3. 屯堡社区的时间"文化空间"

我国汉族和少数民族的各种多样的节日,总计起来,一年有千余个。汉族的节日自然与汉族古老的天文观、夏历历法等密切相关;这也导致许多文化行为异于别处。如,彝族集市是因时日而行的,于是有虎街、马街、牛街等,每个街都按街名属相赶集,每个集 12 日一次,表现出文化空间的典型形态。

4. 屯堡古村落"文化空间"

安顺屯堡社区的古村落是特殊的历史背景与建筑相连,承载了贵州的明代遗民及其屯堡建筑与文化,在建筑材质、村落造型独具一格,建造在奇特的黔中喀斯特地形地貌上,由独特的文化——屯堡文化聚集而成,其中的汪公庙,体现了江南汉族的民间信仰及其村落庙宇群等。屯堡古村落的文化空间,具有直观、封闭、完整、形象的特质,是一笔宝贵的文化财富。

2005 年,安顺屯堡文化列入贵州省首批非物质文化遗产代表作名录。

附录

附录一　贵州省国家级非物质文化遗产名录

第一批

项目名称	申报地区或单位
民间文学	
苗族古歌	贵州省台江县、黄平县
刻道	贵州省施秉县
传统音乐	
侗族大歌	贵州省黎平县
侗族琵琶歌	贵州省榕江县、黎平县
铜鼓十二调	贵州省镇宁布依族自治县、贞丰县
传统舞蹈	
苗族芦笙舞(锦鸡舞、鼓龙鼓虎—长衫龙、滚山珠)	贵州省丹寨县、贵定县、纳雍县
木鼓舞(反排苗族木鼓舞)	贵州省台江县
传统戏剧	
花灯戏(思南花灯戏)	贵州省思南县
侗戏	贵州省黎平县
布依戏	贵州省册亨县
彝族撮泰吉	贵州省威宁彝族回族苗族自治县
傩戏(德江傩堂戏)	贵州省德江县
安顺地戏	贵州省安顺市
木偶戏	贵州省石阡县
曲艺	
布依族八音坐唱	贵州省兴义市
传统美术	
苗绣(雷山苗绣、花溪苗绣、剑河苗绣)	贵州省雷山县、贵阳市、剑河县
水族马尾绣	贵州省三都水族自治县
传统技艺	
苗族蜡染技艺	贵州省丹寨县
苗寨吊脚楼营造技艺	贵州省雷山县
苗族芦笙制作技艺	贵州省雷山县
玉屏箫笛制作技艺	贵州省玉屏侗族自治县
苗族银饰锻制技艺	贵州省雷山县
茅台酒酿制技艺	贵州省
皮纸制作技艺	贵州省贵阳市、贞丰县、丹寨县

民俗
苗族鼓藏节　　　　　　　　　　　贵州省雷山县
水族端节　　　　　　　　　　　　贵州省三都水族自治县
布依族查白歌节　　　　　　　　　贵州省兴义市
苗族姊妹节　　　　　　　　　　　贵州省台江县
侗族萨玛节　　　　　　　　　　　贵州省榕江县
仡佬族毛龙节　　　　　　　　　　贵州省石阡县
水书习俗　　　　　　　　　　　　贵州省黔南苗族布依族自治州

第二批

项目名称　　　　　　　　　　　　申报地区或单位
民间文学
仰阿莎　　　　　　　　　　　　　贵州省黔东南苗族侗族自治州
布依族盘歌　　　　　　　　　　　贵州省盘县
珠郎娘美　　　　　　　　　　　　贵州省榕江县、从江县
苗族贾理　　　　　　　　　　　　贵州省黔东南苗族侗族自治州
传统音乐
苗族民歌(苗族飞歌)　　　　　　　贵州省雷山县
布依族民歌(好花红调)　　　　　　贵州省惠水县
芦笙音乐(苗族芒筒芦笙)　　　　　贵州省丹寨县
布依族勒尤　　　　　　　　　　　贵州省贞丰县、兴义市、镇宁布依族苗族自治县
传统舞蹈
毛南族打猴鼓舞　　　　　　　　　贵州省平塘县
瑶族猴鼓舞　　　　　　　　　　　贵州省荔波县
彝族铃铛舞　　　　　　　　　　　贵州省赫章县
传统戏剧
黔剧　　　　　　　　　　　　　　贵州省黔剧团
传统技艺
陶器烧制技艺(牙舟陶器烧制技艺)　贵州省平塘县
苗族织锦技艺　　　　　　　　　　贵州省麻江县、雷山县
枫香印染技艺　　　　　　　　　　贵州省惠水县、麻江县
彝族漆器髹饰技艺　　　　　　　　贵州省大方县
传统医药
传统中医药文化(同济堂传统中药文化)　贵州省同济堂制药有限公司
瑶族医药(药浴疗法)　　　　　　　贵州省从江县
苗医药(骨伤蛇伤疗法、九节茶药制作工艺)　贵州省雷山县、黔东南苗族侗族自治州
侗医药(过路黄药制作工艺)　　　　贵州省黔东南苗族侗族自治州
民俗
苗族独木龙舟节　　　　　　　　　贵州省台江县
苗族跳花节　　　　　　　　　　　贵州省安顺市
苗年　　　　　　　　　　　　　　贵州省丹寨县、雷山县

扩展项目

传统音乐
多声部民歌(苗族多声部民歌) 贵州省台江县、剑河县
侗族大歌 贵州省从江县、榕江县

传统舞蹈(2项2处)
狮舞(布依族高台狮灯舞) 贵州省兴义市
铜鼓舞(雷山苗族铜鼓舞) 贵州省雷山县
苗族芦笙舞 贵州省雷山县、关岭布依族苗族自治县、榕江县、水城县

传统戏剧
花灯戏 贵州省独山县
傩戏(仡佬族傩戏) 贵州省道真仡佬族苗族自治县

传统美术
剪纸(苗族剪纸) 贵州省剑河县
苗绣 贵州省凯里市
泥塑(苗族泥哨) 贵州省黄平县

传统技艺
侗族木构建筑营造技艺 贵州省黎平县、从江县
蜡染技艺 贵州省安顺市
银饰制作技艺(苗族银饰制作技艺) 贵州省黄平县

传统医药
中医传统制剂方法(廖氏化风丹制作技艺) 贵州省遵义市红花岗区、汇川区

民俗
苗族服饰 贵州省桐梓县、安顺市西秀区、关岭布依族苗族自治县、纳雍县、剑河县、台江县、榕江县、六盘水市六枝特区、丹寨县
侗族萨玛节 贵州省黎平县

第三批

项目名称	申报地区或单位

民间文学
亚鲁王 贵州省紫云县

传统美术
侗族刺绣 贵州省锦屏县

传统体育、游艺与杂技
赛龙舟 贵州省铜仁市、镇远县

民俗
布依族"三月三" 贵州省贞丰县、望谟县
侗年 贵州省榕江县
歌会(四十八寨歌节) 贵州省天柱县
月也 贵州省黎平县
苗族栽岩习俗 贵州省榕江县

扩展项目

传统音乐
侗族琵琶歌　　　　　　　　　　　贵州省从江县
苗族民歌(苗族飞歌)　　　　　　　贵州省剑河县
彝族民歌(彝族山歌)　　　　　　　贵州省盘县
传统戏剧
花灯剧　　　　　　　　　　　　　贵州省花灯剧团
傩戏(荔波布依族傩戏)　　　　　　贵州省荔波县
传统美术
苗绣　　　　　　　　　　　　　　贵州省台江县
传统技艺
蜡染技艺(黄平蜡染技艺)　　　　　贵州省黄平县
银饰锻制技艺(苗族银饰锻制技艺)　贵州省剑河县、台江县
苗族织锦技艺　　　　　　　　　　贵州省台江县、凯里市
民族乐器制作技艺(苗族芦笙制作技艺)　贵州省凯里市
民俗
火把节(彝族火把节)　　　　　　　贵州省赫章县
农历二四节气(石阡说春)　　　　　贵州省石阡县

第四批

项目名称　　　　　　　　　　　　申报地区或单位

传统音乐
土家族民歌　　　　　　　　　　　贵州省沿河土家族自治县
传统舞蹈
布依族转场舞　　　　　　　　　　贵州省册亨县
阿妹戚托　　　　　　　　　　　　贵州省晴隆县
传统医药
布依族医药(益肝草制作技艺)　　　贵州省贵定县
民俗
仡佬族三幺台习俗　　　　　　　　贵州省道真仡佬族苗族自治县
布依族服饰　　　　　　　　　　　贵州省
侗族服饰　　　　　　　　　　　　贵州省黔东南苗族侗族自治州

扩展项目

传统舞蹈
苗族芦笙舞　　　　　　　　　　　贵州省普安县
传统戏剧
傩戏(庆坛)　　　　　　　　　　　贵州省金沙县
传统美术
剪纸(水族剪纸)　　　　　　　　　贵州省黔南布依族苗族自治州
传统技艺
都匀毛尖茶制作技艺　　　　　　　贵州省都匀市

民俗
三月三(报京三月三) 贵州省镇远县
苗族鼓藏节 贵州省榕江县
民间信俗(屯堡抬亭子) 贵州省安顺市西秀区
规约习俗(侗族款约) 贵州省黎平县

附录二 贵州省省级非物质文化遗产名录

第一批

项目名称	申报地区或单位
民间文学	
苗族"刻道"	施秉县
苗族"古歌古词"神话	黄平县
苗族古歌与古歌文化	台江县
中国水书——水族信仰记忆纲文化	黔南州
传统音乐	
侗族琵琶歌	榕江县
侗族大歌	黎平县
洪州琵琶歌	黎平县
布依铜鼓十二则	贞丰县
盘江小调	关岭县
铜鼓十二调	镇宁县
双倍嘎	从江县
传统舞蹈	
苗族格哈	丹寨县
锦鸡舞	丹寨县
畲族粑槽舞	麻江县
反排木鼓舞	台江县
鼓龙鼓舞长衫龙	贵定县
布依族"雯当姆"	荔波县
瑶族打猎舞	荔波县
松桃瓦窑四面花鼓	松桃县
莲花十八响	沿河县
苗族板凳舞	安龙县
彝族撮泰吉	威宁县
苗族芦笙技巧舞"滚山珠"	纳雍县
苗族大迁徙舞	赫章县
彝族铃铛舞	赫章县
采月亮	仁怀县
传统戏剧	
侗戏	黎平县
思州傩戏傩技	岑巩县

— 196 —

福泉阳戏	福泉市
思南花灯	思南县
德江傩堂戏	德江县
石阡木偶戏	石阡县
布依戏	册亨县
安顺地戏	安顺市

曲艺

布依族"八音座唱"	兴义市

传统体育、游艺与杂技

勾林	天柱县
侗族月牙铛	天柱县
侗族摔跤	黎平县
隆里花脸龙	锦屏县

传统技艺

苗族蜡染	丹寨县
石桥古法造纸	丹寨县
剑河锡绣制作工艺	剑河县
苗族服饰文化	雷山县
苗族银饰工艺	雷山县
苗族芦笙文化	雷山县
思州石砚制作工艺	岑巩县
布依族土布制作、扎染工艺	罗甸县
水族马尾绣	三都县
牙舟陶器制作技艺	平塘县
玉屏箫笛制作工艺	玉屏县
小屯白棉造纸工艺	贞丰县
乌当手工土纸制作工艺	贵阳市乌当区
花溪苗族挑花制作工艺	贵阳市花溪区
彝族赶毡制作工艺	威宁县
马场乡苗族大筒箫的制作与演奏	盘县
茅台酒传统酿造工艺	贵州茅台酒股份有限公司
千户苗寨建筑工艺	雷山县
德江土家舞龙	德江县

民俗

六枝梭嘎箐苗文化空间	六枝特区
占里侗族生育习俗	从江县
平秋北侗婚恋习俗	锦屏县
水族婚俗	都匀市
茅坪花苗婚俗	湄潭县
四十八寨歌节	天柱县
社节	天柱县
报京三月三	镇远县
苗族姊妹节	台江县

思南上元沙洲节	思南县
仡佬族敬雀节	石阡县
安顺屯堡文化	安顺市
苗族茅人节	榕江县
稿午苗族水鼓节	剑河县
苗族牯藏节	雷山县
注溪娃娃场	岑巩县
清水江杀鱼节	福泉市
水族端节	三都县
水族卯节	三都县
查白歌节	兴义市
赶毛杉树	安龙县
大狗场吃新节	平坝县
水城南开三口塘苗族跳花节	水城县
侗族萨码节	榕江县
哥蒙的"哈冲"	黄平县
独山愿灯	独山县
布依族扫寨	都匀市
仡佬族毛龙节	石阡县
盘县地坪乡彝族毕摩祭祀文化	盘县
月也	黎平县
苗族弄嘎讲略	黄平县
古思州"屯锣"	岑巩县
锣	万山特区

第二批

项目名称	申报地区或单位
民间文学	
苗族神话叙事歌《仰阿莎》	剑河县
苗族《古歌》	施秉县、普定县、龙里县
苗族口头经典"贾"	丹寨县
侗族民间文学《珠郎娘美》	榕江县、从江县
布依族摩经	贞丰县、关岭县
苗族历法	丹寨县
苗族民间文学《阿蓉》	榕江县
布依族口传史诗"布依族盘歌"	六盘水市
传统音乐	
苗族多声部情歌	台江县、剑河县
苗族飞歌	雷山县
苗族芒筒芦笙祭祀乐	丹寨县
侗族大歌	从江县小黄乡、榕江县
布依族民歌《好花红》	惠水县
布依族勒尤	贞丰县、兴义市、镇宁县

侗族河边腔	黎平县
河边腔苗歌	锦屏县
十二诗腔苗歌	锦屏县
侗族歌篓	锦屏县平秋镇
土家族打镏子	沿河县
龙灯钹	铜仁市
布依族婚俗音乐	贞丰县
薅秧歌	金沙县、红花岗区
船工号子	思南县、赤水市
苗族阿江	普定县
凤冈吹打乐	凤冈县
黔北打闹歌	余庆县
布依山歌十八调	贵定县
绕家呃嘣	都匀市
高腔大山歌	桐梓县
仡佬族哭嫁歌	道真县
苗族"游方歌"	施秉县
屯堡山歌	安顺市

传统舞蹈

苗族铜鼓舞	雷山县
苗族芦笙舞	雷山县、关岭县、凯里市、榕江县、水城县、乌当区
苗族长鼓舞	贵定县
苗族猴鼓舞	花溪区
毛南族打猴鼓舞	平塘县
瑶族猴鼓舞	荔波县
苗族板凳舞	凯里市
苗族踩鼓舞	镇远县
土家族摆手舞	沿河县
金钱杆	江口县
阿妹戚托	晴隆县、兴仁县
苗族烧灵舞	兴仁县
彝族酒礼舞	威宁县
彝族铃铛舞"恳合呗"	钟山区
苗族花鼓舞	乌当区
卡堡花棍舞	乌当区
矮人舞	余庆县
响蒿舞	独山县
苗族夜乐舞	罗甸县
素朴金钱棍	黔西县
四桐鼓舞	威宁县
仡佬族踩堂舞	遵义县

传统戏剧

阳戏	天柱县

文琴戏	黔西县、铜仁市、遵义市、乌当区
花灯戏	普定县、独山县、黔西县、福泉市、花溪区、遵义市、余庆县、石阡县、印江县
仡佬族傩戏	道真县
黔剧	贵州省黔剧团
思州喜傩神	岑巩县
镇远土家族傩戏	镇远县
蓬莱布依地戏	白云区
马路屯堡地戏	长顺县
曲艺	
嘎百福	剑河县、台江县、榕江县、雷山县
君琵琶	黎平县
安顺唱书	安顺市
水族双歌	三都县
传统体育、游艺与杂技	
麻山绝技	望谟县
布依族高台狮灯	兴义市
仡佬族高台舞狮	务川县、道真县
寨英滚龙	松桃县
瑶族民间陀螺竞技	荔波县
仡佬族打篾鸡蛋	平坝县、道真县
苗族射弩	织金县、普定县
古典戏法	贵州省杂剧团
传统美术	
苗族剪纸	剑河县
苗族百鸟衣艺术	丹寨县
梭嘎箐苗彩染服饰艺术	六盘水市
石氏面塑	兴仁县
通草堆画	遵义市
苗族"嘎闹"支系服饰艺术	丹寨县
传统技艺	
苗族织锦	麻江县、雷山县
苗族泥哨	黄平县
苗族银饰	黄平县
侗族鼓楼花桥建造技艺	黎平县
造林习俗	锦屏县
侗族鼓楼营造技艺	从江县
苗族马尾斗笠制作技艺	凯里市
苗族堆花绣	凯里市
大方漆器制作技艺	大方县
屯堡石头建筑技艺	平坝县、西秀区
枫香染制作技艺	惠水县、麻江县
蓝靛靛染工艺	册亨县、贞丰县、黎平县

水族石雕	榕江县
土法造纸工艺	三穗县、盘县、惠水县、长顺县
傩面具制作工艺	德江县
竹编工艺	三穗县
木雕工艺	镇远县
印染工艺	印江县
故央——传统手工水磨制香技艺	安龙县
窑上古法制陶	贞丰县
砂陶制作工艺	织金县
安顺蜡染	安顺市
高坡苗族银饰制作技艺	花溪区
布依族纸染绣花制作技艺	花溪区
罗吏目布依族龙制作技艺	乌当区
绥阳旺草竹编技艺	绥阳县
长安布依族土布扎染制作技艺	惠水县
布依族土布制作技艺	关岭县
民间火纸制作技艺	岑巩县
烟火	金沙县
董酒酿制技艺	遵义市
洞藏青酒酿造工艺	镇远县

传统医药

瑶族医药	从江县
廖氏化风丹制作技艺	红花岗区、汇川区
苗族医药	雷山县、黔东南州民族医药研究所
侗族医药	黔东南州民族医药研究所
布依族防治肝病益肝草秘方	贵定县
水族医药	三都县
同济堂医药文化	贵州同济堂制药有限公司

民俗

苗族"四月八"	贵阳市
苗族独木龙舟节	台江县、施秉县
苗族祭尤节	丹寨县
河灯节	习水县
赶苗场	习水县
谷陇九月芦笙会	黄平县
布依族丧葬礼俗	贞丰县
仡佬族婚俗	务川县
杜寨布依族丧葬砍牛习俗	贵阳市
新化舞狮	锦屏县
仡佬族吃新节	金沙县、平坝县
土家族过赶年	印江县
下洞祭风神	印江县
余庆龙灯	余庆县

镇远元宵龙灯会	镇远县
瑶族服饰	麻江县
桐梓苗族服饰	桐梓县
安顺苗族服饰	西秀区、关岭县
布依族服饰	贞丰县、册亨县
箐苗服饰	纳雍县
黔东南苗族服饰	剑河县、台江县、三穗县
屯堡服饰	平坝县
榕江侗族服饰	榕江县
贵阳苗族服饰	花溪区、乌当区
摆贝苗族服饰	榕江县
四十八寨侗族服饰	黎平县
黄平 僳家服饰	黄平县
偏坡布依族服饰	贵阳市
水族服饰	三都县
土家族婚庆夜筵	岑巩县
屯堡"抬亭子"	西秀区
仡佬族宝王祭拜	务川县
青山界四十八寨歌会	锦屏县
土家族"八月八"唢呐节	镇远县
仡佬族丧葬习俗	石阡县
水族婚礼	三都县
平秋重阳鞍瓦	锦屏县
起房造屋习俗	遵义市
苗族招龙	雷山县
仫佬年	麻江县
彝族婚嫁习俗	盘县
瑶族隔冬	麻江县
苗族三月坡	雷山县
苗族扫寨	雷山县
苗族吃鼓藏	从江县
侗族民俗"悄悄年"	石阡县
凤冈茶饮习俗	凤冈县
玉屏赶坳	玉屏县
赶社	岑巩县
彝族年	赫章县
高坡苗族射背牌	花溪区
苗族跳场	花溪区
化屋苗族文化空间	黔西县
小广侗族娶亲节	剑河县
龙鳌祭祀	岑巩县
新场苗族祭天神	都匀市
"6.24"民族传统节——二郎歌会	福泉市

布依族"六月六"	关岭县、贞丰县
"划筷奠祖"苗俗	纳雍县
侗族款约	黎平县
仡佬族三幺台习俗	道真县、务川县
瑶白摆古	锦屏县
彝族咪古	毕节地区文化局
仡佬族吃新祭祖习俗	遵义县
天柱宗祠文化习俗	天柱县
苗族采花节	盘县
大屯三官寨彝族祭祀	毕节市
说春	石阡县
水族祭祖	三都县
甘囊香苗族芦笙节	凯里市
畲族凤凰装	麻江县
苗族苗年	丹寨县、雷山县
苗族吃新节	雷山县
苗族跳花节	安顺市
从江侗族老人节	从江县
侗族祭萨	黎平县
都柳江苗族鼓藏节	榕江县
侗年	锦屏县
岜沙苗族成人礼	从江县
侗族北部方言歌会	天柱县
苗族翻鼓节	丹寨县
竹王崇拜	镇宁县

第三批

项目名称	申报地区或单位
民间文学	
《苗族史诗—亚鲁王》英雄史诗	紫云苗族布依族自治县
布依竹筒歌	关岭布依族苗族自治县
彝族古歌	盘县
苗族十二路酒歌	施秉县
苗族民间故事	水城县
布依族民间故事	望谟县
金汉列美	黎平县、从江县
丁郎龙女	榕江县
布依族叙事诗	望谟县
传统音乐	
土家族高腔山歌	印江土家族苗族自治县、沿河土家族自治县
仡佬族情歌	石阡县
苗族三眼箫音乐艺术	织金县、六盘水市六枝特区
彝族《莫蒿宿》	赫章县、六盘水市钟山区

布依族吹打乐	关岭布依族苗族自治县、惠水县、水城县、兴仁县
姊妹箫	关岭布依族苗族自治县、长顺县、六盘水市六枝特区
侗族哆耶——踩歌堂	黎平县
侗族芦笙谱	榕江县
侗族牛腿琴歌	从江县
苗笛	从江县
苗族酒礼歌	雷山县
彝族山歌	盘县
布依族小打音乐	普安县
布依勒浪	册亨县、贞丰县
布依族"谷温"	贞丰县
布依族十二部古歌	望谟县
哥蒙芦笙乐	黄平县
苗族直箫乐	盘县
传统舞蹈	
瑶族长鼓舞	从江县
苗族芦笙蹉步舞	毕节市
苗族斗脚舞	习水县
苗族斗角舞	修文县
彝族嗨马舞	普安县
苗族芦笙棒舞	普安县
围鼓舞	兴义市
布依族转场舞	册亨县
水族铜鼓舞	三都水族自治县
水族弦鼓舞	三都水族自治县
苗族斗鸡舞	黔西县
羊皮鼓舞	盘县
苗族夫妻舞	平坝县
传统戏剧	
丝弦灯	凤冈县
仡佬族滚龙戏	正安县
端公戏	金沙县
曲艺	
布依族说唱"削肖贯"	望谟县
围鼓	正安县
传统体育、游艺与杂技	
傩技—上刀山	松桃苗族自治县
赛龙舟	铜仁市、镇远县
赤水独竹漂	赤水市
长坝狮灯	金沙县
布依族铁链械	贵阳市花溪区
抵杠	平坝县

攀崖技艺	紫云苗族布依族自治县
苗族武术	麻江县
游氏武术	赤水市
布依族棍术	贞丰县
布依族器乐演奏绝技	平塘县
民间棋艺	正安县、望谟县
岩鹰高跷	黄平县

传统美术

水族剪纸	都匀市
布依族刺绣	兴义市、望谟县
侗族刺绣	锦屏县
布依族织锦	关岭布依族苗族自治县

传统技艺

黄平蜡染	黄平县
水族九阡酒酿酒技艺	三都水族自治县、荔波县
都匀毛尖茶制作技艺	都匀市
云雾贡茶手工制作技艺	贵定县
油茶制作技艺	正安县、玉屏侗族自治县
西山虫茶制作技艺	息烽县
苗族酸汤鱼制作技艺	麻江县、凯里市
独山盐酸菜制作技艺	独山县
豆制品制作技艺	大方县、习水县
布依族糯食制作技艺	望谟县、贵定县
荞酥传统制作技艺	威宁彝族回族苗族自治县
青岩玫瑰糖制作技艺	贵阳市花溪区
晒醋制作技艺	赤水市
龙溪石砚制作技艺	普安县
鸟笼制作技艺	丹寨县、贞丰县、黔西县
焰火架制作技艺	印江土家族苗族自治县
粮仓建造技艺	望谟县
安顺木雕	安顺市西秀区

传统医药

火龙丹	金沙县
罗氏瘊疱疗法	关岭布依族苗族自治县

民俗

布依族服饰	安顺市西秀区、水城县、兴义市
苗族二月二	兴仁县、贞丰县、松桃苗族自治县、黔东南州
布依族三月三	册亨县、贞丰县、望谟县、安龙县、贵阳市乌当区、惠水县、开阳县
苗族婚俗	丹寨县、习水县
侗族婚俗	黎平县、榕江县
瑶族婚俗	麻江县
苗族斗牛习俗	施秉县、凯里市、开阳县

苗族栽岩习俗	榕江县
苗族卧堆习俗	榕江县
苗族命名习俗	平坝县
侗族鼓楼习俗	从江县
布依族"报笨"习俗	兴义市
布依族铜鼓习俗	兴仁县
彝族毕摩习俗	赫章县
彝族丧葬习俗	金沙县
记间习俗	黎平县、榕江县
稻鱼并作习俗	天柱县
造林习俗	天柱县
苗族祭桥节	三穗县、台江县、黄平县
彝族火把节	大方县、赫章县
求雨祭典	黎平县
侗族芦笙会	黎平县
水族敬霞节	三都县
清镇瓜灯节	清镇市
玩水龙	施秉县
布依族坐夜筵	开阳县

扩展项目

民间文学	
苗族刻道	黄平县
珠郎娘美	黎平县
苗族古歌	凯里市、兴仁县
布依族摩经	兴仁县
传统音乐	
布依族铜鼓乐	关岭布依族苗族自治县
侗族琵琶歌	从江县
苗族民歌(苗族飞歌)	剑河县、纳雍县
传统舞蹈	
苗族芦笙舞	罗甸县
木鼓舞	榕江县
传统戏剧	
花灯戏	贵州省花灯剧团、开阳县、镇远县、金沙县
傩戏(印江土家族傩戏)	印江土家族苗族自治县
荔波布依族傩戏	荔波县
织金穿青人傩戏	织金县
江口傩戏	江口县
阳戏	沿河土家族自治县、息烽县、黔西县、罗甸县、开阳县
地戏	开阳县
侗戏	榕江县、从江县

黔剧	安龙县
曲艺	
布依八音	平塘县
传统美术	
苗族剪纸	台江县
苗绣	黄平县、台江县、紫云苗族布依族自治县、水城县
苗族织锦	凯里市、台江县
传统技艺	
皮纸制作技艺	务川仡佬族苗族自治县、印江土家族苗族自治县、安龙县
竹编技艺	铜仁地区万山特区
苗族芦笙制作技艺	贵阳市花溪区、丹寨县、凯里市
苗族蜡染	紫云苗族布依族自治县
苗族银饰制作技艺	剑河县、关岭布依族苗族自治县、台江县
砂陶制作技艺	盘县
布依族土布制作技艺	望谟县
民俗	
侗年	榕江县
苗族跳花节	赫章县、大方县、金沙县
鼓藏节	台江县
社节	黎平县
侗族萨玛节	从江县
仡佬族"吃新节"	六盘水市六枝特区
苗族杀鱼节	开阳县
苗族四月八	息烽县
侬族六月六	开阳县
竹王崇拜	紫云苗族布依族自治县
苗族服饰	习水县、开阳县、修文县、纳雍县、金沙县、黄平县、从江县、凯里市、水城县、兴仁县
屯堡服饰	平坝县、安顺市西秀区
侗族北部方言歌会	三穗县、锦屏县

第四批

项目名称	申报地区或单位
民间文学	
簪汪古歌	清镇市、修文县
播州杨应龙传说	汇川区
布依族浪哨歌	册亨县
苗族"巴狄熊"口传经典	松桃苗族自治县
传统音乐	
布依族土歌	南明区
花山布依古歌	紫云苗族布依族自治县

水族"夺咚"	都匀市
布依族莫歌	独山县
侗族笛子歌	黎平县
注溪山歌	天柱县
启蒙侗歌	锦屏县
瓦寨锣鼓	江口县
薅草锣鼓	石阡县
普宜乐都莫轰	七星关区
苗族山歌	望谟县

传统舞蹈

布依族铜鼓舞	关岭布依族苗族自治县
苗族雷公舞	贵定县
苗族搓梗仔采阿诗舞	瓮安县
苗族古瓢舞	雷山县
苗族水鼓舞	剑河县
踩亲舞	黄平县
布依竹鼓舞	册亨县
布依族展稍	望谟县
布依族板凳龙舞	兴义市

传统戏剧

马马灯	正安县
茶灯	松桃苗族自治县
布依族"丫面"	册亨县
苗族武教戏	普安县
灯夹戏	瓮安县

传统体育、游艺与杂技

土家族高台狮灯	沿河土家族自治县
布依族武术	安龙县
温水小手拳	习水县

传统技艺

雷家豆腐圆子制作技艺	云岩区
民间纸扎技艺	正安县
墨石雕刻技艺	正安县
湄潭翠芽茶制作技艺	湄潭县
"遵义红"茶制作技艺	湄潭县
湄潭手筑黑茶制作技艺	湄潭县
空心面制作技艺	绥阳县
水族银饰制作技艺	都匀市
水族豆浆染制作技艺	三都水族自治县
苗族谷蔺布制作技艺	惠水县
苗族古瓢琴制作技艺	雷山县
天柱宗祠浮雕彩绘技艺	天柱县
道菜制作工艺	镇远县

煨酒酿造技艺	从江县
石阡苔茶制作技艺	石阡县
土家熬熬茶制作技艺	德江县
花烛制作技艺	思南县
金沙酱香型白酒酿造技艺	金沙县
清池贡茶制作技艺	金沙县
彝族彩布贴花	水城县
古方红糖制作工艺	兴义市

传统医药

遵义王氏中医推拿	遵义市
胡三帖	贵定县
半枫荷熏浴疗法	凯里市
黔西王氏食疗医药	黔西县

民俗

龙泉推推灯	凤冈县
铁水冲龙	普定县
苗族跳洞—数吧	龙里县
草塘火龙	瓮安县
水族历法	三都水族自治县
苗族舞龙嘘花习俗	台江县
圣德山歌节	三穗县
巴冶土王戊	三穗县
壮年	从江县
瑶族度戒	从江县
瑶族嫁郎	从江县
羌历年	江口县
布依族婚俗	册亨县、贞丰县
庆坛	晴隆县
布依族二月二铜鼓节	兴仁县
布依族火箭节	兴仁县
彝族服饰	赫章县
苗族祭鼓节	清镇市

扩展项目

民间文学

布依族摩经	册亨县、望谟县

传统音乐

高腔大山歌	正安县
侗族牛腿琴歌	黎平县
苗族民歌(苗族飞歌)	台江县
苗族多声部情歌	黄平县
布依族铜鼓乐	六枝特区
布依族勒尤	册亨县

布依族小打音乐	晴隆县
传统舞蹈	
苗族板凳舞	黄平县
金钱棍	岑巩县
传统戏剧	
花灯戏	息烽县、沿河土家族自治县
阳戏	正安县
傩戏	湄潭县、石阡县、纳雍县
地戏	关岭布依族苗族自治县
曲艺	
君琵琶	榕江县
布依八音	册亨县
传统体育、游艺与杂技	
苗族武术	剑河县、松桃苗族自治县
赛龙舟	沿河土家族自治县
布依族高台狮灯	贞丰县、册亨县
传统美术	
苗族剪纸	施秉县
侗族刺绣	镇远县
苗绣	丹寨县、松桃苗族自治县
布依族刺绣	册亨县
传统技艺	
竹编工艺	赤水市
苗族蜡染	平坝县、纳雍县、织金县
水族石雕	荔波县
苗族银饰锻制技艺	丹寨县
豆制品制作技艺	江口县
印染工艺	石阡县
砂陶制作工艺	印江土家族苗族自治县
布依族土布制作技艺	册亨县
蓝靛靛染工艺	望谟县
布依族糯食制作技艺	贞丰县
传统医药	
苗医药骨髓骨伤药膏	麻江县
民俗	
苗族跳场	乌当区
苗族服饰	清镇市、息烽县、龙里县、贞丰县、晴隆县、普安县
苗族跳花节	绥阳县、兴仁县
水书习俗	榕江县
苗族招龙	榕江县、剑河县
月也	榕江县、从江县
苗族姊妹节	剑河县

彝族婚嫁习俗	赫章县
苗族芦笙节	从江县
苗族翻鼓节	凯里市
仡佬族吃新节	务川仡佬族苗族自治县
苗族婚俗	贞丰县

参考文献

[1] 李宛荫.财神与邪神:近代江南五通神的双重身份[J].湖北社会科学,2014(2).

[2] 尹福生.龙泉龙井五显庙的香菇庙会调查[J].东方博物,2008(3).

[3] 李国江.庙祭民俗在现代新兴庙会中的再现:以北京莲花池庙会五显财神信仰为例[J].温州大学学报(社会科学版),2014(3).

[4] 张坦.穿青人的傩文化:"庆五显坛"[J].贵州文史丛刊,1988(3).

[5] 范增如.屯堡人的"五显"信仰[M].走进屯堡,2004(2).

[6] 王家录,吕燕平.穿青人的傩戏文化及其旅游开发[J].安顺学院学报,2011(2).

[7] 杨福梅."跳菩萨"傩戏的教育意义与传承研究:以贵州省毕节市沙包乡为例[J].红河学院学报,2014(5).

[8] 沈福馨."汪公""五显"崇拜及安顺地戏的两大流派:兼论西路地戏和西部傩坛戏的关系[J].贵州民族学院学报(社会科学版),1992(2).

[9] 朱伟华.贵州移民文化形态的留存与变异:"屯堡人"与"穿青人"文化符码比较[J].文艺争鸣,2011(15).

后 记

  贵州是多民族居住的省份,民族风情浓郁,民族文化丰富绚丽,是中国乃至世界著名的非物质文化富集地。为加强贵州省非物质文化遗产研究和宣传工作,彰显贵州省非遗的独特魅力和深厚底蕴,系统整理贵州省非遗保护工作成果,弘扬贵州优秀传统文化,由知识产权出版社组织出版《贵州省非物质文化遗产田野调查丛书》。该丛书以州市为单位分册出版的方式进行,在对贵州九个州市非物质文化遗产进行田野调查的基础上,按照规定体例精选精编成书,一册十类,一市(州)一卷,每卷20万~25万字,图片精选,注重效果优质性与内容代表性的统一,各项非遗依实际情况安排图片1~3幅,特殊情况可适当添加,图片说明要求简练。

  按照总体设计,此次贵州非遗调查系以国家级和省级非遗项目为主,在排序上国家级在先、省级在后,正文内容按非遗民间文学,传统音乐,传统舞蹈,传统戏剧,曲艺,传统体育、游艺与杂技,民间美术,传统手工技艺,传统医药,民俗10项,分国家级—省级—市级(国家级、省级必写,市级按需定处)逐级逐项排列写作。同级非遗间字数保持相对平衡。编写要求在已有文献成果基础上,通过田野调查新的资料、新的视野、新的发现的积累,对非遗本体对象进行推陈出新的系统性文本解读。具体包括非遗的历史渊源、生存环境、表现形式、传承状况、代表人物或典型作品、艺术特征、文化价值,以及传承保护等方面的问题发现与建议期待等,注重资料性、知识性、理论性、学术性的统一。

  鉴于非物质文化遗产项目体系的10项类别划分,本卷中原贵州省第一批非物质文化遗产"文化空间"类的安顺屯堡文化项目划入相近的"民俗"类,特以说明。

  《贵州省非物质文化遗产田野调查丛书》的编写由贵州大学人口·社会·法制研究中心、贵州省非物质文化遗产保护中心、贵州省民族文化学会组织,成立各市(州)卷的编写组,并于2012年启动。2013年4月上旬,鉴于开展编写工作,以及开展田野调查的需要,《贵州省非物质文化遗产田野调查丛书·安顺市卷》由安顺学院吕燕平负责组织开展调查和编写。嗣后安顺学院相关专业教师和安顺地方文化学者组成编写团队,进行任务分工,开展资料收集和田野调查。

  《贵州省非物质文化遗产田野调查丛书·安顺市卷》编写由吕燕平承担总体统筹编撰工作,对全书进行统稿,并承担《安顺屯堡文化》《安顺地戏》《屯堡山歌》

《花灯戏》《安顺唱书》《屯堡石头建筑技艺》《布依族土布制作技艺》《屯堡服饰》《屯堡"抬亭子"》《布依族"六月六"》《竹王崇拜》等篇目的编写，朱发猛承担了《大狗场仡佬族吃新节》《花山布依古歌》《地戏》《铁水冲龙》(参考资料、图片由高守应提供)、《布依族铜鼓舞》《苗族蜡染》等篇目的编写，陈发政承担《苗族阿江》《苗族射弩》《苗族古歌》的编写，韦名鼎承担《布依族摩经》《盘江小调》的编写，陈斌承担《苗族跳花节》《苗族芦笙舞》的编写，杨松、梁勇承担《亚鲁王》的编写，王钧承担了《铜鼓十二调》的编写，伍双林承担《布依族勒尤》的编写，徐国江承担《蜡染技艺》的编写，吴彪承担《苗族服饰》的编写。

　　《贵州省非物质文化遗产田野调查丛书·安顺市卷》的完成，一个重要基础是此前安顺市文化局编著的《揭秘安顺》丛书。该丛书由帅学剑先生总体统筹、多位专家参与编写，经过三年的工作，于2010年9月由贵州省人民出版社出版。丛书之《揭秘安顺·非物质文化遗产》为本书的编写提供直接的资料来源和参考。安顺市各县区非遗申报材料中的图、文也是本书编写主要资料来源，紫云县文化馆馆长罗治兵还专门提供布依族古歌《赶坡歌》资料。编写工作完成的另一个重要基础，是工作团队多年来开展屯堡文化田野调查的基础。工作启动，针对部分非物质文化遗产，承担者分别进行了田野调查，个别非遗项目由于资料薄弱，最后在编写时未纳入。关于图片资料的支撑，安顺学院艺术学院的李立洪提供了部分照片，其他多来自编写团队成员田野调查的照片。资料录入、文字校对，主要由安顺学院徐国江、吴彪、聂菊、郑华艳等同学完成。

　　"看似寻常最奇崛，成如容易却艰辛"。安顺卷非遗调查在编写团队的共同努力下完成，但囿于编者水平和能力有限，虽历时不短，但错讹难免，祈望读者方家指正。

编者
2015年4月